सात भूमिकाएँ

# सात भूमिकाएँ

लेखक

**महादेवी**

सम्पादक

दूधनाथ सिंह

राजकमल प्रकाशन

ISBN : 978-81-267-2486-4

**मूल्य :** ₹395



**पहला संस्करण :** 2013
**दूसरा संस्करण :** 2018

**प्रकाशक :** राजकमल प्रकाशन प्रा. लि.
1-बी, नेताजी सुभाष मार्ग, दरियागंज
नई दिल्ली-110 002

**शाखाएँ :** अशोक राजपथ, साइंस कॉलेज के सामने, पटना-800 006
पहली मंज़िल, दरबारी बिल्डिंग, महात्मा गांधी मार्ग, इलाहाबाद-211 001
36 ए, शेक्सपियर सरणी, कोलकाता-700 017

वेबसाइट : www.rajkamalprakashan.com
ई-मेल : info@rajkamalprakashan.com

**मुद्रक :** बी.के. ऑफसेट
नवीन शाहदरा, दिल्ली-110 032

SAAT BHUMIKAYEN
*by* Mahadevi
*Edited by* Doodhnath Singh

# छायावाद : व्यथा का सवेरा

महादेवी की आलोचनाएँ शब्द-अलंकृति अधिक हैं, आलोचनाएँ कम। उनका सारा वैचारिक गद्य-लेखन लगभग ऐसा ही है। उनमें तर्क और विश्लेषण का अभाव है। अपनी हर अगली बात के लिए महादेवी तर्क की जगह कोई प्रतीक-बिम्ब ढूँढ़ने लगती हैं। पन्त के 'पल्लव' की प्रसिद्ध भूमिका में एक तर्क है। सर्वान्त एक गहरे भावात्मक विश्लेषण का प्रयत्न है। निराला तो कहीं-कहीं खरे आलोचक लगते हैं। जैसे कि 'मेरे गीत और कला' वाले निबन्ध में। या जैसे कि 'साहित्य की नवीन प्रगति पर' में वे 'पोलेमिक्स' के मास्टर लगते हैं। खंडन-मंडन और तीखे विवाद की प्रवृत्ति में छायावादी युग में निराला का कोई सानी नहीं। 'काव्य-कला तथा अन्य निबन्ध' में प्रसाद भी आलोचक की भूमिका में दिखते हैं। या जैसे कि कामायनी की भूमिका में। लेकिन महादेवी में 'रेटरिक' अधिक हैं। वे हमेशा प्रतीकों-बिम्बों में बात करती हैं। जैसे यही कि 'छायावाद व्यथा का सवेरा है'। इसीलिए वह सर्वप्रथम आँसुओं (ओस) से सिक्त है। यह एक ही वाक्य छायावादी कविता की कितनी सुन्दर तस्वीर खड़ी कर देता है! 'एक दिन थम जायेगा रोदन तुम्हारे स्नेह अंचल में' (निराला) या 'वियोगी होगा पहला कवि' (पन्त) या प्रसाद का पूरा-का-पूरा 'आँसू' या स्वयं महादेवी की बहुत सारी कविताएँ। तो कविताओं का विश्लेषण करने के लिए एक कविता जैसी पंक्ति, 'छायावाद व्यथा का सवेरा है'। लेकिन मात्र इतने से ही छायावादी कविता के सम्पूर्ण वितान को नहीं समझा जा सकता। महादेवी की अपनी कविता के लिए यह उक्ति पर्याप्त-सी है। 'यामा' की भूमिका में वे कहती हैं, 'मेरी दिशा और पथ एक रहा है।' इसको वे अनेक अवसरों पर दुहराती हैं। वे कुछ भी छुपाती नहीं। अपनी कविता को स्वयं कहीं भी महिमा-मंडित नहीं करतीं। वे अपनी काव्य-संरचना में कहीं भी किसी विकास या ह्रास की बात नहीं करतीं। क्योंकि वह है ही नहीं। यह लकीर पीटने-जैसा है। जो कि है। बिजली की त्वरा से नये बिम्ब या रूपक उनमें कौंधते हैं और किसी भी स्वनिर्मित छन्द की लकीर पकड़कर उसे वे चित्र-छवि में जकड़ देती हैं। हर नये बन्द में महादेवी उस रूपक-कथा को थोड़ी दूर आगे तक बढ़ाती हैं और फिर एक निश्चित कथ्य के साथ उसका समापन कर देती हैं। जैसे :

*विस्तृत नभ का कोई कोना*
*मेरा न कभी अपना होना*
*परिचय इतना इतिहास यही*
*कल उमड़ी थी मिट आज चली।*

यह उस गीत का उसके सम्पूर्ण कथ्य के साथ सर्वोत्तम अन्त है। हालाँकि बार-बार अपने संग्रहों की भूमिकाओं या अन्यत्र लेखों में महादेवी गीति-काव्य के उद्‌भव का क़यास लगाती हैं। मनुष्य ने भावों का प्रकाशन 'ध्वनि और गति' के साथ किया होगा। 'सुख-दुःख के भावावेशमयी अवस्था-विशेष का गिने-चुने शब्दों में स्वर-साधना के उपयुक्त चित्रण कर देना ही गीत है।' यह महादेवी द्वारा दी गयी गीत की परिभाषा है और कितनी सम्पूर्ण है। परिभाषा बनाते वक्त महादेवी ने एक-एक शब्द पर बहुत ध्यान दिया है। महादेवी कहती हैं कि 'भावातिरेक पर संयम' अनिवार्य होना चाहिए, इसलिए वे 'गिने-चुने शब्दों' की बात करती हैं। वे बार-बार गीति काव्य को परिभाषित करने की ओर लौटती हैं। 'अनुरागजनित आत्म-विसर्जन का भाव ही गीत के मूल में है', ऐसा कहती हैं। फिर 'आज हमारा हृदय ही हमारा संसार है' यह कहकर वे शुक्ल जी के उस काव्य के क्षेत्र के 'गोचर' और 'अगोचर' दोनों जगत वाले कथन को थोड़ा समेटकर व्यक्तिमत्ता के क्षेत्र में खींचने की चेष्टा करती हैं। बौद्ध भिक्षुणियों से लेकर कबीर, तुलसीदास, मीरा, सूरदास - सबकी गीति-विषयक विशिष्टाओं का किंचित विश्लेषण करते हुए, अन्ततः छायावादी गीतों को भारतीय गीति-परम्परा से जोड़ते हुए फिर वे एक नयी परिभाषा गढ़ने की कोशिश करती-दिखती हैं - 'उसने (आधुनिक हिन्दी गीति-काव्य) परा विद्या से अपार्थिवता ली, वेदान्त से अद्वैत की छाया-मात्र ग्रहण की, लौकिक प्रेम से तीव्रता उधार ली, और इन सबको कबीर के दाम्पत्य-सूत्र में बाँधकर एक ऐसे निराले स्नेह-सम्बन्ध की सृष्टि कर डाली जो पार्थिव प्रेम से ऊपर उठ सका।' इस परिभाषा से ऐसा लगता है जैसे आधुनिक गीति-काव्य पारम्परिक गीति-कविताओं का जोड़-बटोर मात्र है। 'निराला स्नेह-सम्बन्ध' तो कबीर में भी है। फिर पंत या प्रसाद या निराला के गीतों पर अक्सर यह उधार-पाँइच लागू नहीं होता। 'तुमुल कोलाहल कलह में' या 'आज रहने दो यह गृह-काज' या निराला का वह जो गीत है - 'स्पर्श से लाज लगी' -

*चुम्बन-चकित चतुर्दिक चंचल*
*हेर, फेर मुख, कर बहु-सुख-छल*
*कभी ह्रास, फिर त्रास, साँस-बल*
*उर-सरिता उमगी।*

इन पर महादेवी की परम्परा से जोड़ने वाली उक्त परिभाषा लागू नहीं होती। ज़ाहिर है कि गीति काव्य की परिभाषा तलाशते वक्त महादेवी अपने ही गीतों के लिये कोई उपयुक्त परिभाषा ढूँढ़ रही हैं। 'निराले स्नेह-सम्बन्ध की सृष्टि'- यही तो है

महादेवी का सम्पूर्ण गीति काव्य। परम्परा से हिसाब बैठाने के फेर में हैं महादेवी। जैसा कि पीछे कहीं मैंने लिखा है, वे अपने लिए एक पर्दे की तलाश में हैं। स्त्री होने और आज के समाज में रहने का अभिशाप है यह अपार्थिव की तलाश। क्या महादेवी से निराला के उपर्युक्त गीत जैसी पंक्तियाँ लिखने की आशा की जा सकती थी? असम्भव था। किसी भी कवयित्री की दुर्दशा हो सकती है। तथाकथित 'मर्यादा' का प्रश्न है। और तिस पर हिन्दी-समाज घिनौने नैतिकतावादियों का समाज है। और भी भाषायी समाज ऐसे ही होंगे। तभी गुरुदेव रवीन्द्रनाथ ठाकुर ने अक्सर स्त्रियों की भाषा और अक्सर स्त्रीलिंग का प्रयोग अपने गीतों में किया। इसीलिए महादेवी के भीतर एक झिझक है। इसीलिए महादेवी 'आधुनिक कवि' वाली अपनी भूमिका में एक जगह (और भी कई जगह) कहती हैं, 'सूक्ष्म की सौन्दर्यानुभूति और रहस्यानुभूति पर आधारित गीत-काव्य अपने लौकिक रूपों में इतना परिचित और मर्मस्पर्शी हो सका कि उसके प्रवाह में युगों से प्रचलित सस्ती भावुकतामूलक और वासना के विकृत चित्र देने वाले गीत सहज ही बह गये।' महादेवी अन्ना अख़्मातोवा नहीं हो सकती थीं। प्रसाद, पन्त, निराला को यह झिझक नहीं है। महादेवी यहाँ 'निराले स्नेह-सम्बन्ध' की बात करके सबका मुँह बन्द कर देती हैं। इसे उलटकर 'पार्थिव-अपार्थिवता' की बात कभी नहीं करतीं। अपार्थिव को पार्थिव बनाने में कबीर-जैसा रहस्य का एक खेल बना हुआ है, लेकिन पार्थिव को अपार्थिव बनायें तो पर्दाफ़ाश होने का डर है। महादेवी कहती हैं कि 'इस काव्य-धारा की ***'अपार्थिव पार्थिवता'*** और ***'साधना की न्यूनता'*** ने सबको अपनी ओर आकर्षित किया।' इसमें चिन्हित पहला पद सिर्फ़ महादेवी पर लागू होता है, लेकिन दूसरा बहुत महत्वपूर्ण है। ***'साधना की न्यूनता'*** का अर्थ है कि ये गीत साधुओं या साधकों की रचनाएँ नहीं हैं, नितांत संसारियों की रचनाएँ हैं। ये साधना-परक नहीं हैं। इनके पीछे कोई दार्शनिक-सैद्धान्तिक आग्रह-विशेष नहीं है। इनको 'पंचगंगी पोथियों' में नहीं डाला जा सकता, न ये किसी मठ-मठान्तर की सम्पत्ति हैं। 'साधना की न्यूनता' ही वह विशेषता है, जिससे ये गीत आधुनिक मनुष्य के आनंद-उल्लास या निर्मम दुःख का चीत्कार बन सके हैं। यही वह बात है, जो इन्हें परम्परा में विद्ध और फिर परम्परा से अलग, विशिष्ट और नितांत मौलिक बनाती है। अन्ततः थक-हार कर महादेवी इस बात को स्वीकार कर ही लेती हैं कि 'मेरे गीत मेरे आत्म-निवेदन मात्र हैं।' और महादेवी यह नहीं जानतीं (या शायद जानती हैं) कि ऐसा होना ही उन्हें भारतीय गीति-काव्य में एक अद्वितीय दर्ज़ा देता है। 'अपार्थिव पार्थिवता' - ऐसा कहकर भी महादेवी अपने को छिपाने के लिये अध्यात्म और परम्परा का एक गाढ़ा पर्दा रचती हैं। वे 'पार्थिव अपार्थिवता' नहीं कह सकतीं, जो कि उनके लिए 'सच' है, उनके गीतों का उत्स है और इसलिए वे नितांत मौलिक भी हैं। उनका आत्म-चीत्कार ही उनके गीतों का आविष्कार है। वैसे वे 'वेदना-प्रियता' को अपने सुखी बचपन और 'बुद्ध के प्रति भक्तिमय अनुराग' की उपज मानती हैं। जैसे

सफ़ाई दे रही हों। लेकिन सिर्फ़ इतना ही नहीं है। महादेवी के बचपन और अतीत में कहीं-कोई ऐसी तीखी नोक अवश्य गड़ी है जो बार-बार उन्हें इस आत्म-चीत्कार को विवश करती है। जब उससे कुछ नहीं होता तो हारकर महादेवी गीतों के इस अश्रु-सिंचित चेहरे तो त्याग देती हैं। 'व्यथा के सवेरे' का यह जैसे एक उदासीन अन्त है :

*सजल है कितना सवेरा!*<br>
*अलस पलकों से पता अपना मिटाकर*<br>
*मृदुल तिनकों में व्यथा अपनी छिपाकर*<br>
*नयन छोड़े स्वप्न ने*<br>
*खग ने बसेरा।*

यह 'दीप-शिखा' की ५०वीं कविता है - अन्त से सिर्फ़ पहले की अन्तिम। 'नीहार' से पुनः 'सजल सवेरा' (नीहार) तक। भोर से चलकर भोर तक की कविता-यात्रा। उसी समय के भारतीय वृत्ताकार विचार-दर्शन की यात्रा तक। बुद्ध की करुणा से बोधिसत्वों के पुनर्जन्म की यात्रा तक। जो चला गया वह फिर लौटेगा। एक चक्र पूरा कर लेने के बाद महादेवी लेकिन अपनी उस काव्य-यात्रा को दुहराती नहीं। और बदलना, नये सिरे से, नयी संवेदनाओं के आवर्त्त बाँधना न वे चाहती हैं, न उनके लिए सम्भव ही है। अतः कविता की इस ज्योति-जड़ित एकान्त चमक से बाहर महोदवी अब (सन् १९४२ के बाद) गद्य की एक धूमिल धूप में मिचमिचाती आँखों से हँसती हुई बैठी हैं।

महादेवी ने 'यामा' की उस तरह कोई भूमिका नहीं लिखी, बस जोड़-गाँठ दिया है। शुरू में 'अपनी बात' शीर्षक में एक सूचनात्मक सामग्री है, इससे पता चलता है कि 'यामा' का प्रथम प्रकाशन सन् १९३९ ई० में हुआ था। यह सामग्री मात्र एक पृष्ठ की है। इसके बाद महादेवी ने सन् '३६ में लिखित 'सांध्यगीत' की भूमिका को जस-का-तस दे दिया है। 'सांध्यगीत' की यह भूमिका अत्यन्त गठी हुई और बहुत महत्वपूर्ण है। फिर महादेवी की समझ में नहीं आया है कि वे क्या करें। 'नीहार' और 'नीरजा' की कोई भूमिका उस तरह लिखी नहीं थी। पीछे हम बता चुके हैं कि 'नीहार' की भूमिका 'हरिऔध' ने और 'नीरजा' की राय कृष्णदास ने लिखी थी। बीच में 'रश्मि' की जो भूमिका लिखी थी, उसी को 'सांध्यगीत' की उस भूमिका के बाद जोड़ दिया है। वह जो तारीख़ों का उलटफेर है - पहले १७.८.३९, फिर १०.८.३६ और अन्त में १५.९.३२ - वह इसी कारण। पहली तारीख़ 'यामा' के प्रकाशन की तिथि है, दूसरी 'सांध्यगीत' की और तीसरी 'रश्मि' की। भूमिका (तथाकथित) के इसी जोड़-गाँठ से पढ़ने वाले को यह भ्रम हो जाता है कि 'यामा' पहली बार सन् १९३२ ई० में छपी थी, जबकि वह उनके दूसरे संग्रह 'रश्मि' के प्रकाशित होते वक्त उसकी भूमिका के नीचे पड़ी तिथि है। तो इस तरह 'यामा' की भूमिका, भूमिका नहीं, 'अपनी बात' के साथ उनके दो अलग-अलग संग्रहों की भूमिकाओं को आगे-पीछे करके गँठजोड़ है।

महादेवी को इस बात को सूचित कर देना चाहिए था, जो उन्होंने नहीं किया।

इस तरह अपनी कविता (या छायावादी कविता) के पक्ष और बचाव और विश्लेषण में उन्होंने जो दो भूमिकाएँ लिखी हैं, उनमें से पहली 'आधुनिक कवि' की भूमिका है और दूसरी 'दीप-शिखा' की। दोनों भूमिकाएँ जमकर लिखी गयी हैं। 'आधुनिक कवि' ग्रन्थमाला का पहला चयन महादेवी का ही छपा था। चूँकि इस चयन-क्रम की किताबों को लोग भूल गये हैं, इसलिए महादेवी की उस भूमिका को भी भूल गये हैं। तैंतीस पृष्ठों की उस भूमिका का शीर्षक है, 'अपने दृष्टिकोण से'। उसमें महादेवी बहुत सोच-विचार कर क्रमबद्ध ढंग से बहुत सारे प्रश्नों पर विचार-विश्लेषण करते हुए तब अपनी कविता के बारे में बात करती हैं। लेकिन इस भूमिका का मुख्य उद्देश्य 'छायावाद' की प्रतिष्ठा का प्रश्न है, उसके बचाव और विश्लेषण का विशद प्रयत्न है। 'स्थूल' के बरक्स 'सूक्ष्म' की प्रतिष्ठा, इतिवृत्त के बरक्स झीने रहस्य और अमूर्तन की वकालत है। फिर भी महादेवी रहस्यात्मक तत्त्ववाद से अपने को और छायावादी कविता को बचाने में कोई कोर-कसर उठा नहीं रखतीं। शायद इसीलिए इस भूमिका की शुरुआत में ही वे परोक्ष ढंग से, मनुष्य की उत्पत्ति के बारे में डार्विन के विकासवाद के सिद्धान्त को रेखांकित करती हैं। वे शुरू में ही कहती हैं, 'जड़ द्रव्य (पदार्थ) से पशु तथा अन्य वनस्पति जगत के समान ही मनुष्य का शरीर निर्मित और विकसित होता है, अतः प्रत्यक्ष रूप से उसकी स्थिति बाह्य जगत में ही रहेगी और प्राणिशास्त्र के सामान्य नियमों से संचालित होगी। ... तत्त्वतः कोई अन्तर न होकर विकास-क्रम में मनुष्य का अन्यतम और अन्तिम होना ही है। ... उसके शरीर में जैसा भौतिक जगत का चरम विकास है, उसकी चेतना में उसी प्रकार प्राणिजगत की चेतना का उत्कृष्टतम रूप है।' यह उस भूमिका का 'लांचिंग पैड' है। इससे महादेवी यह संकेत कर देती हैं कि छायावादी कविता का मर्म और सत्व किसी आधिभौतिक सत्ता में निहित नहीं है। यहीं से आरम्भ करके महादेवी बुद्धि और हृदय – यानी तर्क और संवेदना – के द्वैत पर विचार करती हैं और वैज्ञानिक और दार्शनिक दोनों के तत्त्ववाद को कविता या कला के लिए अस्वीकार करती हुई इस नतीजे पर पहुँचती हैं कि कला-संरचना के लिए सृष्टि और मनुष्य के बीच 'रागात्मक सम्बन्ध' का होना अनिवार्य है। विज्ञान और दर्शन और कलाओं के बीच यही बुनियादी फ़र्क है। वैज्ञानिक का विषय भी सृष्टि में छिपा 'अव्यक्त' ही है, लेकिन यह रागात्मक भाव से प्रतिफलित नहीं होता। इसीलिए महादेवी विज्ञान और दर्शन की खोज को अपूर्ण मानती हैं। मस्तिष्क और हृदय या बुद्धि और भावना के जिस द्वैत में महादेवी (और सारे छायावादी) फँसी हैं उसी प्रश्न को आगे चलकर मुक्तिबोध ने 'संवेदनात्मक ज्ञान' और 'ज्ञानात्मक संवेदन' जैसे पदों के आविष्कार और विश्लेषण से हल कर दिया। इस भूमिका में आगे चलकर महादेवी 'संस्कृति' के महत्त्वपूर्ण सवाल से टकराती हैं। वे कहती हैं, 'देश विशेष के जलवायु में विकसित किसी जाति विशेष के अन्तर्जगत और

बाह्य जीवन का यह (संस्कृति) ऐसा समष्टिगत चित्र है ... जिसकी बाह्य रूपरेखा (तो) बदलती रहती है, परन्तु मूल तत्त्वों का बदल जाना तब तक सम्भव नहीं होता, जब तक उस जाति के पैरों के नीचे से वह विशेष भूखण्ड और उसे चारों ओर से घेरे रहने वाला वह विशिष्ट वायुमण्डल ही न हटा लिया जावे।' यानी महादेवी के अनुसार 'संस्कृति' का प्रश्न किसी जाति के भूगोल और उसकी जलवायु से बँधा हुआ है। वह तत्त्वतः ससीम है और व्यवहार में भी। आज के वैश्वीकरण को, यानी सांस्कृतिक वैश्वीकरण के प्रयत्नों और प्रभावों को महादेवी के इस कथन के आलोक में जाँचे-परखें तो साम्राज्यवाद का तिकड़म तुरंत समझ में आ जायेगा।

इस 'लांचिंग पैड' से ही महादेवी 'रीतिकालीन रूढ़िवाद से थके हुए कवियों' के मैथिलीशरण गुप्त की इतिवृत्त शैली के विरोध में खड़े होने के बचाव में अपने को खड़ा करती हैं। निश्चय ही महादेवी के दिमाग में एक ओर 'पल्लव' की भूमिका और दूसरी ओर दद्दा की 'भारत-भारती' और 'जयद्रथ वध' जैसी रचनाएँ हैं। कविता के विकास के सम्बन्ध में इन ऐतिहासिक-साहित्यिक परिस्थितियों के अतिक्रमण के अलावा महादेवी धर्म के 'रूढ़िग्रस्त सूक्ष्म' (ईश्वर) के प्रश्न को भी 'विधि निषेधमय सिद्धान्तों का संग्रह' मानती हैं 'जो अपने प्रयोग-रूप को खोकर हमारे जीवन के विकास में बाधक हो रहे हैं।' महादेवी की सम्पूर्ण कविता कहीं से भी ईश्वर का आख्यान नहीं बनती। सूक्ष्म और अमूर्त के झीने पर्दे को, जिसका प्रयोग महादेवी के गीतों में सर्वत्र हुआ है, हम खींचकर ईश्वर और रूढ़ अध्यात्म तक नहीं ले जा सकते। महादेवी 'सिद्धान्तों से मुक्त सत्य' की बात भी अपनी इस भूमिका में एक जगह करती हैं, जो कवि-कलाकार का अभिप्रेत है। 'सिद्धान्तों से मुक्त सत्य' ही सबके हो सकते हैं। महादेवी से यह पूछा जा सकता है कि यह 'मुक्त सत्य' कैसा होगा, कैसे इतना लोकप्रिय होगा कि वह सबका हो जायेगा? क्या यह सत्य और नीति और विचार के प्रति एक अराजक-लोक वाली स्थिति नहीं हो जायेगी? आख़िर उसको कौन गढ़ेगा और कैसे गढ़ेगा? क्या वह कला का सत्य है जो सिद्धान्तों या विचारों या रूढ़ियों से मुक्त है? महादेवी इसकी व्याख्या नहीं करतीं। वे इस निष्कर्ष पर पहुँचती हैं कि क्योंकि मार्क्स और गाँधी दोनों के सत्य सिद्धान्तों से बँधे हुए हैं, अतः वे सबके नहीं हो सकते। अतः 'स्थूल की अतल गहराई का अनुभव करने वाला देहात्मवादी मार्क्स भी अकेला ही है और अध्यात्म की स्थूलगत व्यापकता (शायद धर्म ... सनातनी हिन्दू) की अनुभूति रखने वाला अध्यात्मवादी गाँधी भी।' यानी महादेवी के हिसाब से दोनों ही अपूर्ण हैं क्योंकि जीवन से, समष्टि से उनका रागात्मक सम्बन्ध (कलाकार की तरह) नहीं है। इसी तरह छायावादी कविता के बारे में एक ज़माने में जिस 'पलायनवाद' की चर्चा ज़ोरों पर थी, उस पलायनवाद का महादेवी तरह-तरह से उत्तर देती हैं। वे यह नहीं मानतीं कि पलायनवाद हमेशा विपथगामी ही होता है। इस संदर्भ में वे सिद्धार्थ गौतम के महाभिनिष्क्रमण को भी एक सकारात्मक पलायनवाद ही

मानती हैं। फिर वे 'छायावाद' और 'प्रगतिवाद' दोनों की भिन्न और परस्पर विरोधी कोटियों की पलायन-प्रवृत्ति को आमने-सामने रखकर उनकी तुलना करती हैं - 'जैसे यथार्थ से साक्षात् करने में असमर्थ छायावाद का भावपक्ष में पलायन सम्भव है, उसी प्रकार यथार्थ की सक्रियता स्वीकार करने में असमर्थ प्रगतिवाद का *चिन्तन* में पलायन सहज है।' महादेवी के चरम काव्योत्कर्ष काल में ही 'अखिल भारतीय प्रगतिशील लेखक संघ' की पहली महासभा लखनऊ में आयोजित हुई। 'गीतिका' और 'गुंजन' और 'नीरजा' तथा 'सांध्यगीत' के मुहावरे पर अचानक ही प्रश्न-चिन्ह लग गया। पन्त को इसमें अपनी कविता-सृष्टि को अनुकूलित करने में ज़्यादा देर नहीं लगी। महादेवी ने हास्य-भाव से अपने सुन्दर केश कटाये हुए, हॉफ़-पैंट और आधी बाँह की कमीज़ में अपने को प्रस्तुत करने वाले जिस सुमित्रा नंदन पंत की चर्चा की है, वे यही अति-उत्साही, सरल-सहज, शीघ्र ही किसी भी विचार-सरणि के प्रभाव में आ जाने वाले पंत हैं। हालाँकि प्रगतिवाद का वरण करने वाले पंत ने 'यथार्थ को सक्रियता' में स्वीकार करके उस वक्त में सबसे सुन्दर और अच्छी कविताएँ लिखी हैं। 'युगान्त' और 'ग्राम्या' इसके सर्वश्रेष्ठ उदाहरण हैं। निराला को देर लगी। 'अणिमा' में भी छायावाद + प्रगतिवाद की एक मिश्रित 'अर्थ-व्यवस्था' है। लेकिन महादेवी के लिए तो अपना मुहावरा छोड़ना असम्भव था। उन्होंने अपने मुहावरे की ज़िद् न छोड़ने में अपनी काव्य-रचना ही बन्द कर दी। 'सिद्धान्त से *युक्त* सत्य' उन्हें स्वीकार्य नहीं था। इसलिए उन्होंने अपनी कविता को गाँधी के 'स्थूल अध्यात्म' और मार्क्स के 'देहात्मवाद' - दोनों से बचाये रखा और अन्ततः उसको 'व्यथा के सवेरे' में अस्त हो जाने दिया। इसीलिए महादेवी अपने आलोचनात्मक लेखन में बार-बार 'सामंजस्य' और 'समन्वय' की बात करती हैं। सिद्धान्तों, रूढ़ियों और अति उत्तेजना का हमेशा विरोध करती हैं। चूँकि 'प्रगतिवाद' का 'गुरु हथौड़ा-हाथ' छायावादी काव्य-संवेदना पर बार-बार प्रहार कर रहा था, इसलिए कविता में धीरे-धीरे अस्तंगत होती हुई महादेवी अपनी इस भूमिका में बार-बार 'प्रगतिवाद' पर अपनी तीखी प्रतिक्रिया व्यक्त करती हैं। 'इन (प्रगतिवादी) रचनाओं के मूल में वर्तमान व्यवस्थाओं की प्रतिक्रिया अवश्य है, परन्तु वह मनुष्य की *रागात्मक* वृत्तियों से उत्पन्न न होकर उसके उण्डे चिन्तन में जन्म और विकास पाती है, उसमें आवश्यक भाव प्रवेग का नितांत अभाव स्वाभाविक ही है। ... अपनी विकृति में यथार्थवाद ने हमें क्या दिया है, इसे जानने के लिए हम अपने नैतिकपन के नग्न रूप पर आश्रित साहित्य को देख सकते हैं।'

महादेवी के 'आधुनिक कवि' चयन की यह भूमिका ५.१०.४० की लिखी हुई है। यह वह समय है जब उनकी मात्र 'दीप-शिखा' की ५१ कविताएँ छपने से रह गयी थीं। प्रगतिवादी पन्त अपने चरमोत्कर्ष पर थे। महादेवी ने बिना नाम लिये अपनी इस भूमिका में पंत की इस नवीन काव्य-संवेदना की बड़ी कठोर आलोचना की है। यही नहीं, वे मार्क्सवाद के विदेशी होने की भी परोक्ष रूप से निन्दा करती हैं। वे कहती

हैं, 'हम संसार भर की विचारधाराओं में जीवन के मापदण्ड खोजते-खोजते जीवन ही खो चुके हैं।' इस चयन में महादेवी ने अपनी कुल चौहत्तर कविताएँ दी हैं जिनमें से कई उनके सन् १९४२ ई० में छपे 'दीप-शिखा' संग्रह की भी कविताएँ हैं। इसके दो अर्थ हैं। पहला यह कि 'दीप-शिखा' की कविताएँ छपने से पहले ही फुटकर रूप में उनकी कॉपी में होंगी और वहाँ से उठाकर उन्होंने इस चयन में दे दिया होगा, और बाद में चित्रांकित 'दीप-शिखा' की योजना बनी होगी। दूसरा यह कि 'आधुनिक कवि' की भूमिका तो उन्होंने सन् १९४० ई० में लिख ली होगी लेकिन चयन 'हिन्दी साहित्य सम्मेलन' ने सन् १९४६ ई० में प्रकाशित किया होगा। क्योंकि 'आधुनिक कवि' के प्रथम संस्करण में प्रकाशन वर्ष संवत् २००३ छपा हुआ है। जो भी हो, महादेवी प्रगतिवादी विचारधारा के उफ़ान द्वारा अपनी काव्य-संरचना के मुहावरे पर एक परोक्ष रोक लगाये जाने से इतनी दुखी हैं कि इस भूमिका के अन्तिम पन्नों में वे अपनी यह व्यथा कुछ यों व्यक्त करती हैं, 'भौतिकता के कठोर धरातल पर, तर्क से निष्करुण और हिंसा से जर्जरित जीवन में व्यक्त युग को देखकर स्वयं कभी-कभी मेरा व्यथित मन भी अपनी करुण भावना से पूछना चाहता है, 'अश्रुमय कोमल कहाँ तू आ गयी परदेशिनी री!'

महादेवी पहली बार अपनी कविता को अपने व्यक्तिगत जीवन-अपने अस्तंगत काव्य-जीवन - के लिए उद्धृत करती हैं।

'दीप-शिखा' की भूमिका 'आधुनिक कवि' की भूमिका का ही प्रौढ़ और परिपक्व रूपान्तरण है। 'आधुनिक कवि' में जो बचाव पक्ष की विनम्रता है, यहाँ आक्रमण में बदल गयी है। महादेवी के सामने प्रश्न और समस्याएँ वही हैं लेकिन ज़बर्दस्त हमला है। 'दीप-शिखा' का प्रकाशन महादेवी के कवि-जीवन का एक तरह से समापन है। बाद में जो कविताएँ उन्होंने लिखीं उनमें पुनरावृत्ति और बंजरता मुखर है। महादेवी ने उन्हें कोई महत्व भी नहीं दिया। उनके अनिर्णय में उनके आसपास के लोग उन्हें उकसाते रहे कि 'नहीं, आपकी प्रतिभा अभी चुकी नहीं है।' महादेवी उन्हें चकित-भाव से देखतीं और उनका कहा मान लेतीं। बहरहाल, 'दीप-शिखा' की भूमिका उनके कवि-चिन्तन का सर्वोत्कृष्ट रूप प्रस्तुत करती है। इसे पढ़कर लगता है कि महादेवी सारे सांस्कृतिक, साहित्यिक, राजनीतिक और दार्शनिक सवालों से एक ही साथ निपट लेना चाहती हैं। 'सत्य और सौन्दर्य' का सवाल और 'सबके अपने-अपने सत्य' की जाँच-पड़ताल। महादेवी कहती हैं कि 'बाहर वे (सत्य) सहस्राक्ष हैं और *'अन्तर्मन के वैभव'* के लिए धृतराष्ट्र होने को बाध्य।' यह महादेवी का कठोर व्यंग्य-वचन है। यानी *'अन्तर्मन के वैभव'* के आगे सत्य अंधा, स्वार्थी, अचिन्त्य और कमतर साबित होता है। क्या कहना चाहती हैं महादेवी? मैंने शुरू में ही कहा था कि उनकी आलोचनात्मक भाषा में तर्क और विश्लेषण उस तरह से नहीं है, जिस तरह भाव-बिम्ब। वह गद्य में एक तरह की कवितात्मक आलोचना या आलोचनात्मक काव्य है। इसी तरह (जैसे

कि 'आधुनिक कवि' की भूमिका में) महादेवी यहाँ भी हृदय और मस्तिष्क का फ़र्क, बुद्धि-वृत्ति और रागात्मिका वृत्ति का अन्तर बताती हैं। 'हृदय' और 'बुद्धि' के असाध्य शब्द-जाल से तो आज भी हमारे बहुत सारे आलोचक नहीं निकल पाये हैं। हाँ, रागात्मक सम्बन्ध कविता के लिए निश्चिय ही एक अनिवार्य तत्त्व है। लेकिन यह 'रागात्मक सम्बन्ध' भी बुद्धि या मस्तिष्क से ही परिचालित है। जो बौद्धों की 'प्रज्ञा' है वही कविता या कला-संरचना में जो निरर्थक उफ़ान हैं, उनका अनुशासन करती है। हृदय तो बेचारा मस्तिष्क का दास है। धड़कन भी बढ़ती है तो उसका कारण मस्तिष्क के किसी 'अणु' का एक्टीवेट होना है। वास्तव में सारे छायावादी इस भ्रम में रहे (और आज भी हैं) कि कला-रचना हृदय की चीज़ है। संवेदना और भावोच्छवास में महादेवी भी फ़र्क नहीं करतीं। राग-सम्बन्ध किसी वस्तु, घटना, मनोवृत्ति, प्रकृति या विचार के प्रति एक प्रकार का भावात्मक सम्बन्ध है। अनुभव नहीं, बल्कि अनुभूति। यही भावात्मक सम्बन्ध कला-संरचना के लिए कलाकार को उत्प्रेरित या उत्तेजित करता है। तर्कानुशासन की जगह इसमें कल्पना का भारी योगदान होता है। इसी को छायावादी बुद्धिवृत्ति और रागात्मिका वृत्ति के अन्तर से समझने-समझाने की कोशिश करते देखे जाते हैं। इसके अलावा महादेवी 'आधुनिक कवि' की भूमिका की तरह ही इसमें भी उपयोगितावाद, उपदेशवाद, दार्शनिकता, यथार्थ और आदर्श, विज्ञान और अगोचर जगत, समाज, धर्म और राजनीति पर एक-एक करके बहस चलाती हैं, अपने निर्णय-निष्कर्ष और अपने काव्यात्मक आप्तवचन देती चलती हैं। लेकिन महादेवी दो बातों के बहुत ख़िलाफ़ हैं और उनकी जमकर खिंचाई करती हैं। एक - यथार्थवाद के ख़िलाफ़ और दो - आधुनिक बुद्धिजीवियों के ख़िलाफ़। इस मुख़ालफ़त की वजह भी प्रगतिशील आन्दोलन की उठान और महादेवी का उससे न जुड़ पाने की असमर्थता ही है। वे कहती हैं, 'चरम सीमा पर यथार्थ जैसे विक्षिप्त गतिशील हैं, वैसे ही (चरम सीमा पर) आदर्श निष्क्रियता में स्थिर हो जाता है।' यह जैसे महादेवी द्वारा 'मज्झिम निकाय' का आवाहन है। और बुद्धिजीवी वर्ग के बारे में उनका क्या कहना है? 'उसके (बुद्धिजीवी वर्ग के) एक शरीर में दो प्रेतात्माएँ हैं - धन-लिप्सा और अभाव। इसी की उछल-कूद उसके भीतर मची रहती है।' यानी आत्मा तो है ही नहीं, प्रेतात्माएँ दो-दो हैं। आधुनिक बुद्धिजीवियों के लिए कितना सुन्दर बिम्ब है। काश! कि महादेवी आज होतीं और इन प्रेतात्माओं की उछल-कूद देख सकतीं। आज तो दिल्ली की सड़कों पर उजाले में ('अँधेरे' में नहीं) इनका नंगा नाच है। हर लेखक धन-लिप्सा के चक्कर में नंगा-नाच में लिप्त है। और तेवर यह है कि देखिये, मैं तो कपड़ा पहने हूँ, मैं तो निरासक्त संन्यासी हूँ। उल्टी-सी आती है, और तब ऐसे घिनौने सुखी-सम्पन्न लोगों के 'अभाव' पर आत्महत्या कर लेने को मन करता है। जैसे रीतिकाल में राजे-महाराजे जब कवि लोगों को अपना दरबारी बनाते थे तो चिन्ह-स्वरूप उसके एक पैर में सोने का गोड़हरा पहनाने की एक रस्म होती थी। एक पैर

में वही सोने का गोड़हरा पहने महादेवी की ये प्रेतात्माएँ नृत्य-रत हैं। महादेवी का यह कथन चाहे आलोचनात्मक काव्य-रूपक ही क्यों न हो, इसे इससे ज़्यादा बढ़िया तरीके से और कैसे कहा जा सकता है! आदरणीय भगवती चरण वर्मा जब यहाँ 'लोक-भारती' प्रकाशन-गृह में आते थे तो कुर्सी पर बैठने के पहले प्रकाशक की ओर इशारा करते हुए, आहें भरते हुए, कुछ-कुछ व्यंग्य-हास्य की शैली में कहते थे, 'लूटो भाई, लूटो।' इस पर बड़ी हँसी होती थी। प्रकाशक भी ठठाकर हँसता था। लेकिन वही भगवती बाबू उस वक्त के लेखकों के बारे में एक और छन्द बोलते थे:

*ऍक तो बड़न-बड़न का साथ*
*दुसरे बीच नगर में हात*
*तिसरे हम हैं वित्त से दीन*
*हाय रे, हम पर बिपदा तीन।*

बड़ों-बड़ों का साथ है (बुद्धिजीवी हैं, बुद्धिजीवियों का साथ है), बीच नगर में घर (मकान, हाता - बँगला, जिसके आगे-पीछे दो-ढाई एकड़ ज़मीन हो) बनवा लिया। और असली दुःख कि जेब में पैसा-कौड़ी (धन-लिप्सा, अभाव) है नहीं। हमारे ऊपर यही तीन विपत्तियाँ हैं। तो उस वक्त की दो-दो प्रेतात्माएँ आज हज़ारों में बदल गयी हैं। दलाली, तिकड़म, घिघियाहट, लूटपाट का वृहद् और छुपा आयोजन, चेहर पर शीशे जैसी चमक और गर्व और ऐंठ और हिसाब-किताब, और खोद-खाद और लिजलिजी विनम्रता और मुस्कुराती हुई चुप्पी और 'सर्वे भवन्तु सुखिन:' का लहज़ा ... एक सुसंकृत उल्टी की दुर्गन्ध में लिथड़पन! क्या कहा था शमशेर ने :

*मैं समय की एक लम्बी आह*
*(मौन लम्बी आह!)*

वह तो अब कहीं नहीं। आह-कराह तो लूटपाट के आयोजन के लिए है। अधिकांश लोग अपना भरा पेट नौलि क्रिया की स्टाइल में घुमाते हुए 'गलियारों' में घूम रहे हैं। एक बार बहुत पहले श्री विजय सोनी ने यहाँ इलाहाबाद में मुक्तिबोध की कविता 'अँधेरे में' का एक नृत्य-नाट्य प्रस्तुत किया था। उसमें हर पात्र सिर्फ़ लँगोटी लगाये नंगा था। सबकी नसें और पसलियाँ और चेहरे ऐंठे हुए थे। महादेवी की उन्हीं प्रेतात्माओं का प्रतीकात्मक नृत्य था वह। आगे महादेवी कहती हैं कि 'आधुनिक बुद्धिजीवियों का बुद्धिवाद एकांगी है। वे मानसिक हीनता के शिकार हैं। अव्यवस्थित बुद्धिजीवियों की संस्कृति की रेखाएँ टूटी-फूटी और जीवन का चित्रण अधूरा है तथा श्रमजीवी वर्ग से बुद्धिजीवी वर्ग का सम्पर्क टूटा हुआ है' ... आदि, आदि। महादेवी के बारे में यह बात नहीं कही जा सकती। झूँसी और 'जरायमपेशा' (व्यंग्य में) अरैल जैसे गाँवों में महादेवी ने साक्षरता और गाँधी जी के कार्यक्रम (असफल ही सही) तब चलाये जब आज के भ्रष्ट एन०जी०ओ० और करोड़ों में खेलने वाले 'सर्व शिक्षा अभियानों' का, और वातानुकूलित कार्यालयों तथा डफ़ल बैग में परमानंद के लिए

रखे 'स्कॉच' और 'ह्वाइट मिस्चिफ़' का कहीं नामोनिशान भी नहीं था, न यह सोचने में आता था कि आज़ादी के बाद सिर्फ़ लूटपाट, बलात्कार, आत्महत्याओं का बाज़ार इस तरह गर्म होगा और गाँधी, लोहिया और गोल्वल्कर के उत्तराधिकारी सम्मिलित रूप से भगवती चरण वर्मा के उस नारे 'लूटो, भाई लूटो' का सम्मिलित, सुसंस्कृत अनसुना उद्घोष करते फिरेंगे।

एक बार महादेवी किसी दूसरे के काम से लखनऊ 'राजभवन' गयीं। वहाँ राज्यपाल से मिलने के पहले महादेवी को एक घंटा इंतज़ार करना पड़ा। महादेवी को जो भी कहना या करना होगा, उन्होंने किया और फिर लौट आयीं। सन् १९८२ ई० में जब 'उत्तर प्रदेश हिन्दी संस्थान' का पहला 'भारत-भारती' पुरस्कार उन्हें श्रीमती इंदिरा गाँधी के हाथों मिला तो पुरस्कार लेने के बाद वह नारियल और शाल और अन्य सामग्री - सब कुछ को महादेवी ने इलाहाबाद भिजवा देने को कहा। महादेवी उस वक्त काफ़ी बीमार चल रही थीं। उन्हें थायरॉयड का कैंसर था। वे काफ़ी कमज़ोर हो गयी थीं। तब इंदिरा जी ने पुरस्कार की सामग्री इलाहाबाद भिजवा देने की बात किसी से (या राज्यपाल महोदय से) कही होगी। राज्यपाल वही थे जिन्होंने महादेवी को पिछले दिनों एक घंटे तक इंतज़ार करवाया था। राज्यपाल महोदय अपने अमले-फैले के साथ पुरस्कार पहुँचाने इलाहाबाद गये। उन्हें महादेवी की उसी ऐतिहासिक बैठक में, जिसमें दिन में भी बत्तियाँ जलती रहती थीं, आदरपूर्वक बैठाया गया। जलपान की सारी सामग्री धीरे-धीरे एक-एक करके रखी जाती रही। ठीक एक घंटे बाद महादेवी सिर पर आँचल खींचती, हँसती हुई पर्दे के पीछे से बैठक में नमूदार हुईं और बैठने के पहले ही उन्होंने अपनी खरखरी आवाज़ में कहा, 'आपने मुझे एक घंटे इंतज़ार करवाया था।' जिन बुद्धिजीवियों की बातें महादेवी अपने इस आलेख में कर रही हैं, उनमें से आज किसकी हिम्मत इस तरह 'जैसे को तैसा' करने की है, और साथ में इसे हँसते हुए बता भी देना है? 'ज्ञानपीठ पुरस्कार' मार्गेट थैचर के हाथों लेने के बाद उस शाम (१९८३) जब इंदिरा जी ने अपने निवास पर रात्रि-भोजन के लिए आमंत्रित किया तो महादेवी ने साफ़-तौर पर मना कर दिया। ऐसा नहीं था कि महादेवी सम्पन्न थीं। थोड़ी-थोड़ी अग्रिम राशियों के लिए जिस-तिस किसी भी प्रकाशक को अपनी रचनाओं को इधर-उधर उलटफेर करके, जिस तरह महादेवी तहस-नहस करती रहती थीं, उसके पीछे कारण अपने बड़े-से पालित मनुष्य-पशु-पक्षियों के परिवार का उन्हें भरण-पोषण करना था। लेकिन महादेवी ने दैन्य को अपने ऊपर कभी हावी नहीं होने दिया। उस वक्त भी नहीं, जबकि 'प्रयाग महिला विद्यापीठ' से कुछ समय के लिए, कुछ तिकड़मी लोगों द्वारा वे निकाल बाहर की गयी थीं। तब भी उनका अनूठा आतिथ्य वैसे-का-वैसा चलता रहा। इसीलिए 'विचारधारा' का नाम लिये बिना इस तरह के लोगों की कस कर ठुकाई करते हुए महादेवी कहती हैं, 'नवीन साहित्यकार और कवि के बुद्धि-वैभव और अनुभूति की दरिद्रता ने ऐसी क्रियाशीलता को जन्म

दिया है, जो सिद्धान्तों को माँज-धो कर रात-दिन चमकाती रहती है और जीवन को ज़ंग लग जाने देती है।' सिद्धान्तों की आड़ में यह उन्हीं डबल प्रेतात्माओं की ओर संकेत है। यह भी याद रखें कि इस भूमिका के नीचे सन् १९४२ ई० की तारीख़ पड़ी हुई है। तब यह सिद्धान्तों को माँज-धोकर चमकाते रहने वाली बात किन बुद्धिजीवियों के लिए है? मैं देखता हूँ कि चाटुकारिता की यह चाट लेफ़्ट-राइट दोनों सदनों में समान रूप से लगी हुई है। सिर्फ़ अवसर मिलने की बात है? क्या बुद्धिजीवियों और यथार्थवाद की इस ठुकाई के आधार पर महादेवी को प्रतिक्रियावादी कहा जा सकता है? निश्चित तौर पर बुद्धिजीवियों से उनका अर्थ प्रगतिशील बुद्धिजीवियों से है, जिनके सिद्धान्त और कर्म में महादेवी एक गहरी फाँक देखती हैं और उसकी आलोचना करती हैं। इसके मनोवैज्ञानिक कारणों की चर्चा हम पीछे कहीं कर चुके हैं। यह ध्रुव सत्य है कि प्रगतिवादी आन्दोलन के जन्म और प्रचार-प्रसार और फ़ैशन ने महादेवी के मुहावरे पर प्रश्न चिन्ह लगा दिया। महादेवी के मुहावरे का अन्त कवयित्री महादेवी का अन्त था। महादेवी की कविता-रचना का यह सर्वोत्तम युग है। उत्कर्ष-काल है। सिर्फ़ बारह वर्ष। ब्रजभाषा की समस्यापूर्ति से दद्दा के तुकों और फिर सन् १९३० (नीहार) के आसपास पन्त के ऑक्टोपसी प्रभाव से छायावादी काव्य-संवेदना में अपनी अनुभूतियों का व्यक्तित्वांतरण। सन् १९३० से १९४२ तक - सिर्फ़ बारह वर्ष। भारतीय स्त्री के प्रतीकात्मक आत्म-चीत्कार, वह सजल मुख, वे 'निमिष से बीतने वाले विरह के, प्रतीक्षा के, पूजा और प्रणति के कल्पांतर, वह अकम्पित लौ का जलता हुआ दीपक राग' ... सिर्फ़ बारह वर्ष। उनकी कविता की दोपहर में ही 'प्रगतिशील लेखक संघ' की स्थापना। फिर पन्त और निराला का उधर चले जाना। पंत द्वारा एक 'युगान्त' का आवाहन :

*द्रुत झरो जगत के जीर्ण पत्र*
*हे त्रस्त ध्वस्त हे शुष्क शीर्ण ...*

और 'राम की शक्तिपूजा' जैसी कविता के बाद निराला की कुकुरमुत्ता के प्रथम संस्करण की कविताएँ। या स्वयं 'कुकुरमुत्ता' कविता। या 'अणिमा' की वह प्रसिद्ध व्यंग्य कविता :

*चूँकि यहाँ दाना है*
*इसीलिए दीन है, दीवाना है।*
*... अम्मा है, बप्पा है,*
*झापड़ है और गोलगप्पा है*
*नौजवान मामा है और बुड्ढा नाना है*
*चूँकि यहाँ दाना है।*

किस पार्थिव-अपार्थिवता से प्रगतिशील आन्दोलन ने कविता को कहाँ उतार दिया? निराला तो सदैव के औघड़ सन्त। लेकिन पंत? पंत से तो परोक्षतः महादेवी

ने सबसे अधिक प्रभाव ग्रहण किया। उन्हीं कोमल-सुकुमार पंत के जिस क्रांतिकारी वेश की चर्चा हमने पीछे की है, और पंत का यह कहना कि 'अब यही चलेगा', इस पर महादेवी को अन्दर ही अन्दर कितना आश्चर्य हुआ होगा, इसकी कल्पना सहज ही की जा सकती है। यह सब महादेवी के शब्दों में इस नये यथार्थवाद का खेल है जो अपनी चरम सीमा पर 'विक्षिप्त गतिशील' है। यहीं पर हम महादेवी से यह पूछ सकते हैं कि और उनका आदर्शवाद? उनका अपने कविता के संस्कारों से ज़रा भी टस-से-मस न होना? अपनी चरम सीमा पर 'निष्क्रियता में स्थिर'। ठप् । अवसान। कविता का अन्त। 'पथ के साथी' में महादेवी ने सबसे बेमन से पंत पर ही लिखा है। लेकिन महादेवी ने पंत की मृत्यु के बाद भी उन्हें छोड़ा नहीं। हिन्दी-विभाग, इलाहाबाद विश्वविद्यालय द्वारा आयोजित 'निराला व्याख्यानमाला' (जिसका मैं वर्षों तक संयोजक रहा) के अन्तर्गत 'नॉर्थ हॉल (सिनेट हाउस) में महादेवी दो-ढाई घंटे बोलती रहीं। बोलना था निराला की कविताओं पर और बख़िया उधेड़ती रहीं सुमित्रानंदन पंत की कविताओं की। पन्त का वैसा अतार्किक उपहास मैंने फिर कभी नहीं सुना। यह सन् १९७९-८० की बात होगी। संयोजक होने के नाते मैं उनकी बगल में बैठा था। यह व्याख्यान मैंने फ़ोर-ट्रैक टेप-रिकार्डर पर रिकार्ड किया था। पता नहीं, वह अब बचा भी है या नहीं। बहरहाल, कहने का मतलब यह है कि महादेवी प्रगतिशील बुद्धिजीवियों के प्रति अत्यन्त कटु थीं। हालाँकि उसी 'दीप-शिखा' की भूमिका में वह यह भी स्वीकार करती हैं कि, 'आज की सभी विकृतियों और संकीर्णताओं का एकमात्र उपाय जीवन में घुल-मिल जाना है।' और पंत का भी वह नया क्रान्तिकारी वेश कहाँ चला! 'निराला व्याख्यानमाला' के उस भाषण के बावजूद महादेवी ने व्यक्तिगत तौर पर किसी लेखक-साहित्यकार का दिल कभी नहीं दुखाया। एक बार व्यक्तिगत बातचीत के तौर पर उन्होंने जो मुझे सीख दी थी कि 'क्या लिखना और क्या नहीं लिखना चाहिए', उन सूत्रों का ख़ुद उन्होंने आजीवन पालन किया। बोल जाँय, हँसी उड़ा दें, गप्प में कुछ भी कहें - लिखित में कुछ भी नहीं। लिखित रूप में महादेवी सिर्फ़ सामान्यीकरणों में बात करती हैं। बुद्धिजीवी भी नामहीन, यथार्थवाद भी नामहीन। यह सुसंस्कृत होने का तकाज़ा है, जो कि महादेवी थीं। निराला ने उनके कविता-वर्षों की समाप्ति का जैसे समापन करते हुए (हालाँकि निराला का यह मंतव्य नहीं था) महादेवी की प्रशस्ति में 'देशदूत' (१९४३) में एक सॉनेट लिखा :

*'युग-प्रवर्त्तिका श्रीमती महादेवी वर्मा के प्रति'*

*दिये व्यंग्य के उत्तर रचनाओं से रचकर*
*विदुषी रहीं विदूषक के समक्ष तुम तत्पर*
*हिन्दी के विशाल मंदिर की वीणा-पाणी*
*स्फूर्ति-चेतना-रचना की प्रतिमा कल्याणी।*

निकला जब 'नीहार' पड़ी चञ्चलता फीकी
खुली 'रश्मि' से मुख की श्री युग की युवती की
प्रति उर सुरभित हुआ 'नीरजा' से निरभ्र नभ
शत-शत स्तुतियों से गूँजा 'यह सौरभ सौरभ'!
'सांध्य गीत' गाये समर्थ कवियों ने सुस्वर
वीणा पर, वेणु पर, तंत्र पर और यंत्र पर
'यामा' 'दीप-शिखा' के विशिखों के ज्यों मारे
अपल चित्र हो गये लोग 'चल-चित्र' तुम्हारे।
चला रहे हैं सहज 'शृंखला की कड़ियों' से।
सजो-रँगो लेखनी-तूलिका की छड़ियों से।।

'महादेवी साहित्य' में 'दीप-शिखा' की भूमिका को वैसे का वैसा देना अच्छा होता। 'महादेवी साहित्य' की वर्तमान सम्पादक श्रीमती निर्मला जैन ने अपनी भूमिका के अन्त में लिखा है, 'उनके साहित्य-प्रेमियों ने उनके लम्बे लेखों और काव्य-संग्रहों की भूमिकाओं को खंड-खंड करके उनकी अन्य रचनाओं में इस तरह बिखरा दिया था कि पुनरावृत्ति से बचाने का भगीरथ-श्रम करने पर भी यह शंका अब भी बनी हुई है कि कहीं कोई अंश अनदेखा न छूट गया हो।' यह काम उनके 'साहित्य-प्रेमियों' ने किया या स्वयं महादेवी ने, इसका निर्णय तो अब सम्भव नहीं है, लेकिन मुझे लगता है कि यह काम महादेवी ने स्वयं किया होगा। उम्र बढ़ने और हाथ तंग होने के कारण न जाने कितने प्रकाशकों को अपने आलेखों, संस्मृतियों और चल-चित्रों को फेंट-फूँट कर कई बार एक नयी किताब बनाने की आवश्यकता और कुछ नयी पढ़ाई-लिखाई करते वक्त महादेवी को ख़ुद यह लगा कि इन लेखों और विचारों में बहुत कुछ छूट गया है, कच्चा है या अधूरा है। इसी मनस्थिति में उन्होंने 'दीप-शिखा' की अत्यन्त सघन-संश्लिष्ट भूमिका में हेर-फेर किया, उसमें जोड़ा-घटाया, उसे नया करने की कोशिश की। इसी कोशिश में उन्होंने भूमिका को 'काव्य-कला', 'गीति-काव्य', 'छायावाद', 'रहस्यवाद' इत्यादि कई हिस्सों में बाँटा-बिखराया, उसमें अपने संस्कृत-ज्ञान और छायावादी कवियों के उद्धरणों से सम्पुष्ट (?) और समृद्ध (?) किया। ये विस्तारण कुछ विशेष नहीं कहते। जैसे महादेवी का स्वर-भंग हो गया है। सूक्तियों या आलोचनात्मक बिम्बों के ये विखण्डन कोई बहुत महत्वपूर्ण नहीं हैं। जैसे कि 'दीप-शिखा' की भूमिका के पहले ही वाक्य को लें : 'सत्य काव्य का साध्य और सौन्दर्य साधन है।' 'काव्य-कला' वाले निबन्ध में इस पहले पैरे के पहले वाक्य-बन्ध को उन्होंने तोड़-मरोड़ कर कुछ इस तरह प्रस्तुत किया है : 'सत्य पर जीवन का सुन्दर ताना-बाना बुनने के लिए कला-सृष्टि ने स्थूल-सूक्ष्म सभी विषयों को अपना उपकरण बनाया।' दोनों में कितना गुणात्मक अन्तर है इसे सहज ही देखा जा सकता है। इसी तरह बहुत-कुछ खण्डित-विखंडित हुआ है। प्रसार बढ़ गया है लेकिन सघनता और

उक्ति-सौन्दर्य खण्डित हो गये हैं। अपने 'सामयिक विचार' वाले लेख में तो प्रगतिवाद-विरोधी, यथार्थवाद-विरोधी महादेवी लेनिन तक को उद्धृत करने लगी हैं। यथार्थ के सम्बन्ध में भी वे कुछ नरम पड़ती दिखती हैं। प्रगतिशीलता के सम्बन्ध में भी। संस्कृत के अलावा वे पालि से भी उद्धरण देने लगी हैं। 'गीति-काव्य' को तरह-तरह के उद्धरणों से विस्तृत किया है। यह उन दिनों घटित हुआ जब वे 'सप्तपर्णा' के बिखरे, मनमाने अनुवाद करके लिखने-पढ़ने में अपने को लगाये रखने का बेकल प्रयत्न कर रही थीं। लेकिन इससे बात कुछ बनती नहीं दिखती। यह 'नया करना' कुछ काम नहीं देता। भाषा की तात्समिकता वैसी-की-वैसी है। घुमाव और वाक्यों के जटिल संदर्भों में कोई फ़र्क नहीं आता। यह उनके साहित्य-चिन्तन का विकास नहीं, ठहराव और उससे निकलने की छटपटाहट है।

यहीं पर मुझे महादेवी द्वारा सन् १९४३-४४ के बंगाल के अकाल के सन्दर्भ में प्रकाशित पुस्तिका 'बंग-दर्शन' के अन्त में दिये गये वक्तव्य ('अपनी बात') में 'साहित्य-चिन्तन' के इस संभ्रम से बाहर एक बड़ी सामाजिक त्रासदी के लिए कुछ कर-गुज़रने की अकुलाहट दीख पड़ती है। जैसे कविता से निकलकर महादेवी झूँसी और अरैल के ग्राम-खँडहरों में गयीं, उसी तरह बंगाल के अकाल के सम्बन्ध में भी अपनी भूमिका निभाने का बीड़ा उठाया। 'बंग-दर्शन' पुस्तिका के इस पश्चात्कथन में महादेवी सामाजिक-राजनीतिक सरोकारों पर बहुत तल्ख़ टिप्पणी करती हैं : 'आपत्तियों का अभ्यस्त हो जाना उनसे छुटकारा पाने का मार्ग रुद्ध कर लेना है। ... जिस प्रकार हम दासता, अपमान, अभाव, रूढ़ि आदि के अभ्यस्त हो चुके हैं, उसी प्रकार दुर्भिक्ष के भी अभ्यस्त हो सकते हैं। साधारणतः कोई आपत्ति, कोई दुर्दशा या कोई अधोगति हमारे मर्म को इस तरह नहीं मथ डालती कि हम उससे मुक्ति पाने के लिए जीवन की बाज़ी लगा सकें। ... आज ढाई करोड़ दरिद्र किसान और खेतों में काम करने वाले श्रमिकों का वर्ग है भिक्षुक, अजीविका है भिक्षाटन, विनोद है व्याधि और लक्ष्य है मृत्यु। ... माताओं ने कभी अपने और कभी अपनी बालिकाओं की जीवन-रक्षा के लिए उन्हें लज्जाजनक व्यवसाय के व्यवसायिओं को सौंप दिया। ऐसे अनेक उदाहरण हैं, जहाँ एक परिवार की पाँच-पाँच बालिकाएँ इसलिए बेच दी गयीं कि उसके परिवार को एक समय भोजन मिल सके।'

आधुनिक हिन्दी-साहित्य के विकास और समृद्धि पर अगर हम नज़र डालें तो सचमुच यह लगता है कि उसके सवा-सौ वर्षों के रचना-काल में सन् १९३० ई० से सन् १९४२ ई० तक का समय सचमुच रचनात्मक समृद्धि का स्वर्ण-युग है। 'परिमल', 'अनामिका' (द्वितीय), 'गीतिका', 'राम की शक्तिपूजा', 'सरोज-स्मृति', 'बादल-राग', 'गुंजन', 'युगान्त', 'ग्राम्या', 'झरना', 'कामायनी', 'ग़बन', 'गोदान', 'कफ़न', 'महाजनी सभ्यता', 'त्यागपत्र', 'शेखर : एक जीवनी' (प्रथम भाग), 'नीहार', 'रश्मि', 'नीरजा', 'सांध्य-गीत', 'यामा' और 'दीप-शिखा', 'अणिमा', 'कुकुरमुत्ता' – एकदम चकाचौंध-

सी लगती है – इस ऊर्जस्वित समृद्धि को लक्ष्य करते हुए। 'प्रगतिशील लेखक संघ' की स्थापना का प्रथम अखिल भारतीय सम्मेलन, जिसने भारतीय साहित्य-संरचना की पूरी दशा-दिशा को ही पलट दिया। और ठीक इसके अन्तिम छोर पर 'तार-सप्तक' का संकलन-प्रकाशन। तो महादेवी इसके मध्य में सर्वत्र संस्थापित हैं – मुखर, अन्तर्मुख और समाधिस्थ। और अन्ततः 'नये' से अपना सम्बन्ध स्थापित करने में असफल। कविता में संतुष्ट और मौन। उसके बाद जो थोड़ी-बहुत कविताएँ उन्होंने लिखीं भी, उनमें कोई ख़ास बात नहीं। उनकी कविता और कवि-जीवन का अन्त तो यही है :

*शेष यामा यामिनी, मेरा निकट निर्वाण*
*पागल रे, शलभ अनजान।*

यही अन्त है। कविता में समापन। और गद्य की ओर एक कदम आगे। चित्र-वीथियों का अन्त। निरंतर स्नान और आतिथेय-सुख। गोष्ठियों में गंगा, त्रिवेणी, हिमालय और ऋग्वेद। भिक्षुणी बनने का जो संकल्प महादेवी ने कभी लिया था, अपने अन्तर्जगत में वहीं। तन्मय और शान्त-अशान्त। वह, जो निराला ने अपने सॉनेट की अन्तिम पंक्ति में 'युग-प्रवर्त्तिका महादेवी' के लिए अपनी आशीर्वादात्मक इच्छा व्यक्त की है, 'सजो-रँगो लेखनी-तूलिका की छड़ियों से', वह भी कहाँ सम्भव हुआ? नहीं हुआ। तब महादेवी अपने वैचारिक आलेखों के खण्डन-विखण्डन में प्रवृत्त हुईं। इसके अलावा 'पथ के साथियों' में, 'मेरा परिवार' में, 'सप्तपर्णा' के सात पत्तों में, एक ही टहनी से जुड़े सात पत्तों को उलट-पुलट कर देखने में।...'यामा' की भूमिका में महादेवी एक जगह 'लिखते रहने की दुर्बलता' की बात करती हैं – 'लिखने में सुख मिलता है। न लिखने में जीवन में एक अभाव-सा प्रतीत होता है।'

लिखते रहने के बावजूद महादेवी का शेष जीवन इसी 'अभाव' में निर्वाण की ओर उन्मुख हुआ। अपनी कविताओं की पूर्व-समृद्धि से 'महाभिनिष्क्रमण' और कविता के लिए नयी 'संबोधि'-संजीवनी की प्राप्ति उन्हें नहीं हो सकी।

—दूधनाथ सिंह

# अनुक्रम

# सात भूमिकाएँ

# अपनी बात (रश्मि)

अपने विषय में कुछ कहना प्रायः बहुत कठिन हो जाता है, क्योंकि अपने दोष देखना अपने आपको अप्रिय लगता है और उनको अनदेखा कर जाना औरों को–

'रश्मि' में मेरी कुछ नई और कुछ पुरानी रचनाएँ संगृहीत हैं। इसके विषय में मैं क्या कहूँ। यह मेरे इतने निकट है कि उसका वास्तविक मूल्य आँकना मेरे लिए सम्भव नहीं; आँखों में देखने की शक्ति होने पर भी उनसे मिला कर रखी हुई वस्तु कहीं स्पष्ट दिखाई देती है!

हाँ इतना कहने में मुझे संकोच न होगा कि मैं स्वयं अनित्य होकर भी जिन प्रिय वस्तुओं की नित्यता की कामना करने से नहीं हिचकती यह उन्हीं में से एक है।

जैसे मेरे बिना जाने हुए ही मेरे स्वभाव में अनेक गुण-दोष आ गए हैं उसी प्रकार कुछ लिखते रहने की दुर्बलता भी उत्पन्न हो गई है। कब और कैसे–यह तो मैं स्वयं ही नहीं जानती, केवल इतना कह सकती हूँ लिखने में सुख मिलता है, न लिखने से जीवन में एक अभाव-सा प्रतीत होता है। समय के अनुसार विचारों में, विचारों के अनुसार रचनाओं में जो परिवर्तन आते गए हैं, उनके लिए भी मुझे कभी प्रयत्न नहीं करना पड़ा। याद नहीं आता जब मैंने किसी विषय विशेष या 'वाद' विशेष पर सोच कर कुछ लिखा हो।

मेरे लिए तो मनुष्य एक सजीव कविता है। कवि की कृति तो उस सजीव कविता का शब्दचित्र मात्र है जिससे उनका व्यक्तित्व और संसार के साथ उसकी एकता जानी जाती है। वह एक संसार में रहता है उसने अपने भीतर एक और इस संसार से अधिक सुन्दर, अधिक सुकुमार संसार बसा रखा है। मनुष्य में जड़ और चेतन दोनों एक प्रगाढ़ आलिंगन में आबद्ध रहते हैं। उसका बाह्याकार पार्थिव और सीमित संसार का भाग है और अन्तस्तल अपार्थिव असीम का–एक उसको विश्व से बाँध रखता है तो दूसरा उसे कल्पना द्वारा उड़ाता ही रहना चाहता है।

जड़ चेतन के बिना विकासशून्य है और चेतन जड़ के बिना आकारशून्य। इन दोनों की क्रिया और प्रतिक्रिया ही जीवन है। चाहे कविता किसी भाषा में हो चाहे किसी वाद के अन्तर्गत, चाहे उसमें पार्थिव विश्व की अभिव्यक्ति हो चाहे अपार्थिव

की और चाहे दोनों के अविच्छिन्न सम्बन्ध की, उसके अमूल्य होने का रहस्य यही है कि वह मनुष्य के हृदय से प्रवाहित हुई है। कितनी ही भिन्न परिस्थितियों में होने पर भी हम हृदय से एक ही अंग हैं; यही कारण है कि दो मनुष्यों के देश, काल, समाज में समुद्र के तटों जैसा अन्तर होने पर भी वे एक-दूसरे के हृदयगत भावों को समझने में समर्थ हो सकते हैं। जीवन की एकता का यह छिपा हुआ सूत्र ही कविता का प्राण है। जिस प्रकार वीणा के तारों के भिन्न-भिन्न स्वरों में एक प्रकार की एकता होती है जो उन्हें एक साथ मिलकर चलने की और अपने साम्य से संगीत की सृष्टि करने की क्षमता देती है उसी प्रकार मनुष्य के हृदयों में एकता छिपी हुई है। यदि ऐसा न होता तो विश्व का संगीत ही बेसुरा हो जाता।

फिर भी न जाने क्यों हम लोग अलग-अलग छोटे-छोटे दायरे बना कर उन्हीं में बैठे-बैठे सोचा करते हैं कि दूसरा हमारी पहुँच से बाहर है। एक कवि विश्व का या मानव का बाह्य सौन्दर्य देखकर सब कुछ भूल जाता है, सोचता है उसके हृदय से निकला हुआ स्वर अलग एक संगीत की सृष्टि करेगा; दूसरा विश्व की आन्तरिक वेदना-बहुल सुषमा पर मतवाला हो उठता है, समझता है उसके हृदय से निकला हुआ स्वर सबसे अलग एक निराले संगीत की सृष्टि कर लेगा; परन्तु वे नहीं सोचते कि उन दोनों के स्वर मिलकर ही विश्व-संगीत की सृष्टि कर रहे हैं।

वर्तमान, आकाश से गिरी हुई सम्बन्धरहित वस्तु न होकर भूतकाल का ही बालक है जिसके जन्म का रहस्य भूतकाल में ही ढूँढ़ा जा सकता है। हमारे 'छायावाद' के जन्म का रहस्य भी ऐसा ही है। मनुष्य का जीवन चक्र की तरह घूमता रहता है। स्वच्छन्द घूमते-घूमते थक कर वह अपने लिए सहस्र बन्धनों का आविष्कार कर डालता है और फिर बन्धनों से ऊब कर उनको तोड़ने में अपनी सारी शक्तियाँ लगा देता है।

छायावाद के जन्म का मूल कारण भी मनुष्य के इसी स्वभाव में छिपा हुआ है। उसके जन्म से प्रथम कविता के बन्धन सीमा तक पहुँच चुके थे और सृष्टि के बाह्याकार पर इतना अधिक लिखा जा चुका था कि मनुष्य का हृदय अपनी अभिव्यक्ति के लिए रो उठा। स्वच्छन्द छन्द में चित्रित उन मानव-अनुभूतियों का नाम छाया उपयुक्त ही था और मुझे तो आज भी उपयुक्त ही लगता है।

इन छायाचित्रों को बनाने के लिए और भी कुशल चितेरों की आवश्यकता होती है, कारण उन चित्रों का आधार छूने या चर्मचक्षु से देखने की वस्तु नहीं। यदि वे मानव, हृदय में छिपी हुई एकता के आधार पर उनकी संवेदना का रंग चढ़ा कर न बनाए जाएँ तो वे प्रेत-छाया के समान लगने लगें या नहीं इसमें मुझे कुछ ही सन्देह है।

जो कुछ हो मेरा विश्वास है कि यदि हृदयवाद में हम बाह्य विश्व का अस्तित्व एकदम भूल जाएँ तो सम्भव है कि कुछ दिनों बाद हम अपने बाह्य रूप की

अभिव्यक्ति के लिए उतने ही आकुल हो उठें जितने पहले हृदय के लिए थे।

छायावाद के भाग्य में क्या है इसका निर्णय समय करेगा जिसकी गति में कोई भी हल्की, तुच्छ वस्तु नहीं ठहर पाती।

छायावाद के अन्तर्गत न जाने कितने वाद हैं। मेरी रचना का कहाँ स्थान है यह मैं नहीं जानती–जहाँ जिसका जी चाहे रखे। कविता लिखने का ध्येय उसे किसी वाद के अन्तर्गत रखना ही तो नहीं है जो मैं चिन्ता करूँ!

अपने दु:खवाद के विषय में भी दो शब्द कह देना आवश्यक जान पड़ता है। सुख और दु:ख के धूपछाहों डोरों से बुने हुए जीवन में मुझे केवल दु:ख ही गिनते रहना क्यों इतना प्रिय है, यह बहुत लोगों के आश्चर्य का कारण है। इस क्यों का उत्तर दे सकना मेरे लिए किसी समस्या के सुलझा डालने से कम नहीं है। संसार साधारणत: जिसे दु:ख और अभाव के नाम से जानता है वह मेरे पास नहीं है। जीवन में मुझे बहुत दुलार, बहुत आदर और बहुत मात्रा में सब कुछ मिला है; उस पर पार्थिव दु:ख की छाया नहीं पड़ी। कदाचित् यह उसी की प्रतिक्रिया है कि वेदना मुझे इतनी मधुर लगने लगी है।

इसके अतिरिक्त बचपन से ही भगवान बुद्ध के प्रति एक भक्तिमय अनुराग होने के कारण उनके संसार को दु:खात्मक समझने वाले दर्शन से मेरा असमय ही परिचय हो गया था।

अवश्य ही इस दु:खवाद को मेरे हृदय में एक नया जन्म लेना पड़ा, परन्तु आज तक उसमें पहले जन्म के कुछ संस्कार विद्यमान हैं जिनसे मैं उसे पहचानने में भूल नहीं कर पाती–

दु:ख मेरे निकट जीवन का ऐसा काव्य है जो संसार को एक सूत्र में बाँध रखने की क्षमता रखता है। हमारे असंख्य सुख हमें चाहे मनुष्यता की पहली सीढ़ी तक भी न पहुँचा सकें, किन्तु हमारा एक बूँद आँसू भी जीवन को अधिक मधुर, अधिक उर्वर बनाए बिना नहीं गिर सकता। मनुष्य सुख को अकेला भोगना चाहता है, परन्तु दु:ख सब को बाँटकर–विश्व–जीवन में अपने जीवन को, विश्व–वेदना में अपनी वेदना को, इस प्रकार मिला देना जिस प्रकार एक जलबिन्दु समुद्र में मिल जाता है, कवि की मोक्ष है।

मुझे दु:ख के दोनों ही रूप प्रिय हैं। एक वह जो मनुष्य के संवेदनाशील हृदय को सारे संसार से एक अविच्छिन्न बंधन में बाँध देता है और दूसरा वह जो काल और सीमा के बन्धन में पड़े हुए असीम चेतन का क्रन्दन है।

अपने भावों का सच्चा शब्दचित्र अंकित करने में मुझे प्राय: असफलता ही मिली है, परन्तु मेरा विश्वास है कि असफलता और सफलता की सीढ़ियों द्वारा ही मनुष्य अपने लक्ष्य तक पहुँच पाता है।

इससे मेरा यह अभिप्राय कदापि नहीं है कि मैं जीवन भर आँसू की माला ही गूँथा करूँगी और सुख का वैभव जीवन के एक कोने में बन्द पड़ा रहेगा।

परिवर्तन का ही दूसरा नाम जीवन है। जिस प्रकार जीवन के उष:काल में मेरे सुखों का उपहास-सा करती हुई विश्व के कण-कण से एक करुणा की धारा उमड़ पड़ी है उसी प्रकार सन्ध्या काल में जब लम्बी यात्रा से थका हुआ जीवन अपने ही भार से दब कर कातर क्रन्दन कर उठेगा तब विश्व के कोने-कोने में एक अज्ञातपूर्व सुख मुस्करा पड़ेगा। ऐसा ही मेरा स्वप्न है।

व्यक्तिगत सुख विश्ववेदना में घुल कर जीवन को सार्थकता प्रदान करता है और व्यक्तिगत दु:ख विश्व के सुख में घुलकर जीवन को अमरत्व-

जब उस पूर्ण की सृष्टि होने पर भी मेरा जीवन इतनी त्रुटियों से भरा हुआ और इतना अपूर्ण है तब इस अपूर्ण जीवन की कृति में तो असंख्य त्रुटियाँ होंगी यह जान कर भी रश्मि को आप सब को समर्पित करने की धृष्टता के लिए क्षमा चाहती हूँ।

# अपने विषय में (सांध्यगीत)

भाग्य से मैं वह समृद्ध प्रवासी नहीं हूँ जिसके आशातीत विभूति लेकर घर लौटने पर परिचित भी अपरिचित के समान प्रश्न कर बैठते हैं 'क्या तुम वही हो'। प्रत्युत् मेरी स्थिति उस सम्बलहीन बामन जैसी है जो अपनी सारी लघुता समेट कर द्वार पर बैठा-बैठा ही नया पुराना हो जाता है।

नीहार के धुँधलेपन में मैं सभीत-सी भारती-मन्दिर की जिस पहली सीढ़ी पर आ खड़ी हुई थी अब तक वही हूँ, क्योंकि न कभी पैरों में अन्तिम सोपान तक पहुँचने की शक्ति आई और न उत्सुक हृदय ने लौट जाने की प्रेरणा ही पाई। इन असंख्य ऊँची सीढ़ियों पर आने जाने वाले पूजार्थियों ने निरन्तर देखते-देखते ही मेरे विषय में अनेक प्रश्नों का समाधान कर लिया होगा; उनका कुतूहल अति परिचय-जनित उपेक्षा में परिवर्तित हो चुका होगा। अब मैं अपने विषय में कौन-सी नवीन बात कहूँ!

सांध्य गीत में नीरजा के समान ही कुछ स्फुट गीत संगृहीत हैं। नीहार के रचनाकाल में मेरी अनुभूतियों में वैसी ही कुतूहलमिश्रित वेदना उमड़ आती थी जैसी बालक के मन में दूर दिखाई देने वाली अप्राप्य सुनहली उषा और स्पर्श से दूर सजल मेघ के प्रथम दर्शन से उत्पन्न हो जाती है। रश्मि को उस समय आकार मिला जब मुझे अनुभूति से अधिक उसका चिन्तन प्रिय था। परन्तु नीरजा और सांध्य गीत मेरी उस मानसिक स्थिति को व्यक्त कर सकेंगे जिसमें अनायास ही मेरा हृदय सुख-दु:ख में सामंजस्य का अनुभव करने लगा। पहले बार खिलने वाले फूल को देखकर मेरे रोम-रोम में ऐसा पुलक दौड़ जाता था मानो वह मेरे ही हृदय में खिला हो; परन्तु उसके अपने से भिन्न प्रत्यक्ष अनुभव में एक अव्यक्त वेदना भी थी। फिर वह सुख-दु:ख मिश्रित अनुभूति ही चिन्तन का विषय बनने लगी और अब अन्त में मेरे मन ने न जाने कैसे उस बाहर-भीतर में एक सामंजस्य सा ढूँढ़ लिया है जिसने सुख-दु:ख को इस प्रकार बुन दिया कि एक के प्रत्यक्ष अनुभव के साथ दूसरे का अप्रत्यक्ष आभास मिलता रहता है।

मनुष्य के सुख-दु:ख जिस प्रकार चिरन्तन हैं उनकी अभिव्यक्ति भी उतनी ही

चिरन्तन रही है; परन्तु यह कहना कठिन है कि उन्हें व्यक्त करने के साधनों में प्रथम कौन था।

सम्भव है जिस प्रकार प्रभात की सुनहली रश्मि छूकर चिड़िया आनन्द में चहचहा उठती है और मेघ को घुमड़ता घिरता देख कर मयूर नाच उठता है उसी प्रकार मनुष्य ने भी पहले पहले अपने भावों का प्रकाशन ध्वनि और गति द्वारा ही किया हो। विशेष कर स्वर-सामंजस्य में बँधा हुआ गेय काव्य मानव-हृदय के कितना निकट है यह उदात्त अनुदात्त स्वरों में बँधे वेदगीत तथा अपनी मधुरता के कारण प्राणों में समा जाने वाले प्राकृत पदों के अधिकारी हम भली-भाँति समझ सके हैं।

प्राचीन हिन्दी साहित्य का भी अधिकांश गेय है। तुलसी का इष्ट के प्रति विनीत आत्म-निवेदन गेय है, कबीर का बुद्धिगम्य तत्वनिदर्शन संगीत की मधुरता में बसा हुआ है, सूर के कृष्ण-जीवन का बिखरा इतिहास भी गीतिमय है और मीरा की व्यथासिक्त पदावली तो सारे गीति-जगत की सम्राज्ञी ही कही जाने योग्य है।

सुख-दु:ख के भावावेशमयी अवस्थाविशेष का गिने चुने शब्दों में स्वरसाधना के उपयुक्त चित्रण कर देना ही गीत है। इसमें कवि को संयम की परिधि में बँधे हुए जिस भावातिरेक की आवश्यकता होती है वह सहज प्राप्य नहीं, कारण हम प्राय: भाव की अतिशयता में कला की सीमा लाँघ जाते हैं और उसके उपरान्त भाव के संस्कारमात्र में मर्मस्पर्शिता का शिथिल हो जाना अनिवार्य है। उदाहरणार्थ-दु:खातिरेक की अभिव्यक्ति आर्त्त क्रन्दन या हाहाकार द्वारा भी हो सकती है, जिसमें संयम का नितान्त अभाव है। उसकी अभिव्यक्ति नेत्रों के सजल हो जाने में भी है, जिसमें संयम की अधिकता के साथ आवेग के भी अपेक्षाकृत संयत हो जाने की सम्भावना रहती है। उसका प्रकाशन एक दीर्घ विश्वास में भी है जिसमें संयम की पूर्णता भावातिरेक को पूर्ण नहीं रहने देती और उसका प्रकटीकरण निस्तब्धता द्वारा भी हो सकता है जो निष्क्रिय बन जाती है। वास्तव में गीत के कवि को आर्त्त क्रन्दन के पीछे छिपे दु:खातिरेक को दीर्घ विश्वास में छिपे हुए संयम से बाँधना होगा तभी उसका गीत दूसरे के हृदय में उसी भाव का उद्रेक करने में सफल हो सकेगा। गीत यदि दूसरे का इतिहास न कह कर वैयक्तिक सुख-दु:ख ध्वनित कर सके तो उसकी मार्मिकता विस्मय की वस्तु बन जाती है इसमें सन्देह नहीं। मीरा के हृदय में बैठी हुई नारी और विरहिणी के लिए भावातिरेक सहज प्राप्य था, उसके बाह्य राजरानीपन और आन्तरिक साधना में संयम के लिए पर्याप्त अवकाश था। इसके अतिरिक्त वेदना भी आत्मानुभूत थी, अत: उसका 'हेरी मैं तो प्रेम दिवानी मेरा दरद न जाने कोय' सुन कर यदि हमारे हृदय का तार-तार उसी ध्वनि को दोहराने लगता है, रोम-रोम उसकी वेदना का स्पर्श कर लेता है तो यह कोई आश्चर्य की बात नहीं। सूर का संयम भावों की कोमलता और भाषा की मधुरता के उपयुक्त ही है, परन्तु कथा

इतनी पराई है कि हम बहने की इच्छा मात्र लेकर उसे सुन सकते हैं बहते नहीं और प्रात:स्मरणीय गोस्वामी जी के विनय के पद तो आकाश की मन्दाकिनी कहे जा सकते हैं, हमारी कभी गँदली कभी स्वच्छ वेगवती सरिता नहीं। मनुष्य की चिरन्तन अपूर्णता का ध्यान कर उनके पूर्ण इष्ट के सम्मुख हमारा मस्तक श्रद्धा से, नम्रता से नत हो जाता है; परन्तु हृदय कातर क्रन्दन नहीं कर उठता। इसके विपरीत कबीर के रहस्य भरे पद हमारे हृदय को स्पर्श कर सीधे बुद्धि से टकराते हैं। अधिकतर हममें उनके विचार ध्वनित हो उठते हैं, भाव नहीं जो गीत का लक्ष्य है।

हिन्दी काव्य का वर्तमान नवीन युग गीत-प्रधान ही कहा जाएगा। हमारा व्यस्त और व्यक्तिप्रधान जीवन हमें काव्य के किसी अंग की ओर दृष्टिपात करने का अवकाश ही देना नहीं चाहता। आज हमारा हृदय ही हमारे लिए संसार है। हम अपनी प्रत्येक साँस का इतिहास लिख रखना चाहते हैं, अपनी प्रत्येक कम्पन को अंकित कर लेने के लिए उत्सुक हैं और प्रत्येक स्वप्न का मूल्य पा लेने के लिए विकल हैं। सम्भव है यह उस युग की प्रतिक्रिया हो जिसमें कवि का आदर्श अपने विषय में कुछ न कह कर संसार भर का इतिहास कहना था; हृदय की उपेक्षा कर शरीर को आदृत करना था।

इस युग के गीतों की एकरूपता में भी ऐसी विविधता है जो उन्हें बहुत काल तक सुरक्षित रख सकेगी। इनमें कुछ गीत मलयसमीर के झोंके के समान हमें बाहर से स्पर्श कर अन्तरतम तक सिहरा देते हैं, कुछ अपने दर्शन से बोझिल पंखों द्वारा हमारे जीवन को सब ओर से छू लेना चाहते हैं, कुछ किसी अलक्ष्य डाली पर छिप कर बैठी हुई कोकिल के समान हमारे ही किसी भूले स्वप्न की कथा कहते रहते हैं और कुछ मन्दिर के पूत धूप-धूम के समान हमारी दृष्टि को धुँधला परन्तु मन को सुरभित किए बिना नहीं रहते।

प्रकाश-रेखाओं के मार्ग में बिखरी हुई बदलियों के कारण जैसे एक ही विस्तृत आकाश के नीचे हिलोरें लेने वाली जलराशि में कहीं छाया और कहीं आलोक का आभास मिलने लगता है उसी प्रकार हमारी एक ही काव्यधारा अभिव्यक्ति की भिन्न शैलियों के अनुसार भिन्नवर्णी हो उठी है।

छायावाद ने मनुष्य के हृदय और प्रकृति के उस सम्बन्ध में प्राण डाल दिए जो प्राचीन काल से बिम्ब-प्रतिबिम्ब के रूप में चला आ रहा था और जिसके कारण मनुष्य को प्रकृति अपने दुःख में उदास और सुख में पुलकित जान पड़ती थी। छायावाद की प्रकृति घट, कूप आदि में भरे जल की एकरूपता के समान अनेक रूपों में प्रकट एक महाप्राण बन गई; अत: अब मनुष्य के अश्रु, मेघ के जलकण और पृथ्वी के ओसबिन्दुओं का एक ही कारण, एक ही मूल्य है। प्रकृति के लघु तृण और महान वृक्ष, कोमल कलियाँ और कठोर शिलाएँ अस्थिर जल और स्थिर

पर्वत, निविड़ अन्धकार और उज्ज्वल विद्युत-रेखा, मानव की लघुता-विशालता, कोमलता-कठोरता, चंचलता-निश्चलता और मोह ज्ञान का केवल प्रतिबिम्ब न होकर एक ही विराट से उत्पन्न सहोदर हैं। जब प्रकृति की अनेकरूपता में, परिवर्तनशील विभिन्नता में, कवि ने ऐसे तारतम्य को खोजने का प्रयास किया जिसका एक छोर असीम चेतन और दूसरा उसके असीम हृदय में समाया हुआ था तब प्रकृति का एक-एक अंश एक अलौकिक व्यक्तित्व को लेकर जाग उठा।

परन्तु इस सम्बन्ध से मानव हृदय की सारी प्यास न बुझ सकी, क्योंकि मानवीय सम्बन्धों में जब तक अनुराग-जनित आत्म-विसर्जन का भाव नहीं घुल जाता तब तक वे सरस नहीं हो पाते और जब तक यह मधुरता सीमातीत नहीं हो जाती तब तक हृदय का अभाव दूर नहीं होता। इसी से इस अनेकरूपता के कारण पर एक मधुरतम व्यक्तित्व का आरोपण कर उसके निकट आत्मनिवेदन कर देना इस काव्य का दूसरा सोपान बना जिसे रहस्यमय रूप के कारण ही रहस्यवाद का नाम दिया गया। रहस्यवाद, नाम के अर्थ में छायावाद के समान नवीन न होने पर भी प्रयोग के अर्थ में विशेष प्राचीन नहीं। प्राचीन काल के दर्शन में इसका अंकुर मिलता अवश्य है, परन्तु इसके रागात्मक रूप के लिए उसमें स्थान कहाँ! वेदान्त के द्वैत, अद्वैत, विशिष्टाद्वैत आदि या आत्मा की लौकिकी तथा पारलौकिकी सत्ता विषयक मत-मतान्तर मस्तिष्क से अधिक सम्बन्ध रखते हैं, हृदय से नहीं, क्योंकि वही तो शुद्ध बुद्ध चेतन को विकारों में लपेट रखने का एकमात्र साधन है। योग का रहस्यवाद इन्द्रियों को पूर्णतः वश में करके आत्मा का कुछ विशेष साधनाओं और अभ्यासों के द्वारा इतना ऊपर उठ जाना है जहाँ वह शुद्ध चेतन से एकाकार हो जाता है। सूफीमत के रहस्यवाद में अवश्य ही प्रेमजनित आत्मानुभूति और चिरन्तन प्रियतम का विरह समाविष्ट है, परन्तु साधनाओं और अभ्यासों में वह भी योग के समकक्ष रखा जा सकता है और हमारे यहाँ कीबर का रहस्यवाद यौगिक क्रियाओं से युक्त होने के कारण योग, परन्तु आत्मा और परमात्मा के मानवीय प्रेम-सम्बन्ध के कारण वैष्णव युग के उच्चतम कोटि तक पहुँचे हुए प्रणयनिवेदन से भिन्न नहीं।

आज गीत में हम जिसे नए रहस्यवाद के रूप में ग्रहण कर रहे हैं वह इन सबकी विशेषताओं से युक्त होने पर भी उन सब से भिन्न है। उसने परा विद्या की अपार्थिवता ली, वेदान्त के अद्वैत की छायामात्र ग्रहण की, लौकिक प्रेम से तीव्रता उधार ली और इन सबको कबीर के सांकेतिक दाम्पत्य भाव-सूत्र में बाँध कर एक निराले स्नेह-सम्बन्ध की सृष्टि कर डाली जो मनुष्य के हृदय को आलम्बन दे सका, पार्थिव प्रेम के ऊपर उठा सका तथा मस्तिष्क को हृदयमय और हृदय को मस्तिष्कमय बना सका। इसमें सन्देह नहीं कि इस वाद ने रूढ़ि बन बहुतों को भ्रम में डाल दिया है; परन्तु जिन इने-गिने व्यक्तियों ने इसे वास्तव में समझा उन्हें इस

नीहारलोक में भी गन्तव्य मार्ग स्पष्ट दिखाई दे सका। इस काव्यधारा की अपार्थिव पार्थिवता और साधना की न्यूनता ने सहज ही सबको अपनी ओर आकर्षित कर लिया है; अतः यदि इसका रूप कुछ विकृत होता जा रहा हो तो आश्चर्य की बात नहीं। हम यह समझ नहीं सके हैं कि रहस्यवाद आत्मा का गुण है, काव्य का नहीं। काव्य की उत्कृष्टता किसी विशेष विषय पर निर्भर नहीं; उसके लिए हमारे हृदय को ऐसा पारस होना चाहिए जो सबको अपने स्पर्श मात्र से सोना कर दे। एक पागल से चित्रकार को जब फटा कागज, टूटी तूलिका और धब्बे डाल देने वाला रंग मिल जाता है तब क्षण भर में वह निर्जीव कागज जीवित हो उठता है, रंगों में कल्पना साकार हो उठती है, रेखाओं में जीवन प्रतिबिम्बित हो उठता है तथा उस पार्थिव वस्तु के अपार्थिव रूप के साथ हम हँसते हैं, रोते हैं और उसे मानवीय सम्बन्धों में बाँध रखना चाहते हैं। एक निरर्थक झनझन से पूर्ण टूटे एकतारे के जर्जर तारों में गायक की कुशल उँगलियाँ उलझ जाने पर उन्हीं तारों में हमारे सुख-दुःख, रो-हँस उठते हैं, सीमा के सारे संकीर्ण बन्धन छिन्न-भिन्न होकर बह जाते हैं और हम किसी अज्ञात सौन्दर्य-लोक में पहुँच कर चकित-से मुग्ध-से उसे सदा सुनते रहने की इच्छा करने लगते हैं। निरन्तर पैरों से ठुकराए जाने वाले कुरूप पाषाण से शिल्पी के कुशल हाथ का स्पर्श होते ही वही पाषाण मोम के समान अपना आकार बदल डालता है, उसमें हमारे सैन्दर्य के, शक्ति के आदर्श जाग उठते हैं और तब उसी को हम देवता के समान प्रतिष्ठित कर चन्दन फूल से पूज कर अपने को धन्य मानते हैं। जल का एक रंग भिन्न-भिन्न रंगवाले पात्रों में जैसे अपना रंग बदल लेता है उसी प्रकार चिरन्तन सुख-दुःख हमारे हृदयों की सीमा और रंग के अनुसार बन कर प्रकट होते हैं। हमें अपने हृदयों की सारी अभिव्यक्तियों को एक ही रूप देने को आकुल न होना चाहिए, क्योंकि यह प्रयत्न हमें किसी भी दिशा में सफल न होने देगा।

मेरे गीत मेरे आत्मनिवेदन मात्र हैं—उनके विषय में कुछ कह सकना मेरे लिए सम्भव नहीं। इन्हें मैं अपनी अकिंचन भेंट के अतिरिक्त कुछ नहीं मानती।

अपने चित्रों के विषय में कहते हुए मुझे जिस संकोच का अनुभव हो रहा है वह भी केवल शिष्टाचार-जनित न होकर अपनी अपात्रता के यथार्थ ज्ञान-जनित है। मैं सत्य अर्थ में कोई चित्रकार नहीं हूँ, हो सकने की सम्भावना भी कम है; परन्तु शैशव से ही रंग और रेखाओं के प्रति मेरा बहुत कुछ वैसा ही आकर्षण रहा है जैसा कविता के प्रति। मेरा प्रत्यक्ष ज्ञान मेरी कल्पना के पीछे सदा ही हाथ बाँध कर चलता रहा है, इसी से जब रात दिन होने का प्राकृतिक कारण मुझे ज्ञात न था तभी सन्ध्या से रात तक बदलने वाले आकाश के रंगों में मुझे परियों का दर्शन होने लगा था, जब मेघों के बनने का क्रम मेरे लिए अज्ञेय था तभी उनके वाष्पतन में दिखाई देने वाली आकृतियों का मैं नामकरण कर चुकी थी और जब मुझे तारों का हमारी पृथ्वी से

बड़ा या उसके समान होना बता दिया गया था तब भी मैं रात को अपने आँगन में 'आओ, प्यारे तारे आओ, मेरे आँगन में बिछ जाओ' गा गाकर उन महान लोकों को नीचे बुलाने में नहीं हिचकिचाती थी। रात को स्लेट पर गणित के स्थान में तुक मिला कर और दिन में माँ या चाची की सिन्दूर की डिबिया चुरा कर कोने में फर्श पर रंग भरना और दंड पाना मुझे अब तक स्मरण है। कह नहीं सकती अब वे वयोवृद्ध चित्रकार जिनके निकट मैंने रेखाओं का अभ्यास किया था होंगे या नहीं। यदि होंगे तो सम्भव है उन्हें वह विद्यार्थिनी न भूली हो जो एक रेखा खींच कर तुरन्त ही उसमें भरने के लिए रंग माँगती थी और जब वे रंग भरना सिखाने लगे तब जो नियम से उनके सामने भरे हुए रंगों पर रात को दूसरा रंग फेर कर चित्र ही नष्ट कर देती थी।

इसके उपरान्त का इतिहास तो पाठ्य-पुस्तकों, परीक्षाओं और प्रमाणपत्रों का इतिहास है जिसे कविता ही सरस बनाती रही। मेरी रंगीन कल्पना के जो रंग शब्दों में न समाकर छलक पड़े या जिनकी शब्दों में अभिव्यक्ति मुझे पूर्ण रूप से सन्तोष न दे सकी तो वे ही तूलिका के आश्रित हो सके हैं, इसी से इन रंगों के संघात का स्वतः पूर्ण होना सम्भव नहीं। यह तो मेरे भावातिरेक में उत्पन्न कविता-प्रवाह से निकल कर एक भिन्न दिशा में जाने वाली शाखामात्र है, अतः दोनों गुण-दोष में समान ही रहेंगे-यदि एक का उद्‌गम और वातावरण धुँधला है तो दूसरे का भी वैसा ही होना अनिवार्य-सा है, यदि एक वस्तुजगत् को विशेष दृष्टिकोण से देखता और विशेष रूप में ग्रहण करता है तो दूसरे का दृष्टिकोण भी कुछ भिन्न और ग्रहण करने की शक्ति कुछ विपरीत न हो सकेगी।

मेरी व्यक्तिगत धारणा है कि चित्रकार के लिए कवि होना जितना सहज हो सकता है, उतना कवि के लिए चित्रकार हो सकना नहीं। कला जीवन में जो कुछ सत्यं शिवं सुन्दरम् है सबका उत्कृष्टतम विकास है, परन्तु इस उत्कृष्टतम विकास में भी श्रेणियाँ हैं। जो कला भौतिक उपकरणों से जितनी अधिक स्वतन्त्र होकर भावों की अधिकाधिक अभिव्यंजना में समर्थ हो सकेगी वह उतनी ही अधिक श्रेष्ठ समझी जाएगी। इस दृष्टि से भौतिक आधार की अधिकता और भावव्यंजना की अपेक्षाकृत न्यूनता सेवायुक्त वास्तुकला हमारी कला का प्रथम सोपान और भौतिक सामग्री के अभाव और भावव्यंजना की अधिकता से पूर्ण काव्यकला उसका सबसे ऊँचा अन्तिम सोपान मानी जाएगी। चित्रकला वास्तुकला की अपेक्षा भौतिक आधार से स्वतन्त्र होने पर भी काव्यकला की अपेक्षा अधिक परतन्त्र है कारण वह देश के ऐसे कठिनतम बन्धन में बँधी है जिसमें उसे चित्रकला बने रहने के लिए सदा ही बँधा रहना होगा। स्वतन्त्र वातावरण का विहारी विहग अपने स्वभाव को बन्धनों के उपयुक्त उतनी सरलता से नहीं बना पाता जितनी सुगमता तथा सहज भाव से बन्धनों का पक्षी उन्मुक्त वातावरण की पात्रता प्राप्त कर लेता है। प्रत्येक कवि चित्र के,

लम्बाई-चौड़ाई से युक्त देश के बन्धनों और भावों की अपेक्षाकृत सीमित व्यंजना से क्षुब्ध-सा हो उठता है। न वह इन बन्धनों को तोड़ देने में समर्थ है और न काव्य के स्वतन्त्र वातावरण को भूल सकता है।

इसके अतिरिक्त एक और भी कारण है जो चित्रकार को कवि से एकाकार न होने देगा। चित्रकला निरीक्षण और कल्पना तथा कविता भावातिरेक और कल्पना पर निर्भर है। चित्रकार प्रत्यक्ष और कल्पना की सहायता से जो मानसिक चित्र बना लेता है उसे बहुत काल व्यतीत हो जाने पर भी रेखाओं में बाँध कर रंग से जीवित कर देने की वैसी ही क्षमता रखता है; परन्तु कवि के लिए भावातिरेक और कल्पना की सहायता से किसी लोक की सृष्टि कर उसे बहुत काल के उपरान्त उसी तन्मयता से, उसी तीव्रता से व्यक्त करना असम्भव नहीं तो कठिन अवश्य होगा। अवश्य ही यह पद्यबद्ध इतिहास के समान वर्णनात्मक रचनाओं के विषय में सत्य नहीं, परन्तु व्यक्तिप्रधान भावात्मक काव्य का वही अंश अधिक से अधिक अन्तस्तल में समा जाने वाला, अनेक भू सुख-दुःखों की स्मृतियों में प्रतिध्वनित हो उठने के उपयुक्त और जीवन के लिए कोमलतम स्पर्श के समान होगा, जिसमें कवि ने गतिमय आत्मानुभूत भावातिरेक को संयत रूप में व्यक्त कर उसे अमर कर दिया हो या जिसे व्यक्त करते समय वह अपनी साधना द्वारा किसी बीते क्षण की अनुभूति की पुनरावृत्ति करने में सफल हो सका हो। केवल संस्कारमात्र भावात्मक कविता के लिए सफल साधन नहीं है और न किसी बीती अनुभूति की उतनी ही तीव्र मानसिक पुनरावृत्ति ही सबके लिए सब अवस्थाओं में सुलभ मानी जा सकती है।

बालक अपना सक्रिय जीवन जिस प्रत्यक्ष और उसके अनुकरण से आरम्भ करता है वही निरीक्षण और अनुकरण पर्याप्त मात्रा में चित्रकार के अर्थ में समाहित है। परन्तु यदि विचार कर देखा जाए तो कवि इन सीढ़ियों से ऊपर पहुँचा हुआ जान पड़ेगा, क्योंकि इन व्यापारों से उत्पन्न सुख-दुःखमयी अनुभूति को यथार्थ व्यक्त करने की उत्कंठा उसका प्रथम पाठ है। इसमें सन्देह नहीं कि चित्रमय काव्य हो सकता है और काव्यमय चित्र; परन्तु प्रायः सफल चित्रकार असफल कवि का और सफल कवि असफल चित्रकार का शाप साथ लाता रहा है।

मैं तो किसी भी दिशा में सफल नहीं हूँ, अतः मेरे शाप को भी दुगुना होना चाहिए। अपने व्यस्त जीवन से कुछ क्षणों को छीन कर जैसे-तैसे कुछ लिखते-लिखते मेरे स्वभाव ने मुझे चित्रकला के लिए नितान्त अनुपयुक्त बना दिया है, कारण जितने समय में मैं तुक मिला लेती हूँ उतने ही समय में चित्र समाप्त कर देने के लिए आकुल हो उठती हूँ। ऐसी दशा में अपनी इन विचित्र कृतियों को हिन्दी संसार के सन्मुख रखते हुए मुझे केवल संकोच है और क्या कहूँ! सन्तोष इतना ही है कि यह मेरी है और मैं हिन्दी संसार से अविच्छिन्न सम्बन्ध में बँधी हूँ।

# अपने दृष्टिकोण से (आधुनिक कवि)

मनुष्य चाहे प्रकृति के जड़ उपादानों का संघातविशेष माना जाए और चाहे किसी व्यापक चेतना का अंशभूत परन्तु किसी भी अवस्था में उसका जीवन इतना सरल नहीं है कि हम उसकी पूर्ण तृप्ति के लिए गणित के अंकों के समान एक निश्चित सिद्धान्त दे सकें। जड़ द्रव्य से अन्य पशु तथा वनस्पति जगत के समान ही उसका शरीर निर्मित और विकसित होता है अतः प्रत्यक्ष रूप से उसकी स्थिति बाह्य जगत में ही रहेगी और प्राणिशास्त्र के सामान्य नियमों से संचालित होगी। यह सत्य है कि प्रकृति में जीवन के जितने रूप देखे जाते हैं मनुष्य उनमें इतना विशिष्ट जान पड़ता है कि सृजन की स्थूल समष्टि में भी उसका निश्चित स्थान खोज लेना कठिन हो जाता है, परन्तु इस कठिनाई के मूल में तत्वतः कोई अन्तर न होकर विकास-क्रम में मनुष्य का अन्यतम और अन्तिम होना ही है।

यदि सबके लिए सामान्य यह बाह्य संसार ही उसके जीवन को पूर्ण कर देता तो शेष प्राणिजगत के समान वह बहुत सी जटिल समस्याओं से बच जाता। परन्तु ऐसा हो नहीं सका। उसके शरीर में जैसा भौतिक जगत का चरम विकास है उसकी चेतना भी उसी प्रकार प्राणिजगत की चेतना का उत्कृष्टतम रूप है।

मनुष्य का निरन्तर परिष्कृत होता चलने वाला यह मानसिक जगत वस्तुजगत के संघर्ष से प्रभावित होता है, उसके संकेतों में अपनी अभिव्यक्ति चाहता है परन्तु उसके बन्धनों को पूर्णता में स्वीकार नहीं करना चाहता। अतः जो कुछ प्रत्यक्ष है केवल उतना ही मनुष्य नहीं कहा जा सकता–उसके साथ-साथ उसका जितना विस्तृत और गतिशील अप्रत्यक्ष जीवन है उसे भी समझना होगा, प्रत्यक्ष जगत में उसका भी मूल्यांकन करना होगा, अन्यथा मनुष्य के सम्बन्ध में हमारा सारा ज्ञान अपूर्ण और सारे समाधान अधूरे रहेंगे।

मनुष्य के इस दोहरे जीवन के समान ही उसके निकट बाह्य जगत की सब वस्तुओं का उपयोग भी दोहरा है। ओस की बूँदों से जड़े गुलाब के दल जब हमारे हृदय में सुप्त एक अव्यक्त सौन्दर्य और सुख की भावना को जागृत कर देते हैं, उनकी क्षणिक सुषमा हमारे मस्तिष्क को चिन्तन की सामग्री देती है तब हमारे

निकट उनका जो उपयोग है वह उस समय के उपयोग से सर्वथा भिन्न होगा जब हम उन्हें मिश्री में गलाकर और गुलकन्द नाम देकर औषधि के रूप में ग्रहण करते हैं। समय, आवश्यकता और वस्तु के अनुसार इस दोहरे उपयोग की मात्रा तथा तज्जनित रूप कभी-कभी इतने भिन्न हो जाते हैं कि हमारा अन्तर्जगत बहिर्जगत का पूरक होकर भी उसका विरोधी जान पड़ता है और हमारा बाह्य जीवन मानसिक से संचालित होकर भी उसके सर्वथा विपरीत।

मनुष्य के अन्तर्जगत का विकास उसके मस्तिष्क और हृदय का परिष्कृत होते चलना है, परन्तु इस परिष्कार का क्रम इतना जटिल होता है कि वह निश्चित रूप से केवल बुद्धि या केवल भावना का सूत्र पकड़ने में असमर्थ ही रहता है। अभिव्यक्ति के बाह्य रूप में बुद्धि या भावपक्ष की प्रधानता ही हमारी इस धारणा का आधार बन सकती है कि हमारे मस्तिष्क का विशेष परिष्कार चिन्तन में हो सका है और हृदय का जीवन में। एक में हम बाह्र जगत के संस्कारों को अपने भीतर लाकर उनका निरीक्षण परीक्षण करते हैं और दूसरे में अपने अन्तर्जगत की अनुभूतियों को बाहर लाकर उनका मूल्य आँकते हैं।

चिन्तन में हम अपनी बहिर्मुखी वृत्तियों को समेट कर किसी वस्तु के सम्बन्ध में अपना बौद्धिक समाधान करते हैं, अतः कभी-कभी वह इतना ऐकान्तिक होता है कि अपने से बाहर प्रत्यक्ष जगत के प्रति हमारी चेतना पूर्णरूप से जागरूक ही नहीं रहती और यदि रहती है तो हमारे चिन्तन में बाधक होकर। दार्शनिक में हम बुद्धिवृत्ति का ऐसा ही ऐकान्तिक विकास पाते हैं जो उसे जैसे-जैसे संसार के अव्यक्त सत्य की गहराई तक बढ़ाता चलता है वैसे-वैसे उसके व्यक्त रूप के प्रति वीतराग करता जाता है। वैज्ञानिके निरन्तर अन्वेषण के मूल में भी यही वृत्ति मिलेगी। अन्तार केवल इतना ही है कि उसके चिन्तनमय मनन का विषय सृष्टि के व्यक्त विविध रूपों की उलझन है, उन रूपों में छिपा हुआ अव्यक्त सूक्ष्म नहीं। अपनी-अपनी खोज में दोनों ही वीतराग हैं क्योंकि न दार्शनिक अव्यक्त सत्य से रागात्मक सम्बन्ध स्थापित करने की प्रेरणा पाता है और न वैज्ञानिक व्यक्त जड़द्रव्य के विविध रूपों में रागात्मक स्पर्श का अनुभव करता है। एक व्यक्त के रहस्य की गहराई तक पहुँचना चाहता है, दूसरा उसी के प्रत्यक्ष विस्तार की सीमा तक; परन्तु दोनों ही दिशाओं में बुद्धि से अनुशासित हृदय को मौन रहना पड़ता है, इसी से दार्शनिक और वैज्ञानिक जीवन का वह सम्पूर्ण चित्र जो मनुष्य और शेष सृष्टि के रागात्मक सम्बन्ध से अनुप्राणित है नहीं दे सकते।

मनुष्य के ज्ञान की कुछ शाखाएँ दर्शन, विज्ञान आदि के समान अपनी दिशा में व्यापक न रहकर जीवन के किसी अंश विशेष से सम्बन्ध रखती हैं; अतः जहाँ वे आगे बढ़ते हैं वहाँ ये जीवन की परिवर्तित परिस्थितियों के साथ परिवर्तित हो होकर

अपनी तात्कालिक नवीनता में ही विकसित कहलाती हैं।

मनुष्य एक ओर अपने मानसिक जगत की दुरूहता को स्पष्ट करता चलता है, दूसरी ओर अपने बाह्य संसार की समस्याओं को सुलझाने का प्रयत्न करता है। उसके समाजशास्त्र, राजनीति आदि उसकी बाह्य स्थिति की व्याख्या हैं, उसका विज्ञान प्रकृति के मूलतत्वों से उसके संघर्ष का इतिहास है, उसका दर्शन उसके तथा सृष्टि के रहस्यमय जीवन का बौद्धिक निरूपण है और उसका साहित्य उसके उस समग्र जीवन का सजीव चित्र है जो राजनीति से शासित, समाजशास्त्र से नियमित, विज्ञान से विकसित तथा दर्शन से व्यापक हो चुका है।

साहित्य में मनुष्य की बुद्धि और भावना इस प्रकार मिल जाती हैं जैसे धूपछाहीं वस्त्र में दो रंगों के तार जो अपनी-अपनी भिन्नता के कारण ही अपने रंगों से भिन्न एक तीसरे रंग की सृष्टि करते हैं। हमारी मानसिक वृत्तियों की ऐसी सामंजस्यपूर्ण एकता साहित्य के अतिरिक्त और कहीं सम्भव नहीं। उसके लिए न हमारा अन्तर्जगत त्याज्य है और न बाह्य क्योंकि उसका विषय सम्पूर्ण जीवन है, आंशिक नहीं।

मनुष्य के बाह्य जीवन में जो कुछ ध्वंस और निर्माण हुआ है, उसकी शक्ति और दुर्बलता की जो परीक्षाएँ हुई हैं, जीवनसंघर्ष में उसे जितनी हार-जीत मिली है केवल उसी का ऐतिहासिक विवरण दे देना साहित्य का लक्ष्य नहीं। उसे यह भी खोजना पड़ता है कि इस ध्वंस के पीछे कितनी विरोधी मनोवृत्तियाँ काम कर रही थीं, निर्माण मनुष्य की किस सृजनात्मक प्रेरणा का परिणाम था, उसकी शक्ति के पीछे कौन सा आत्मबल अक्षय था, दुर्बलता उसके किस अभाव से प्रसूत थी, हार उसकी किस निराशा की संज्ञा थी और जीत में उसकी कौन सी कल्पना साकार हो गई।

जीवन का वह असीम और चिरन्तन सत्य जो परिवर्तन की लहरों में अपनी क्षणिक अभिव्यक्ति करता रहता है अपने व्यक्त और अव्यक्त दोनों ही रूपों की एकता लेकर साहित्य में व्यक्त होता है। साहित्यकार जिस प्रकार यह जानता है कि बाह्य जगत में मनुष्य जिन घटनाओं को जीवन का नाम देता है वे जीवन के व्यापक सत्य ही गहराई और उसके आकर्षण की परिचायक हैं, जीवन नहीं; उसी प्रकार यह भी उससे छिपा नहीं कि जीवन के जिस अव्यक्त रहस्य की वह भावना कर सकता है उसी की छाया इन घटनाओं को व्यक्त रूप देती है। इसी से देश और काल की सीमा में बँधा साहित्य रूप में एकदेशीय होकर भी अनेकदेशीय और युगविशेष से सम्बद्ध रहने पर भी युगयुगान्तर के लिए संवेदनीय बन जाता है।

साहित्य की विस्तृत रंगशाला में हम कविता को कौन-सा स्थान दें यह प्रश्न भी स्वाभाविक ही है। वास्तव में जीवन में कविता का वही महत्त्व है जो कठोर

भित्तियों से घिरे कक्ष के वायुमंडल को अनायास ही बाहर के उन्मुक्त वायुमंडल से मिला देने वाले वातायन को मिला है। जिस प्रकार वह आकाश-खंड को अपने भीतर बन्दी कर लेने के लिए अपनी परिधि में नहीं बाँधता प्रत्युत हमें उस सीमारेखा पर खड़े होकर क्षितिज तक दृष्टिप्रसार की सुविधा देने के लिए; उसी प्रकार कविता हमारे व्यष्टि-सीमित जीवन को समष्टि-व्यापक जीवन तक फैलाने के लिए ही व्यापक सत्य को अपनी परिधि में बाँधती है। साहित्य के अन्य अंग भी ऐसा करने का प्रयत्न करते हैं परन्तु न उनमें सामंजस्य को खोज लेने के कारण ही कविता उन ललित कलाओं में उत्कृष्टतम स्थान पा सकी है जो गति की विभिन्नता, स्वरों की अनेकरूपता या रेखाओं की विषमता के सामंजस्य पर स्थित है।

कविता मनुष्य के हृदय के समान ही पुरान है परन्तु अब तक उसकी कोई ऐसी परिभाषा न बन सकी जिसमें तर्कवितर्क की सम्भावना न रही हो। धुँधले अतीतभूत से लेकर वर्तमान तक और 'वाक्यं रसात्मकं काव्यम्' से लेकर आज के शुष्क बुद्धिवाद तक जो कुछ काव्य के रूप और उपयोगिता के सम्बन्ध में कहा जा चुका है वह परिमाण में कम नहीं, परन्तु अब तक न मनुष्य के हृदय का पूर्ण परितोष हो सका है और न उसकी बुद्धि का समाधान। यह स्वाभाविक भी है क्योंकि प्रत्येक युग अपनी विशेष समस्याएँ लेकर आता है जिनके समाधान के लिए नई दिशाएँ खोजती हुईं मनोवृत्तियाँ उस युग के काव्य और कलाओं को एक विशिष्ट रूपरेखा देती रहती हैं। मूलतत्व न जीवन के कभी बदले हैं और न काव्य के, कारण वे उस शाश्वत चेतना से सम्बद्ध हैं जिसके तत्वतः एक रहने पर ही जीवन की अनेकरूपता निर्भर है।

अतीत युगों के जितने संचित ज्ञानकोष के हम अधिकारी हैं उसके आधार पर कहा जा सकता है कि कविता मानव ज्ञान की अन्य शाखाओं की सदैव अग्रजा रही है। यह क्रम अकारण और आकस्मिक न होकर सकारण और निश्चित है क्योंकि जीवन में चिन्तन के शैशव में ही भावना तरुण हो जाती है। मनुष्य बाह्य संसार के साथ कोई बौद्धिक समझौता करने के पहले ही उसके साथ एक रागात्मक सम्बन्ध स्थापित कर लेता है यह उसके शिशु जीवन से ही स्पष्ट हो जाएगा। यदि हम मनुष्य के मस्तिष्क के विकास की तुलना फल के विकास से करें जो अपनी सरसता में सदा ही परिमित है तो उसके हृदय के विकास को फूल का विकास कहना उचित होगा जो अपने सौरभ में अपरिमित होकर ही खिला हुआ माना जाता है। एक अपनी परिपक्वता में पूर्ण है और दूसरा अपने विस्तार में।

यह सत्य है कि मनुष्य के ज्ञान की समष्टि में कविता को और विशेषतः उसके बाह्य रूप को इतना महत्व मनुष्य की भावुकता से ही नहीं उसके व्यावहारिक दृष्टिकोण से भी मिला था। जिस युग में मानव-जाति के समस्त ज्ञान को एक कंठ

से दूसरे कंठ में संचरण करते हुए ही रहना पड़ता था उस युग में उसकी प्रत्येक शाखा को अपने अस्तित्व के लिए छन्दबद्धता के कारण स्मृतिसुलभ पद्य का ही आश्रय लेना पड़ा। इसके अतिरिक्त शुष्क ज्ञान ने अधिक ग्राह्य होने के लिए भी पद्य की रूपरेखा का वह बन्धन स्वीकार किया जिसमें विशेष ध्वनि और प्रवाह से युक्त होकर शब्द अधिक प्रभावशाली हो जाते हैं। कहना व्यर्थ होगा कि काव्य के उस धुँधले आदिम काल से लेकर जब आवश्यकतावश ही मनुष्य प्राय: अपने बौद्धिक निरूपणों को भी काव्यकाया में प्रतिष्ठित करने पर बाध्य हो जाता था, आज गद्य के विकास-काल तक ऐसी कविता का अभाव नहीं रहा।

साधारणत: हमारे विचार विज्ञापक होते हैं और भाव संक्रामक, इसी से एक की सफलता पहले मननीय होने में है और दूसरे की पहले संवेदनीय होने में। कविता अपनी संवेदनीयता में ही चिरन्तन है चाहे युगविशेष के स्पर्श से उसकी बाह्य रूपरेखा में कितना ही अन्तर क्यों न आ जाए। और यह संवेदनीयता भावपक्ष ही में अक्षय है। विज्ञान से समृद्ध भौतिकता की ओर उन्मुख बुद्धिवादी आधुनिक युग ने तो मानो हमारी कविता के सामने एक विशाल प्रश्नवाचक चिह्न लगा दिया है, विशेषकर उस कविता के सामने जो व्यक्त जगत में परोक्ष की अनुभूति और आभास से रहस्य और छायावाद की संज्ञा पाती आ रही है।

यह भावधारा मूलत: नवीन नहीं है क्योंकि इसका कहीं प्रकट और कहीं छिपा सूत्र हम अपने साहित्य की सीमान्त रेखा तक पाते हैं। कारण स्पष्ट है। किसी भी जाति की विचारसरणि, भावपद्धति, जीवन के प्रति उसका दृष्टिकोण आदि उसकी संस्कृति से प्रसूत होते हैं। परन्तु संस्कृति को कोई एक परिभाषा देना कठिन हो सकता है क्योंकि न वह किसी जाति की राजनीतिक व्यवस्था मात्र होती है और न केवल सामाजिक चेतना; न उसे नैतिक मर्यादा मात्र कह सकते हैं और न केवल धार्मिक विश्वास। देशविशेष के जलवायु में विकसित किसी जाति-विशेष के अन्तर्जगत और बाह्य जीवन का वह ऐसा समष्टिगत चित्र है जो अपने गहरे रंगों में भी अस्पष्ट और सीमा में भी असीम है वैसे ही जैसे हमारे आँगन का आकाश। यह सत्य है कि संस्कृति की बाह्य रूपरेखा बदलती रहती है परन्तु मूलतत्वों का बदल जाना तब तक सम्भव नहीं होता जब तक उस जाति के पैरों के नीचे से वह विशेष भूखंड और उसे चारों ओर से घेरे रहने वाला वह विशिष्ट वायुमंडल ही न हटा लिया जाए।

जहाँ तक इतिहास की किरणें नहीं पहुँच पातीं उसी सुदूर अतीत में जो जाति इस देश में आकर बस गई थी जहाँ न बर्फ़ के तूफ़ान आते थे न रेत के बवंडर, न आकाश निरन्तर ज्वाला बरसाता रहता था और न अविराम रोता, न तिल भर भूमि और पल भर के जीवन के लिए मनुष्य का प्रकृति से संघर्ष होता था न हार, उस

जाति की संस्कृति अपना एक विशिष्ट व्यक्तित्व रखती है। सुजला सफला शस्य-श्यामला पृथ्वी के अंक में, मलयसमीर के झोंकों में झूलते हुए, मुस्कराती नदियों की तरंग-भंगिमा में गति मिलाकर, उन्मुक्त आकाशचारी विहंगों के कंठ से कंठ मिलाकर मनुष्य ने जिस जीवन का निर्माण किया, जिस कल्पना और भावना को विस्तार दिया, जिस सामूहिक चेतना का प्रसार किया और जिन अनुभूतियों की अभिव्यंजना की उसके संस्कार इतने गहरे थे कि भीषण रक्तपात और उथलपुथल में भी वे अंकुरित होने की प्रतीक्षा में धूल में दबे हुए बीज के समान छिपे रहे, कभी नष्ट नहीं हुए।

वास्तव में उस प्राचीन जीवन ने मनुष्य को प्रकृति से तादात्म्य अनुभव करने की, उसके व्यष्टिगत सौन्दर्य पर चेतन व्यक्तित्व के आरोप की तथा उसकी समष्टि में रहस्यानुभूति की सभी सुविधाएँ सहज ही दे डालीं। हम वीर पुत्रों और पशुओं की याचना से भरी वेद ऋचाओं में जो इतिवृत्त पाते हैं वही उषा, मरुत् आदि को चेतन व्यक्तिव देकर एक सहज और सरल सौन्दर्यानुभूति में बदल गया है। फिर यही व्यष्टिगत सरल सौन्दर्यबोध उस सर्ववाद का अग्रदूत बन जाता है जिसका अंकुर पुरुष सूक्त में, विश्व पर एक विराट शरीरत्व के आरोपण द्वारा प्रकट हुआ है। आगे चलकर इसी के निखरे रूप की झलक सृष्टि सम्बन्धी ऋचाओं के गम्भीर प्रश्नों में मिलती है जो उपनिषदों के ज्ञान-समुद्र में मिलकर उसकी लहर मात्र बन कर रह गया।

ज्ञानक्षेत्र के तत्वमसि, 'सर्वे खल्विदं ब्रह्म, सोऽहम्' आदि ने उस युग के चिन्तन को कितनी विविधता दी है यह कहना व्यर्थ होगा। तत्वचिन्तन के इतने विकास ने एक ओर मनुष्य को व्यावहारिक जगत के प्रति वीतराग बनाकर निष्क्रियता बढ़ाई और दूसरी ओर अनधिकारियों द्वारा प्रयोगरूप सिद्धान्तों को सत्य बन जाने दिया जिससे रूढ़िवाद की सृष्टि सम्भव हो सकी। इसी की प्रतिक्रिया से उत्पन्न बुद्ध की विचारधारा ने एक ओर ज्ञानक्षेत्र की निष्क्रिय चेतना के स्थान में अपनी सक्रिय करुणा दी और दूसरी ओर रूढ़िवाद को रोकने के लिए पुराने प्रतीक भी अस्वीकृत कर दिए।

यह क्रम प्रत्येक युग के परिवर्तन में कुछ नए उलट फेर के साथ आता रहा है इसी से आधुनिक काल के साथ भी इसे जानने की आवश्यकता रहेगी।

कविता के जीवन में भी स्थूल जीवन से सम्बन्ध रखने वाला इतिवृत्त, सूक्ष्म सौन्दर्य की भावना, उसका चिन्तन में अत्यधिक प्रसार और अन्त में निर्जीव अनुकृतियाँ आदि क्रम मिलते ही रहे हैं। इसे और स्पष्ट करके देखने के लिए, हमारा उस युग से काव्यसाहित्य पर एक दृष्टि डाल लेना पर्याप्त होगा जिसकी धारा वीरगाथाकालीन इतिवृत्त के विषम शिलाखंडों में से फूटकर, निर्गुण-सगुण

भावनाओं की उर्वर भूमि में प्रशान्त, निर्मल और मधुर होती हुई रीतिकालीन रूढ़िवाद के क्षार जल में मिलकर गतिहीन हो गई।

परिवर्तन का वही क्रम हमारे आधुनिक काव्यसाहित्य को भी नई रूपरेखाओं में बाँधता चल रहा है या नहीं, यह कहना अभी सामयिक न होगा। रीतिकालीन रूढ़िवाद से थके हुए कवियों ने जब सामयिक परिस्थितियों से प्रेरित होकर तथा बोलचाल की भाषा में अभिव्यक्ति की स्वाभाविकता और प्रचार की सुविधा समझ कर, ब्रजभाषा का अधिकार खड़ी बोली को सौंप दिया तब साधारणत: लोग निराश ही हुए। भाषा लचीलेपन से मुक्त थी, ब्रजमाधुर्य के अभ्यस्त कानों को ध्वनि में कर्कशता जान पड़ती थी और उक्तियों में चमत्कार न मिलता था। इसके साथ-साथ रीतिकाल की प्रतिक्रिया भी कुछ कम वेगवती न थी। अत: उस युग की कविता की इतिवृत्तात्मकता इतनी स्पष्ट हो चली कि मनुष्य की सारी कोमल और सूक्ष्म भावनाएँ विद्रोह कर उठीं। इसमें सन्देह नहीं कि उस समय की अधिकांश रचनाओं में, भाषा लचीली न होने पर भी परिष्कृत, भाव सूक्ष्मतारहित होने पर भी सात्विक, छन्द नवीनताशून्य होने पर भी भावानुरूप और विषय रहस्यमय न रहने पर भी लोकपरिचित और संस्कृत मिलते हैं। पर स्थूल सौन्दर्य की निर्जीव आवृत्तियों से थके हुए और कविता की परम्परागत नियम-शृंखला से ऊबे हुए व्यक्तियों को फिर उन्हीं रेखाओं में बँधे स्थूल का, न तो यथार्थ-चित्रण रुचिकर हुआ और न उसका रूढ़िगत आदर्श भाषा। उन्हें नवीन रूपरेखाओं में सूक्ष्म सौन्दर्यानुभूति की आवश्यकता थी जो छायावाद में पूर्ण हुई।

छायावाद ने नए छन्दबन्धों में सूक्ष्म सौन्दर्यानुभूति को जो रूप देना चाहा वह खड़ी बोली की सात्विक कठोरता नहीं सह सकता था अत: कवि ने कुशल स्वर्णकार के समान प्रत्येक शब्द को ध्वनि, वर्ण और अर्थ की दृष्टि से नाप-तोल और काट-छाँट कर तथा कुछ नए गढ़ कर अपनी सूक्ष्म भावनाओं को कोमलतम कलेवर दिया। इस युग की प्राय: सब प्रतिनिधि रचनाओं में किसी न किसी अंश तक प्रकृति के सूक्ष्म सौन्दर्य में व्यक्त किसी परोक्ष सत्ता का आभास भी रहता है और प्रकृति के व्यष्टिगत सौन्दर्य पर चेतनता का आरोप भी; परन्तु अभिव्यक्ति की विशेष शैली के कारण वे कहीं सौन्दर्यानुभूति की व्यापकता, कहीं संवेदन की गहराई, कहीं कल्पना के सूक्ष्म रंग और कहीं भावना की मर्मस्पर्शिता लेकर अनेक वादों को जन्म दे सकी हैं।

यह युग पाश्चात्य साहित्य से प्रभावित और बंगाल की नवीन काव्यधारा से परिचित तो था ही साथ ही उसके सामने रहस्यवाद की भारतीय परम्परा भी रही।

जो रहस्यानुभूति हमारे ज्ञानक्षेत्र में एक सिद्धान्त मात्र थी वही हृदय की कोमलतम भावनाओं में प्राणप्रतिष्ठा पाकर तथा प्रेममार्गी सूफ़ी सन्तों के प्रेम में

अतिरंजित होकर ऐसे कलात्मक रूप में अवतीर्ण हुई जिसने मनुष्य के हृदय और बुद्धिपक्ष दोनों को सन्तुष्ट कर दिया। एक ओर कबीर के हठयोग की साधना रूपी सम–विषम शिलाओं से बँधा हुआ और दूसरी ओर जायसी के विशद प्रेमविरह की कोमलतम अनुभूतियों की बेला में उन्मुक्त यह रहस्य का समुद्र आधुनिक युग को क्या दे सका है यह अभी कहना कठिन होगा। इतना निश्चित है कि इस वस्तुवादप्रधान युग में भी वह अनादृत नहीं हुआ चाहे इसका कारण मनुष्य की रहस्योन्मुख प्रवृत्ति हो और चाहे उसकी लौकिक रूपकों में सुन्दरतम अभिव्यक्ति।

इस बुद्धिवाद के युग में मनुष्य भावपक्ष की सहायता से, अपने जीवन को कसने के लिए कोमल कसौटियाँ क्यों प्रस्तुत करे, भावना की साकारता के लिए अध्यात्म की पीठिका क्यों खोजता फिरे और फिर परोक्ष अध्यात्म को प्रत्यक्ष जगत में क्यों प्रतिष्ठित करे यह सभी प्रश्न सामयिक हैं। पर इनका उत्तर केवल बुद्धि से दिया जा सकेगा ऐसा सम्भव नहीं जान पड़ता, क्योंकि बुद्धि का प्रत्येक समाधान अपने साथ प्रश्नों की एक बड़ी संख्या उत्पन्न कर लेता है।

साधारणतः अन्य व्यक्तियों के समान ही कवि की स्थिति भी प्रत्यक्ष जगत की व्यष्टि और समष्टि दोनों ही में है। एक में वह अपनी इकाई में पूर्ण है और दूसरी में वह अपनी इकाई से बाह्य जगत की इकाई को पूर्ण करता है। उसके अन्तर्जगत का विकास ऐसा होना आवश्यक है जो उसके व्यष्टिगत जीवन का विकास और परिष्कार करता हुआ समष्टिगत जीवन के साथ उसका सामंजस्य स्थापित कर दे। मनुष्य के पास इसके लिए केवल दो ही उपाय हैं, बुद्धि का विकास और भावना का परिष्कार। परन्तु केवल बौद्धिक निरूपण जीवन के मूल तत्वों की व्याख्या कर सकता है, उनका परिष्कार नहीं जो जीवन के सर्वतोन्मुखी विकास के लिए अपेक्षित है और केवल भावना जीवन को गति दे सकती है दिशा नहीं।

भावातिरेक को हम अपनी क्रियाशीलता का एक विशिष्ट रूपान्तर मान सकते हैं जो एक ही क्षण में हमारे सम्पूर्ण अन्तर्जगत को स्पर्श कर बाह्य जगत में अपनी अभिव्यक्ति के लिए अस्थिर हो उठता है; पर बुद्धि के दिशानिर्देश के अभाव में इस भावप्रवेग के लिए अपनी व्यापकता की सीमाएँ खोज लेना कठिन हो जाता है अतः दोनों का उचित मात्रा में सन्तुलन ही अपेक्षित रहेगा।

कवि ही नहीं प्रत्येक कलाकार को अपने व्यष्टिगत जीवन की गहराई और समष्टिगत चेतना को विस्तार देने वाली अनुभूतियों को भावना के साँचे में ढालना पड़ा है। हमें निष्क्रिय बुद्धिवाद और स्पन्दनहीन वस्तुवाद के लम्बे पथ को पार कर कदाचित् फिर चिर संवेदनरूप सक्रिय भावना में जीवन के परमाणु खोजने होंगे ऐसी मेरी व्यक्तिगत धारणा है।

कविता के लिए आध्यात्मिक पृष्ठभूमि उचित है या नहीं इसका निर्णय

व्यक्तिगत चेतना ही कर सकेगी। जो कुछ स्थूल, व्यक्त, प्रत्यक्ष और यथार्थ नहीं है यदि केवल यही आध्यात्म से अभिप्रेत है तो हमें वह सौन्दर्य, शील, शक्ति, प्रेम आदि की सभी सूक्ष्म भावनाओं में फैला हुआ, अनेक अव्यक्त सत्य सम्बन्धी धारणाओं में अंकुरित, इन्द्रियानुभूत प्रत्यक्ष की अपूर्णता से उत्पन्न उसी की परोक्ष-रूप-भावना में छिपा हुआ और अपनी ऊर्ध्वगामी वृत्तियों से निर्मित विश्वबन्धुता, मानवधर्म आदि के ऊँचे आदर्शों में अनुप्राणित मिलेगा। यदि परम्परागत धार्मिक रूढ़ियों को हम अध्यात्म की संज्ञा देते हैं तो उस रूप में काव्य में उसका महत्व नहीं रहता। इस कथन में अध्यात्म को बलात् लोकसंग्रही रूप देने का या उसकी ऐकान्तिक अनुभूति अस्वीकार करने का कोई आग्रह नहीं है। अवश्य ही वह अपने ऐकान्तिक रूप में भी सफल है परन्तु इस अरूप रूप की अभिव्यक्ति लौकिक रूपकों में ही तो सम्भव हो सकेगी।

जायसी की परोक्षानुभूति चाहे जितनी ऐकान्तिक रही हो परन्तु उनकी मिलन विरह की मधुर और मर्मस्पर्शिनी अभिव्यंजना क्या किसी लोकोत्तर लोक से रूपक लाई थी? हम चाहे आध्यात्मिक संकेतों से अपरिचित हों परन्तु उनकी लौकिक कलारूप सप्राणता से हमारा पूर्ण परिचय है। कबीर की ऐकान्तिक रहस्यानुभूति के सम्बन्ध में भी यही सत्य है।

वास्तव में लोक के विवध रूपों की एकता पर स्थित अनुभूतियाँ लोक विरोधिनी नहीं होतीं; परन्तु ऐकान्तिक रूप के कारण अपनी व्यापकता के लिए वे व्यक्ति की कलात्मक संवेदनीयता पर अधिक आश्रित हैं। यदि यह अनुभूतियाँ हमारे ज्ञानक्षेत्र में कुछ दार्शनिक सिद्धान्तों के रूप में परिवर्तित न हो जावें, अध्यात्म की सूक्ष्म से स्थूल होती चलने वाली पृष्ठभूमि पर धारणाओं की रूढ़ि मात्र न बन जावें तो भावपक्ष में प्रस्फुटित होकर जीवन और काव्य दोनों को एक परिष्कृत और अभिनव रूप देती हैं।

हमारी अन्तःशक्ति भी एक रहस्य से पूर्ण है और बाह्यजगत का विकास क्रम भी, अतः जीवन में ऐसे अनेक क्षण आते रहते हैं जिनमें हम इस रहस्य के प्रति जागरूक हो जाते हैं। इस रहस्य का आभास या अनुभूति मनुष्य के लिए स्वाभाविक रही है अन्यथा हम सभी देशों के समृद्ध काव्य-साहित्य में किसी न किसी रूप में इस रहस्यभावना का परिचय न पाते। वही काव्य हेय है जो अपनी साकारता के लिए केवल स्थूल और व्यक्त जगत पर आश्रित है और न वही जो अपनी सप्राणता के लिए रहस्यानुभूति पर। वास्तव में दोनों ही मनुष्य के मानसिक जगत की मूर्त और बाह्य जगत की अमूर्त्त भावनाओं की कलात्मक समष्टि हैं। जब कोई कविता काव्यकला की सर्वमान्य कसौटी पर नहीं कसी जा सकती तब उसका कारण विषयविशेष न होकर कवि की असमर्थता ही रहती है।

पिछले छायापथ को पार कर हमारी कविता आज जिस नवीनता की ओर जा रही है उसने अस्पष्टता आदि परिचित विशेषणों में, सूक्ष्म की अभिव्यक्ति, वैज्ञानिक दृष्टिकोण का अभाव, यथार्थ से पलायनवृत्ति आदि नए जोड़ कर छायावाद को अतीत और वर्तमान से सम्बन्धहीन एक आकस्मिक आकाशचारी अस्तित्व देने का प्रयत्न किया है। इन आक्षेपों की अभी जीवन में परीक्षा नहीं हो सकी है अतः यह हमारे मानसिक जगत में ही विशेष मूल्य रखते हैं।

कितने दीर्घकाल से वासनोन्मुख स्थूल सौन्दर्य का हमारे ऊपर कैसा अधिकार रहा है यह कहना व्यर्थ है। युगों से कवि को शरीर के अतिरिक्त और कहीं सौन्दर्य का लेश भी नहीं मिलता था वह उसी के प्रसाधन के लिए अस्तित्व रखता था। जीवन के निम्न स्तर से होता हुआ यह स्थूल, भक्ति की सात्विकता में भी कितना गहरा स्थान बना सका है यह हमारे कृष्णकाव्य का शृंगार-वर्णन प्रमाणित कर देगा।

यह तो स्पष्ट ही है कि खड़ी बोली का सौन्दर्यहीन इतिवृत्ति उसे हिला भी न सकता था। छायावाद यदि अपने सम्पूर्ण प्राणप्रवेग से प्रकृति और जीवन के सूक्ष्म सौन्दर्य को असंख्य रंग रूपों में अपनी भावना द्वारा सजीव करके उपस्थित न करता तो उस धारा को, जो प्रगतिवाद की विषम भूमि में भी अपना स्थान ढूँढ़ती रहती है, मोड़ना कब सम्भव होता यह कहना कठिन है। मनुष्य की वासना को बिना स्पर्श किए हुए जीवन और प्रकृति के सौन्दर्य को उसके समस्त सजीव वैभव के साथ चित्रित करने वाली उस युग की अनेक कृतियाँ किसी भी साहित्य को सम्मानित कर सकेंगी।

फिर मेरे विचार में तो सूक्ष्म के सम्बन्ध का कोलाहल सूक्ष्म से भी परिमाण में अधिक हो गया है। छायावाद स्थूल की प्रतिक्रिया में उत्पन्न हुआ था अतः स्थूल को उसी रूप में स्वीकार करना उसके लिए सम्भव न हो सका; परन्तु उसकी सौन्दर्य-दृष्टि स्थूल के आधार पर नहीं है यह कहना स्थूल की परिभाषा को संकीर्ण कर देना है। उसने जीवन के इतिवृत्तात्मक यथार्थ चित्र नहीं दिए, क्योंकि वह स्थूल से उत्पन्न, सूक्ष्म सौन्दर्य-सत्ता की प्रतिक्रिया थी, अप्रत्यक्ष सूक्ष्म के प्रति उपेक्षित यथार्थ की नहीं जो आज की वस्तु है। परन्तु उसने अपने क्षितिज से क्षितिज तक विस्तृत सूक्ष्म की सुन्दर और सजीव चित्रशाला में हमारी दृष्टि को दौड़ा-दौड़ा कर ही उसे विकृत जीवन की यथार्थता तक उतरने का पथ दिखाया। इसी से छायावाद के सौन्दर्य-द्रष्टा की दृष्टि कुत्सित यथार्थ तक भी पहुँच सकी।

यह यथार्थ-दृष्टि यदि सक्रिय सौन्दर्य-सत्ता के प्रति नितान्त उदासीनता या विरोध लेकर आती है तब उसमें निर्माण के परमाणु नहीं पनप सकते, इसका सजीव उदाहरण हमें अपनी विकृति के प्रति सजग पर सौन्दर्य-दृष्टि के प्रति उदासीन या विरोधी यथार्थदर्शियों के चित्रों की निष्क्रियता में मिलेगा।

हमारी सामयिक समस्याओं के रूप भी छायायुग की छाया में निखरे ही। राष्ट्रीय भावना को लेकर लिखे गए जय-पराजय के गान स्थूल के धरातल पर स्थित सूक्ष्म अनुभूतियों में जो मार्मिकता ला सके हैं वह किसी और युग के राष्ट्रगीत दे सकेंगे या नहीं इसमें सन्देह है। सामाजिक आधार पर 'वह इष्टदेव के मन्दिर की पूजा सी' तप:पूत वैधव्य का जो चित्र है वह अपनी दिव्य लौकिकता में अकेला है।

सूक्ष्म की सौन्दर्यानुभूति और रहस्यानुभूति पर आश्रित गीत-काव्य अपने लौकिक रूपकों में इतना परिचित और मर्मस्पर्शी हो सका कि उसके प्रवाह में युगों से प्रचलित सस्ती भावुकतामूलक और वासना के विकृत चित्र देने वाले गीत सहज ही बह गए। जीवन और कला के क्षेत्र में इनके द्वारा जो परिष्कार हुआ है वह उपेक्षा के योग्य नहीं। पर अन्य युगों के समान इस युग में भी कुछ निर्जीव अनुकृतियाँ तो रहेंगी ही।

जीवन की समष्टि में सूक्ष्म से इतने भयभीत होने की आवश्यकता नहीं है क्योंकि वह तो स्थूल से बाहर कहीं अस्तित्व ही नहीं रखता। अपने व्यक्त सत्य के साथ मनुष्य जो है और अपने अव्यक्त सत्य के साथ वह जो कुछ होने की भावना कर सकता है वही उसका स्थूल और सूक्ष्म है और यदि इनका ठीक सन्तुलन हो सके तो हमें एक परिपूर्ण मानव ही मिलेगा। जहाँ तक धर्मगत रूढ़िग्रस्त सूक्ष्म का प्रश्न है वह तो केवल विधिनिषेधमय सिद्धान्तों का संग्रह है जो अपने प्रयोग रूप को खोकर हमारे जीवन के विकास में बाधक हो रहे हैं। उनके आधार पर यदि हम जीवन के सूक्ष्म को अस्वीकार करें तो हमें जीवन के ध्वंस में लगे हुए विज्ञान के स्थूल को भी अस्वीकार कर देना चाहिए। अध्यात्म का जैसा विकास पिछले युगों में हो चुका है विज्ञान का वैसा ही विकास आधुनिक युग में हो रहा है-एक जिस प्रकार मनुष्यता को नष्ट कर रहा है दूसरा उसी प्रकार मनुष्य को। परन्तु हम हृदय से जानते हैं कि अध्यात्म के सूक्ष्म और विज्ञान के स्थूल का समन्वय जीवन को स्वस्थ और सुन्दर बनाने में भी प्रयुक्त हो सकता है।

वह सूक्ष्म जिसके आधार पर एक कुत्सित से कुत्सित, कुरूप से कुरूप और दुर्बल से दुर्बल मानव, बानर या वनमानुस की पंक्ति में न खड़ा होकर सृष्टि में सुन्दरतम ही नहीं शक्ति और बुद्धि में श्रेष्ठतम मानव के भी कन्धे से कन्धा मिला कर उससे प्रेम और सहयोग की साधिकार याचना कर सकता है, वह सूक्ष्म जिसके सहारे जीवन की विषम अनेकरूपता में भी एकता का तन्तु ढूँढ़कर हम उन रूपों में सामंजस्य स्थापित कर सकते हैं, धर्म का रूढ़िगत सूक्ष्म न होकर जीवन का सूक्ष्म है। इससे रहित होकर स्थूल अपने भौतिकवाद द्वारा जीवन में वही विकृत उत्पन्न कर देगा जो अध्यात्मपरम्परा ने की थी।

छायावाद ने कोई रूढ़िगत अध्यात्म या वर्गगत सिद्धान्तों का संचय न देकर हमें

केवल समष्टिगत चेतना और सूक्ष्मगत सौन्दर्य-सत्ता की ओर जागरूक कर दिया था, इसी से उसे यथार्थ रूप में ग्रहण करना हमारे लिए कठिन हो गया।

सिद्धान्त एक के होकर सब के हो सकते हैं, अतः हम उन्हें अपने चिन्तन में ऐसा स्थान सहज ही दे देते हैं जहाँ वे हमारे जीवन से कुछ पृथक् ऐकान्तिक विकास पाते रहने को स्वतन्त्र हैं। परन्तु इन सिद्धान्तों से मुक्त जो सत्य है उसकी अनुभूति व्यक्तिगत ही सम्भव है और उस दशा में वह प्रायः हमारे सारे जीवन को अपनी कसौटी बनाने का प्रयत्न करता है। इसी से स्थूल की अतल गहराई का अनुभव करने वाला देहात्मवादी मार्क्स भी अकेला ही है और अध्यात्म की स्थूलगत व्यापकता की अनुभूति रखने वाला अध्यात्मवादी गाँधी भी।

हमारा कवि भावित और अनुभूत सत्य की परिधि लाँघ कर न जाने कितने अर्धपरीक्षित और अपरीक्षित सिद्धान्त बटोर लाया है और उनके मापदंड से उसे नापना चाहता है जिसका मापदंड उसका समग्र जीवन ही हो सकता था। अतः आज छायावाद के सूक्ष्म का खरा खोटापन कसने की कोई कसौटी नहीं है।

छायावाद का जीवन के प्रति वैज्ञानिक दृष्टिकोण नहीं रहा यह निर्विवाद है परन्तु कवि के लिए यह दृष्टिकोण कितना आवश्यक है इस प्रश्न के कई उत्तर हैं।

वास्तव में जीवन के साथ इस दृष्टिकोण का वही सम्बन्ध है जो शरीर के साथ शरीर-विज्ञान का। एक शरीर के खंड-खंड कर उसके सम्बन्ध में सारा ज्ञातव्य जानकर भी उसके प्रति वीतराग रहता है, दूसरा जीवन को विभक्त कर उसके विविध रूप और मूल्य को जानकर भी हमें उसके प्रति अनुरक्ति नहीं देता। इस प्रकार यह बुद्धिप्रसूत चिन्तन में ही अपना स्थान रखता है। इसीलिए कवि को इससे विपरीत एक रागात्मक दृष्टिकोण का सहारा लेना पड़ता है जिसके द्वारा वह जीवन के सुन्दर और कुत्सित को अपनी संवेदना में रंग कर देता है। वैज्ञानिक दृष्टिकोण जीवन का बौद्धिक मूल्य देता है, चित्र नहीं; और यदि देता भी है तो वे एक-एक मांसपेशी, शिरा, अस्थि आदि दिखाते हुए उस शरीर-चित्र के समान रहते हैं जिसका उपयोग केवल शरीर-विज्ञान के लिए है। आज का बुद्धिवादी युग चाहता है कि कवि बिना अपनी भावना का रंग चढ़ाए यथार्थ का चित्र दे परन्तु इस यथार्थ का कला में स्थान नहीं, क्योंकि वह जीवन के किसी भी रूप से हमारा रागात्मक सम्बन्ध नहीं स्थापित कर सकता। उदाहरण के लिए हम एक महान और साधारण चित्रकार को ले सकते हैं। महान पहले यह जान लेगा कि किस दृष्टिकोण से एक वस्तु अपनी सहज मार्मिकता के साथ चित्रित की जा सकेगी और तब दो-चार टेढ़ी-मेढ़ी रेखाओं और दो एक रंग के धब्बों से ही दो क्षण में अपना चित्र समाप्त कर देगा, परन्तु साधारण एक-एक रेखा को उचित स्थान पर बैठा-बैठा कर उस वस्तु को ज्यों का त्यों काग़ज़ पर उतारने में सारी शक्ति लगा देगा। यथार्थ का पूरा चित्र

तो पिछला ही है परन्तु वह हमारे हृदय को छू न सकेगा। छू तो वही अधूरा सकता है जिसमें चित्रकार ने रेखा रेखा न मिला कर आत्मा मिलाई है। कवि की रचना भी ऐसे क्षण में होती है जिसमें वह जीवित ही नहीं अपने सम्पूर्ण प्राण-प्रवेग से वस्तुविशेष के साथ जीवित रहता है, इसी से उसका शब्दगत चित्र अपनी परिचित इकाई में भी नवीनता के स्तर पर स्तर और एक स्थिति में भी मार्मिकता के दल पर दल खोलता चलता है। कवि जीवन के निम्नतम स्तर से भी काव्य के उपादान ला सकता है, परन्तु वे उसी के होकर सफल अभिव्यक्ति करेंगे और उसके रागात्मक दृष्टिकोण से ही सजीवता पा सकेंगे।

यह रंगीन दृष्टिकोण वास्तव में कुछ अस्वाभाविक भी नहीं है, क्योंकि प्रत्येक व्यक्ति और जाति के जीवन में यह एक न एक समय आता ही रहता है। विशेष रूप से यह तारुण्य का द्योतक है जो चाँदनी के समान हमारे जीवन की कठोरता, कर्कशता, विषमता आदि को एक स्निग्धता से ढक देता है। जब हम पहले-पहले जीवन-संग्राम में प्रवृत्त होते हैं तब हम अपनी दृष्टि की रंगमयता से ही पथ के कुरूप पत्थरों को रंगीन और साँस की सुरभि से ही काँटों को सुवासित करते चलते हैं। परन्तु जैसे-जैसे संघर्ष से हमारे स्वप्न टूटते जाते हैं कल्पना के पंख झड़ते जाते हैं वैसे-वैसे हमारे दृष्टिकोण की रंगीनी फीकी पड़ती जाती है और अन्त में पलित केशों के साथ इसके भी रंग घुल जाते हैं। यह उस वार्धक्य का सूचक है जिसमें हमें जीवन से न कुछ पाने की आशा रहती है और न देने का उत्साह। केवल जो कुछ पाया और दिया है उसी का हिसाब बुद्धि करती रहती है। जीवन या राष्ट्र के किसी भी महान स्वप्नद्रष्टा, नवनिर्माता या कलाकार में यह वार्धक्य सम्भव नहीं, इसी से आज न कवीन्द्र वृद्ध हैं न बापू। इनमें जीवन के प्रति वैज्ञानिक दृष्टिकोण का अभाव नहीं किन्तु वह एक सृजनात्मक भावना से अनुशासित रहता है। विश्लेषणात्मक तथा प्रधानतः बौद्धिक होने के कारण वैज्ञानिक दृष्टिकोण एक ओर जीवन के अखंड रूप की भावना नहीं कर सकता और दूसरी ओर चिन्तन में ऐकान्तिक होता चला जाता है। उदाहरण के लिए हम अपनी राष्ट्र या जनवाद की भावना ले सकते हैं जो हमारे युग की विशेष देन है। वैज्ञानिक दृष्टिकोण से हम अपने देश के प्रत्येक भूखंड के सम्बन्ध में सब ज्ञातव्य जान कर मनुष्य के साथ उसका बौद्धिक मूल्य आँक सकेंगे और वर्ग उपवर्गों में विभक्त मानव-जीवन के सब रूपों का विश्लेषणात्मक परिचय प्राप्त कर उसके सम्बन्ध में बौद्धिक निरूपण दे सकेंगे; परन्तु खंड-खंड में व्याप्त एक विशाल राष्ट्रभावना और व्यष्टि-व्यष्टि में व्याप्त एक विराट जनभावना हमें इस दृष्टिकोण से ही नहीं मिल सकती। केवल भारतवर्ष के मानचित्र बाँट कर जिस प्रकार राष्ट्रीय भावना जागृत करना सम्भव नहीं है, केवल शतरंज के मोहरों के समान व्यक्तियों को हटा बढ़ा कर जैसे जनभावना

का विकास कठिन है, केवल वैज्ञानिक दृष्टिकोण से जीवन की गहराई और विस्तार नाप लेना भी वैसा ही दुस्तर कार्य है। इसी से प्रत्येक युग के निर्माता को यथार्थ-द्रष्टा ही नहीं स्वप्न-सृष्टा भी होना पड़ता है।

छायावाद के कवि को एक नए सौन्दर्यलोक में ही यह भावात्मक दृष्टिकोण मिला; जीवन में नहीं, इसी से वह अपूर्ण है; परन्तु यदि इसी कारण हम उसके स्थान में केवल बौद्धिक दृष्टिकोण की प्रतिष्ठा कर जीवन की पूर्णता में देखना चाहेंगे तो हम भी असफल ही रहेंगे।

पलायनवृत्ति के सम्बन्ध में हमारी यह धरणा बन गई है कि वह जीवन-संग्राम में असमर्थ छायावाद की अपनी विशेषता है। सत्य तो यह है कि युगों से, परिचित से अपरिचित, भौतिक से अध्यात्म, भाव से बुद्धिपक्ष, यथार्थ से आदर्श आदि की ओर मनुष्य को ले जाने और इसी क्रम से लौटाने का बहुत कुछ श्रेय इसी पलायनवृत्ति को दिया जा सकता है। यथार्थ का सामना न कर सकने वाली दुर्बलता ही इसे जन्म देती है यह कथन कितना अपरीक्षित है इसका सबल प्रमाण हमारा चिन्तनप्रधान ज्ञान-युग दे सकेगा। उस समय न जाति किसी कठोर संघर्ष से निश्चेष्ट थी न किसी सर्वग्रासिनी हार से निर्जीव, न उसका घर धन-धान्य से शून्य था और न जीवन सुख-संतोष से, न उसके सामने सामाजिक विकृति थी और न सांस्कृतिक ध्वंस। परन्तु इन सुविधाओं से अति परिचय के कारण उसका तारुण्य, भौतिक को भूल कर चिन्तन के नवीन लोक में भटक गया और उपनिषदों में उसने अपने ज्ञान का ऐसा सूक्ष्म विस्तार किया कि उसके बुद्धिजीवी जीवन को फिर से स्थूल की ओर लौटना पड़ा।

व्यक्ति के जीवन में भी यह पलायनवृत्ति इतनी ही स्पष्ट है। सिद्धार्थ ने जीवन के संघर्षों में पराजित होने के कारण महाप्रस्थान नहीं किया, भौतिक सुखों के अति परिचय ने ही थका कर उनकी जीवनधारा को दूसरी ओर मोड़ दिया था। आज भी व्यावहारिक जीवन में, पढ़ने से जी चुराने वाले विद्यार्थी को जब हम खिलौनों से घेर कर छोड़ देते हैं तब कुछ दिनों के उपरान्त वह स्वयं पुस्तकों के लिए विकल हो जाता है। जीवन के और साधारण स्तर पर भी हमारी इस धारणा का समर्थन हो सकेगा। चिड़ियों से खेत की रक्षा करने के लिए मचान पर बैठा हुआ कृषक जब अचानक खेत और चिड़ियों को भूल कर बिरहा या चैती गा उठता है तब उसमें खेत खलिहान की कथा न कहकर अपनी किसी मिलन-विरह की स्मृति ही दोहराता है। चक्की के कठिन पाषाण को अपनी साँसों से कोमल बनाने का निष्फल प्रयत्न करती हुई दरिद्र स्त्री, जब इस प्रयास को रागमय करती है तो उसमें चक्की और अन्न की बात न होकर किसी आम्रवन में पड़े झूले की मार्मिक कहानी रहती है। इसे चाहे हम यथार्थ की पूर्ति कहें चाहे उससे पलायन की वृत्ति परन्तु वह परिभाषातीत मन की एक आवश्यक प्रेरणा तो है ही।

छायावाद के जन्मकाल में मध्य वर्ग की ऐसी क्रान्ति नहीं थी। आर्थिक प्रश्न इतना उग्र नहीं था, सामाजिक विषमताओं के प्रति हम सम्पूर्ण क्षोभ के साथ आज के समान जागृत भी नहीं हुए थे और हमारे सांस्कृतिक दृष्टिकोण पर असंतोष का इतना स्याह रंग भी नहीं चढ़ा था। तब हम कैसे कह सकते हैं कि केवल संघर्षमय यथार्थ जीवन से पलायन के लिए ही उस वर्ग के कवियों ने एक सूक्ष्म भावजगत को अपनाया। हम केवल इतना कह सकते हैं कि उन परिस्थितियों ने आज की निराशा के लिए धरातल बनाया।

उस युग के कतिपय कवियों की कोमल भावनाएँ तो कारागार की कठोर भित्तियों से टकरा कर भी कर्कश नहीं हो सकीं, परन्तु इसी कोमलता के आधार पर हम उन कवियों को जीवन संघर्ष में असमर्थ नहीं ठहरा सकेंगे।

छायावाद के आरम्भ में जो विकृति थी आज वह शतगुण हो गई है। उस समय की क्रान्ति की चिनगारी सहस्र-सहस्र लपटों में फैल कर हमारे जीवन को क्षार किए दे रही है। परन्तु आज भी तो हम अपने शान्त चिन्तन में बुद्धि से खराद-खराद कर सिद्धान्तों के मणि ही बना रहे हैं। हमारे सिद्धान्तों की चरणपीठ बन कर ही जो यथार्थ आ सका है उसे भी हमारे हृदय के बन्द द्वार से टकरा-टकरा कर ही लौटना पड़ रहा है। वास्तव में हमने जीवन को उसके सक्रिय संवेदन के साथ न स्वीकार करके एक विशेष बौद्धिक दृष्टिकोण से छू भर दिया है। इसी से जैसे यथार्थ से साक्षात् करने में असमर्थ छायावाद का भावपक्ष में पलायन सम्भव है, उसी प्रकार यथार्थ की सक्रियता स्वीकार करने में असमर्थ प्रगतिवाद का चिन्तन में पलायन सहज है। और यदि विचार कर देखा जाए तो जीवन से केवल भावजगत में पलायन उतना हानिकर नहीं जितना जीवन से केवल बुद्धिपक्ष में पलायन, क्योंकि एक हमारे कुछ क्षणों को गतिशील कर जाता है और दूसरा हमारा सम्पूर्ण सक्रिय जीवन माँग लेता है।

यदि इन सब उलझनों को पार कर हम पिछले और आज के काव्य की एक विस्तृत धरातल पर उदार दृष्टिकोण से परीक्षा करें तो हमें दोनों में जीवन के निर्माण और प्रसाधन के सूक्ष्म तत्त्व मिल सकेंगे। जिस युग में कवि के एक ओर परिचित और उत्तेजक स्थूल था और दूसरी ओर आदर्श और उपदेशप्रवण इतिवृत्त, उसी युग में उसने भावजगत और सूक्ष्म सौन्दर्य-सत्ता की खोज की थी। आज वह भाव-जगत के कोने-कोने और सूक्ष्म सौन्दर्यगत चेतना के अणु-अणु से परिचित हो चुका है, अतः स्थूल व्यक्त उसकी दृष्टि को विराम देगा। यदि हम पहले मिली सौन्दर्य-दृष्टि और आज की यथार्थ-सृष्टि का समन्वय कर सकें, पिछली सक्रिय भावना से बुद्धिवाद की शुष्कता को स्निग्ध बना सकें और पिछली सूक्ष्म चेतना की व्यापक मानवता में प्राण-प्रतिष्ठा कर सकें तो जीवन का सामंजस्यपूर्ण चित्र दे सकेंगे। परन्तु

जीवन के प्रत्येक क्षेत्र के समान कविता का भविष्य भी अभी अनिश्चित ही है। पिछले युग की कविता अपनी ऐश्वर्य-राशि में निश्चल है और आज की, प्रतिक्रियात्मक विरोध में गतिवती। समय का प्रवाह जब इस प्रतिक्रिया को स्निग्ध और विरोध को कोमल बना देगा तब हम इनका उचित समन्वय कर सकेंगे ऐसा मेरा विश्वास है।

साधारणतः नवीन काव्यधारा ने अभी छायावाद की बाह्य रूपरेखा नहीं छोड़ी, केवल शब्दावली, छन्द, ध्वनि आदि में एक निरन्तर सतर्क शिथिलता लाकर उसे विशेषता मान लिया है। अपने प्रारम्भिक रूप में ही यह रचनाएँ पर्याप्त भिन्नता रखती हैं जिससे हम उनमें व्यक्त विभिन्न विचारधाराओं से सहज ही परिचित हो सकते हैं। इस काव्य की एक धारा ऐसी चिन्तनप्रधान रचनाओं को जन्म दे रही है जिनमें एक ओर विविध बौद्धिक निरूपणों के द्वारा कुछ प्रचलित सिद्धान्तों का प्रतिपादन होता चलता है और दूसरी ओर पीड़ित मानवता के प्रति बौद्धिक सहानुभूति का व्यक्तिकरण। इन रचनाओं के मूल में वर्तमान व्यवस्थाओं की प्रतिक्रिया अवश्य है परन्तु वह मनुष्य की रागात्मक वृत्तियों में उत्पन्न न होकर उसके ठंडे चिन्तन में जन्म और विकास पाती है, उसमें आवश्यक भावप्रवेग का नितान्त अभाव स्वाभाविक ही है।

दूसरी धारा में पिछले वर्षों के राष्ट्रीय गीतों की परम्परा ही कुछ अतिशयोक्ति और उलटफेर के साथ व्यक्त हो रही है। ऐसी रचनाओं में कवि का अहंकार स्वानुभूत न होकर रूढ़ि मात्र बन गया है, इसी से वह प्रलयंकर, महानाश की ज्वाला आदि रूपकों में व्यक्त क्षणिक उत्तेजना में फुलझड़ी के समान जलता-बुझता रहता है। असंख्य निर्जीव आवृत्तियों के कारण यह शब्दावली अपना प्रभाव खो चुकी है; कवि जब तक सच्चाई के साथ इनमें अपने प्राण नहीं फूँक देता तब तक यह कविता के क्षेत्र में विशेष महत्व नहीं पातीं।

तीसरी काव्यधारा की रूपरेखा आदर्शवाद की विरोध-भावना से बनी है। उसमें एक ओर यथार्थ की छाया में वासना के वे नग्न चित्र हैं जो मूलतः हमारी सामाजिक विकृति से सम्बन्ध रखते हैं और दूसरी ओर जीवन के वे घृणित कुत्सित रूप जो हमारी समष्टिगत चेतना के अभाव से उत्पन्न हैं। एक में भावना की परिणति का अभाव है और दूसरे में संवेदनीय अनुभूति का, अतः यह कृतियाँ हमारे सामने केवल एक विचित्र चित्रशाला प्रस्तुत करती हैं। यथार्थ का काव्यगत चित्रण सहज होता है यह धारणा भ्रान्तिमूलक ही प्रमाणित होगी। वास्तव में यथार्थ के चितेरे को अपनी अनुभूतियों के हल्के से हल्के और गहरे से गहरे रंगों के प्रयोग में बहुत सावधान रहना पड़ता है, क्योंकि उसका चित्र आदर्श के समान न अस्पष्ट होकर अग्राह्य हो सकता है और न व्यक्तिगत भावना में बहुरंगी। वह प्रकृत न होने पर विकृत के

अनेक रूपरूपान्तरों में से किसी एक में प्रतिष्ठित होगा ही। यथार्थ की कविता को जीवन के उस स्तर पर रहना पड़ता है जहाँ से वह हमें जीवन के भिन्नवर्णी चित्र ही नहीं देती, प्रत्युत उनमें व्यक्त जीवन के प्रति एक प्रतिक्रियात्मक संवेदन भी देती है। घृणित कुत्सित के प्रति हमारी करुण संवेदना की प्रगति और क्रूर कठोर के विरुद्ध हमारी कोमलभावना की जागृति, यथार्थ का ही वरदान है। परन्तु अपनी विकृति में यथार्थवाद ने हमें क्या दिया है इसे जानने के लिए हम अपने नैतिकपतन के नग्न रूप पर आश्रित साहित्य को देख सकते हैं।

भविष्य में प्रगतिवाद की जो दिशा होगी उसकी कल्पना अभी समीचीन नहीं हो सकती। इतना स्पष्ट है कि यह श्रमिकों की वाणी में बोलने वाली कविता मध्य वर्ग के कंठ से उत्पन्न हो रही है, अतः इसे समझने के लिए उसी वर्ग की पृष्ठभूमि चाहिए। हमारा जातीय इतिहास प्रमाणित कर देगा कि सांस्कृतिक दृष्टि से महत्वपूर्ण होते हुए भी यह वर्ग बदलती हुई परिस्थितियों से उच्चवर्ग की अपेक्षा अधिक प्रभावित होता है। संख्या में हल्के और सुविधाओं में भारी उच्चवर्ग ने किसी भी संघर्ष में अपनी स्थिति में कोई विशेष परिवर्तन नहीं किया है। मध्ययुग में विजेताओं से कुछ समय तक संघर्ष कर तथा संख्या में कुछ घट कर जब उच्चवर्ग फिर पुरानी स्थिति में आ गया तब मध्य वर्ग की समस्याएँ ज्यों की त्यों थीं। उनमें से कुछ ने राजदरबारों में शृंगार और विलास के राग गाए, कुछ ने जीवन को भक्ति और ज्ञान की पूत धाराओं में निमज्जित कर डाला और कुछ फारसी पढ़-पढ़ कर मुंशी बनने लगे।

उसके उपरान्त फिर इसी इतिहास की आवृत्ति हुई। जब उच्चवर्ग नए पाश्चात्य शासकों की वरद छाया में अपने पुराने फीके जीवन पर नई सभ्यता का सुनहला पानी फेर रहा था तब मध्य वर्ग में अधिकांश के जीवन में अंग्रेजी सीख कर केवल क्लर्क बनने की साधना वेगवती होती जा रही थी। इस साधना की सफलता ने उसे यन्त्रमात्र ही रहने दिया, पर तब भी उसकी यह धारणा न मिटी कि उसका और उसकी संतान का कल्याण केवल इसी दिशा में रक्षित है।

इस बीच में सामाजिक तथा सांस्कृतिक विकास के लिए नई प्रेरणा मिलने का कहीं अवकाश ही न था। पुरानी जीर्णशीर्ण व्यवस्थाओं के भीतर हमारा सामाजिक जीवन उत्तरोत्तर विकृत होने लगा। संस्कृति के नाम पर जो कुछ प्रचलित रूढ़ियाँ थीं वे जीवन में और कोई द्वार न पाकर धर्म्म और साहित्य में फैलने लगीं। इस पंक में कमल भी खिले अवश्य, परन्तु इससे जल की पंकिलता में अन्तर नहीं पड़ता।

ऐसे ही समय में भारतेन्दु-युग की कविता में बिखरे देशप्रेम को हमारी राष्ट्रीय भावना में विकास पाने का अवसर मिला। साधारणतः जीवन की व्यष्टिगत चेतना के पश्चात ही समष्टिगत राष्ट्रीय चेतना का उदय होना चाहिए। परन्तु साधन और

समय के अभाव में हम इस चेतना का आह्वान केवल असुविधाओं के भौतिक धरातल पर ही कर सके, इसी से शताब्दियों से निर्जीवप्राय जनसमूह सक्रिय चेतना लेकर पूर्ण रूप से अब तक न जाग सका।

मध्यवर्ग का इस जागृति में क्या स्थान है यह बताने की आवश्यकता नहीं परन्तु इसके उपरान्त भी उसकी स्थिति अनिश्चित और जटिलतर होती गई। हमारी राष्ट्रीय चेतना एक विशेष राजनीतिक ध्येय को लेकर जागृत हुई थी, अतः जीवन की उन अन्य व्यवस्थाओं की ओर ध्यान देने का उसे अवकाश ही नहीं मिला जो जीवन की व्यष्टिगत चेतना से सम्बन्ध रखती थीं।

यह स्वाभाविक ही था कि जीवन की बाह्य व्यवस्था में विकास न होने के कारण हमारी सब प्रवृत्तियाँ और मनोवृत्तियाँ अन्तर्मुखी होकर हमारे भावजगत को अत्यधिक समृद्ध कर देतीं। छायावाद और रहस्यवाद के अन्तर्गत सूक्ष्मतम अनुभूतियों के कोमलतम मूर्त्त रूप, भावना के हल्के रंगों का वैचित्य, वेदना की गहरी रेखाओं की विविधता, करुणा का अतल गाम्भीर्य और सौन्दर्य का असीम विस्तार हमारी उपयुक्त धारणा का समर्थन कर देते हैं। परन्तु इन सौन्दर्य और भावना के पुजारियों को भी उसी निष्क्रिय संस्कृति और निष्प्राण सामाजिकता में से ही अपना पथ खोजना पड़ा है। वे मध्य युग के सन्त नहीं हैं 'जो स्वान्तः सुखाय तुलसी रघुनाथ-गाथा' कह कर बाह्य जीवन-जनित निराशा से बच जाते।

इनके साथ उस नवीन पीढ़ी का उल्लेख भी उचित होगा जो रूढ़िग्रस्त मध्यवर्ग में पली और जीवन का अधिकांश जीवन को भुलाने में बिता कर संसार यात्रा के लिए केवल स्वप्न और भावुकता का सम्बल लिए हुए विद्यालयों से बाहर आई। जीवन की व्यवस्था में अपनी स्वप्न सृष्टि का कोई स्थान न पाकर उसकी मानसिक स्थिति में जो परिवर्तन हुआ वह अनेकरूपी है। इनमें से कुछ के अनमिल स्वर हमें छायावाद की रागिनी में सुन पड़ते हैं और कुछ के प्रगतिवाद के शंख में। साम्यवाद, समाजवाद, आदि विचारधाराओं से भी यह प्रवाह में पड़े हुए पत्थर हो रहे हैं।

इस प्रकार के सामूहिक असन्तोष और निराशा की पृष्ठभूमि पर जो प्रतिक्रियात्मक काव्य-रचना हो रही है वह बौद्धिक निरूपणों से बोझिल है। जिन व्यवस्थाओं में जीवन का उपयुक्त समाधान नहीं मिला उसकी कला कसौटियों और काव्य के उपादानों पर उसे खीझ है। वास्तव में इस प्रगति के भीतर मध्यवर्ग की क्रान्ति ही गतिशील है। कवियों ने कुछ साम्यवाद के प्रतीकों के रूप में, कुछ ग्रामों की ओर लौटने की देशव्यापी पुकार से प्रभावित होकर और कुछ अपनी सहज संवेदना से, जिस पीड़ित, दलित और अपनी वेदना में मूर्च्छित वर्ग को काव्य का विषय बनाया है उसके जीवन में वे घुलमिल नहीं सके, इसी से कहीं वह बुद्धि की दौड़ के लिए मैदान बन जाती है, कहीं भावनाओं को टाँगने के लिए खूँटी का काम देता है और

कहीं निर्जीव चित्रों के लिए चेतना-हीन आधार बनकर ही सफलता पाता है। अवश्य ही करुणा को भी रुला देने वाले इस जीवन के कुछ सजीव चित्रण हुए हैं परन्तु वे नियम के अपवाद जैसे हैं।

इतिहास के क्रम में हमारी विचार-शृंखला की कड़ी बन कर तो यह प्रगतिवाद सदा ही रह सकता है पर काव्य में अपनी प्रतिष्ठा के लिए उसे कला की रूपरेखा में बँधना ही पड़ेगा। छायावाद युग की सूक्ष्म अनुभूतियों की अभिव्यंजना-शैली चाहे उसके लिए उपयुक्त न हो, परन्तु कला के उस सहज, सरल और स्वाभाविक सौन्दर्य के प्रति उसकी सतर्क विरिक्ति उचित नहीं जो जीवन के घृणित, कुत्सित रूप के प्रति भी हमारी ममता को जगा सकता है।

इसके अतिरिक्त विचारों के प्रसार और प्रचार के अनेक वैज्ञानिक साधनों से युक्त युग में, गद्य का उत्तरोत्तर परिष्कृत होता चलने वाला रूप रहते हुए, हमें अपने केवल बौद्धिक निरूपणों और वादविशेष सम्बन्धी सिद्धान्तों के प्रतिपादन के लिए कविता की सहायता की आवश्यकता नहीं रही। चाणक्य की नीति वीणा पर गाई जा सकती है, परन्तु इस प्रकार वह न नीति की कोटि में आ सकती है और न गीत की सीमा में, इसे जानकर ही इस बुद्धिवादी युग को हम कुछ दे सकेंगे।

इस युग के कवि के सामने जो विषम परिस्थितियाँ हैं उन पर मैं रंग फेरना नहीं चाहती। आज संगठित जाति वीरगाथाकालीन युद्ध के लिए नहीं सज्जित हो रही है जो कवि चरणों के समान कड़खों से उसे उत्तेजित मात्र करके सफल हो सके, वह ऐश्वर्यराशि पर बैठी पराजय भुलाने के साधन नहीं ढूँढ़ रही है जो कवि विलास की मदिरा ढाल-ढाल कर अपने आपको भूल सके और वह कठोर संघर्ष से क्षामकंठ भी नहीं है जो कवि अध्यात्म की सुधा से उसकी प्यास बुझा सके।

वास्तव में वह तो जीवन और चेतना के ऐसे विषम खंडों में फूट कर बिखर गई है जो सामंजस्य को जन्म देने में असमर्थ परस्पर विरोधी उपकरणों से बने जान पड़ते हैं। इसका कारण कुछ तो हमारा व्यक्तिप्रधान युग है और कुछ वह प्रवृत्ति जो हमें जीवन से कुछ न सीखकर अध्ययन से सब कुछ सीखने को बाध्य करती है। हम संसार भर की विचारधाराओं में जीवन के मापदंड खोजते-खोजते जीवन ही खो चुके हैं, अत: आज हम उन निर्जीव मापदंडों की समष्टि मात्र हैं।

कवि के एक ओर अगणित वर्ग उपवर्गों में खंडित मुट्ठी भर मनुष्यों की ज्ञान-राशि है और दूसरी ओर रूढ़ियों में अचल, असंख्य निर्जीव पिंडों में बिखरे मानव का अज्ञान-पुंज। एक अपने विशेष सिद्धान्तों के प्रचार के लिए कवि का कंठ खरीदने को प्रस्तुत है और दूसरा उसकी वाणी से उतना अर्थ निकाल लेना भी नहीं जानता जितना वह अपने आँगन में बोलने वाले काक के शब्द का निकाल लेता है। एक ओर राजनीतिक उसे निष्क्रिय समझता है, दूसरी ओर समाज-सुधारक उसे

अबोध कहता है। इसके अतिरिक्त उसका व्यक्तिगत जीवन भी है जिसके सब सुनहले स्वप्नों और रंगीन कल्पनाओं पर, व्यापक विषमता से निराशा की कालिमा फैलती जाती हैं।

इस युग का कवि हृदयवादी हो या बुद्धिवादी, स्वप्नद्रष्टा हो या यथार्थ का चित्रकार, अध्यात्म से बँधा हो या भौतिकता का अनुगत, उसके निकट यही एक मार्ग शेष है कि वह अध्ययन में मिली जीवन की चित्रशाला से बाहर आकर, जड़ सिद्धान्तों का पाथेय छोड़कर अपनी सम्पूर्ण संवेदन शक्ति के साथ जीवन में घुल-मिल जाए। उसकी केवल व्यक्तिगत सुविधा असुविधा आज गौण हैं, उसकी केवल व्यक्तिगत हार-जीत आज मूल्य नहीं रखती, क्योंकि उसके सारे व्यष्टिगत सत्य की आज समष्टिगत परीक्षा है। ऐसी क्रान्ति के अवसर पर सच्चे कलाकार पर-'पीर बवर्ची भिश्ती खर' की कहावत चरितार्थ हो जाती है-उसे स्वप्नद्रष्टा भी होना है, जीवन के क्षुत्क्षाम निम्न स्तर तक मानसिक खाद्य भी पहुँचाना है, तृषित मानवता को संवेदना का जल भी देना है और सब के अज्ञान का भार भी सहना है। उसी के हृदय के तार इतने खिंचे सधे होते हैं कि हल्की सी साँस से भी झंकृत हो सकें, उसी के जीवन में इतनी विशालता सम्भव है कि उसमें सबके वर्गभेद एक होकर समा सकें और उसी की भावना का अंचल इतना अछोर बन सकता है कि सबके आँसू और हँसी संचित कर सकें। सारांश यह कि आज के कवि को अपने लिए अनागरिक होकर भी संसार के लिए गृही, अपने प्रति वीतराग होकर भी सबके प्रति अनुरागी, अपने लिए संन्यासी होकर भी सबके लिए कर्मयोगी होना होगा, क्योंकि आज उसे अपने आपको खोकर पाना है।

युगयुगान्तर से कवि जीवन के जिस कलात्मक रूप की भावना करता आ रहा है आज उसे यदि मानवता के एक छोर से दूसरे छोर तक पहुँचाना है तो उसका कार्य उस युग से सहस्र गुण कठिन है जब वह इस भावना को कुछ भावप्रवण मानवों को सहज ही सौंप सकता था। वह सौन्दर्य और भावना की विराट विविधता से भरे कलाभवन को जला कर अपने पथ को सहज और कार्य को सरल कर सकता है, क्योंकि तब उसे जीवन को निम्न स्तर पर केवल ग्रहण कर लेना होगा, उसे नई दिशा में ले जाना नहीं; परन्तु यह उसके अन्याय का कोई प्रतिकार नहीं है। फिर जब संज्ञाहीन मानवता अपनी सक्रिय चेतना लेकर जागेगी तब वह इस प्रासाद के भीतर झाँकना ही चाहेगी जिसके द्वार उसके लिए इतने दीर्घकाल से रुद्ध रहे हैं। बस मनुष्य जिसने युगों के समुद्र के समुद्र बह जाने पर भी एक कलात्मक पत्थर का खंड नहीं बह जाने दिया, असीम शून्य में अनन्त स्वरों की लहरों पर लहरें मिट जाने पर भी एक कलात्मक पंक्ति नहीं खोई, ऐसा खँडहर पाकर हमारे प्रति कृतज्ञ होकर कुछ और माँगेगा या नहीं इसका प्रमाण अन्य जागृत देश दे सकेंगे।

मनुष्य में कल्याणी कला का छोटा से छोटा अंकुर उगाने के लिए भी आज के कवि को सम्पूर्ण जीवन की खाद प्रसन्नता से देनी होगी इसमें मुझे संदेह नहीं है।

और अपने सम्बन्ध में क्या कहूँ!

एक व्यापक विकृति के समय, निर्जीव संस्कारों के बोझ से जड़ीभूत वर्ग में मुझे जन्म मिला है। परन्तु एक ओर साधनापूत, आस्तिक और भावुक माता और दूसरी ओर सब प्रकार की साम्प्रदायिकता से दूर, कर्मनिष्ठ और दार्शनिक पिता ने अपने-अपने संस्कार देकर मेरे जीवन को जैसा विकास दिया उसमें भावुकता बुद्धि के कठोर धरातल पर, साधना एक व्यापक दार्शनिकता पर और आस्तिकता एक सक्रिय पर किसी वर्ग या सम्प्रदाय में न बँधने वाली चेतना पर ही स्थित हो सकती थी। जीवन की ऐसी ही पार्श्वभूमि पर, माँ से पूजा-आरती के समय सुने हुए मीरा, तुलसी आदि के तथा उनके स्वरचित पदों के संगीत पर मुग्ध होकर मैंने ब्रजभाषा में पद-रचना आरम्भ की थी। मेरे प्रथम हिन्दी-गुरु भी ब्रजभाषा के ही समर्थक निकले, अतः उलटी-सीधी पद-रचना छोड़कर मैंने समस्या-पूर्तियों में मन लगाया। बचपन में जब पहले-पहले खड़ी बोली की कविता से मेरा परिचय पत्रिकाओं द्वारा हुआ तब उसमें बोलने की भाषा में ही लिखने की सुविधा देखकर मेरा अबोध मन उसी ओर उत्तरोत्तर आकृष्ट होने लगा। गुरु उसे कविता ही न मानते थे अतः छिपा-छिपा कर मैंने रोला और हरिगीतिका में भी लिखने का प्रयत्न आरम्भ किया। माँ से सुनी एक करुण कथा का प्रायः सौ छन्दों में वर्णन कर मैंने मानो खंडकाव्य लिखने की इच्छा भी पूर्ण कर ली। बचपन की वह विचित्र कृति कदाचित् खो गई है। उसके उपरान्त ही बाह्य जीवन के दुःखों की ओर मेरा विशेष ध्यान जाने लगा था। पड़ोस की एक विधवा वधू के जीवन से प्रभावित होकर मैंने 'अबला', 'विधवा' आदि शीर्षकों से उस जीवन के जो शब्द चित्र दिए थे वे उस समय की पत्रिकाओं में भी स्थान पा सके। पर जब मैं अपनी विचित्र कृतियों तथा तूलिका और रंगों को छोड़कर विधिवत अध्ययन के लिए बाहर आई तब सामाजिक जागृति के साथ राष्ट्रीय जागृति की किरणें फैलने लगी थीं, अतः उनसे प्रभावित होकर मैंने भी 'शृंगारमयी अनुरागमयी भारत जननी भारत माता', 'तेरी उतारूँ आरती माँ भारती' आदि जिन रचनाओं की सृष्टि की वे विद्यालय के वातावरण में ही खो जाने के लिए लिखी गई थीं। उनकी समाप्ति के साथ ही मेरा कविता का शैशव भी समाप्त हो गया।

इस समय से मेरी प्रवृत्ति एक विशेष दिशा की ओर उन्मुख हुई जिसमें व्यष्टिगत दुःख समष्टिगत गम्भीर वेदना का रूप ग्रहण करने लगा और प्रत्यक्ष का स्थूल रूप एक सूक्ष्म चेतना का आभास देने लगा। कहना नहीं होगा कि इस दिशा में मेरे मन को वही विश्राम मिला जो पक्षी शावक को कई बार गिर उठकर अपने पंखों को सम्भाल लेने पर मिलता होगा। नीहार का अधिकांश मेरे मैट्रिक होने से

पहले लिखा गया है, अत: उतनी कम विद्याबुद्धि से पाश्चात्य साहित्य के अध्ययन की कोई सुविधा न मिल सकना ही स्वाभाविक था। बँगला न जानने के कारण उसकी नवीन काव्यधारा से निकट परिचय प्राप्त करने के साधनों का अभाव रहा। ऐसी दशा में मेरी काव्यजिज्ञासा कुछ तो प्राचीन साहित्य और दर्शन में सीमित रही और कुछ सन्तयुग का रहस्यात्मक आत्मा से लेकर छायावाद के कोमल कलेवर तक फैल गई। करुणाबहुल होने के कारण बुद्ध सम्बन्धी साहित्य भी मुझे बहुत प्रिय रहा है। उस समय मिले हुए संस्कारों और प्रेरणा का मैंने कभी विश्लेषण नहीं किया है इसलिए उनके सम्बन्ध में क्या बताऊँ। इतना निश्चितरूप से कह सकती हूँ कि मेरे जीवन ने वही ग्रहण किया जो उसके अनुकूल था और आगे चलकर अध्ययन और ज्ञान की परिधि के विस्तार में भी उसे खोया नहीं वरन उसमें नवीनता ही पाई।

मेरे सम्पूर्ण मानसिक विकास में उस बुद्धप्रसूत चिन्तन का भी विशेष महत्व है जो जीवन की बाह्य व्यवस्थाओं के अध्ययन में गति पाता रहा है। अनेक सामाजिक रूढ़ियों में दबे हुए, निर्जीव संस्कारों का भार ढोते हुए और विविध विषमताओं में साँस लेने का भी अवकाश न पाते हुए जीवन के ज्ञान ने मेरे भावजगत की वेदना को गहराई और जीवन को क्रिया दी है। उनके बौद्धिक निरूपण के लिए मैंने गद्य को स्वीकार किया था परन्तु उसका अधिकांश अभी अप्रकाशित ही है।

ऐसी निष्क्रिय विकृति के साथ जब इतना बढ़ा हुआ अज्ञान होता है तब शान्त बौद्धिक निरूपणी का स्थान क्रिया को न देना वैसा ही है जैसा जलते हुए घर में बैठकर लपटों को बुझाने की आज्ञा देना, इस अनुभूति के कारण मैंने व्यक्तिगत सुविधाएँ न खोज कर जीवन के आर्त्तक्रन्दन से भरे कोलाहल के बीच में खड़ा रहना ही स्वीकार किया है। निरन्तर एक स्पन्दित मृत्यु की छाया में चलते हुए मेरे अस्वस्थ शरीर और व्यस्त जीवन को जब कुछ क्षण मिल जाते हैं तब वह एक अमर चेतना और व्यापक करुणा से तादात्म्य करके अपने आगे बढ़ने की शक्ति प्राप्त करता है इसी से मेरी सम्पूर्ण कविता का रचनाकाल कुछ घंटों में ही सीमित किया जा सकता है। प्राय: ऐसी कविताएँ कम हैं जिनके लिखते समय मैंने रात में चौकीदार की सजग वाणी या किसी अकेले जाते हुए पथिक के गीत की कोई कड़ी नहीं सुनी।

इस बुद्धिवाद के युग में भी मुझे जिस अध्यात्म की आवश्यकता है वह किसी रूढ़ि, धर्म या सम्प्रदायगत न होकर उस सूक्ष्मसत्ता की परिभाषा है व्यष्टि की सप्राणता में समष्टिगत एकप्राणता का आभास देती है इस प्रकार वह मेरे सम्पूर्ण जीवन का ऐसा सक्रिय पूरक है जो जीवन के सब रूपों के प्रति मेरी ममता समान रूप से जगा सकता है। जीवन के प्रति मेरे दृष्टिकोण में निराशा का कुहरा है या व्यथा की आर्द्रता यह दूसरे ही बता सकेंगे, परन्तु हृदय में तो मैं आज निराशा का कोई स्पर्श नहीं पाती, केवल एक गम्भीर करुणा की छाया ही देखती हूँ।

साहित्य मेरे सम्पूर्ण जीवन की साधना नहीं है यह स्वीकार करने में मुझे लज्जा नहीं। आज हमारे जीवन का धरातल इतना विषम है कि एक पर्वत के शिखर पर बोलता है और दूसरा कूप की अतल गहराई में सुनता है। इस मानव-समष्टि में जिसमें सात प्रतिशत साक्षर और एक प्रतिशत से भी कम काव्य के मर्मज्ञ हैं हमारा बौद्धिक निरूपण कुंठित और कलागत सृष्टि पंखहीन है। शेष के पास हम अपनी प्रसाधित कलात्मकता, और बौद्धिक ऐश्वर्य छोड़ कर व्यक्तिमात्र होकर ही पहुँच सकते हैं। बाहर के वैषम्य और संघर्ष से थकित मेरे जीवन को जिन क्षणों में विश्राम मिलता है उन्हीं को कलात्मक कलेवर में स्थिर कर मैं समय-समय पर उनके पास पहुँचाती ही रही हूँ जिनके निकट उनका कुछ मूल्य है। शेष जीवन को जहाँ देने की आवश्यकता है वहाँ उसे देने में मेरा मन कभी कुंठित नहीं होगा। मेरी कविता यथार्थ की चित्रकर्त्री न होकर स्थूलगत सूक्ष्म की भावक है अत: उसके उपयोग के सम्बन्ध में बहुत कुछ कहा सुना जा चुका है।

प्रस्तुत संग्रह में किसी विशेष दृष्टिकोण से चुनाव न करके मैंने उन्हीं रचनाओं में से कुछ रख दी हैं जो मुझे अच्छी लगीं। मेरे दृष्टिकोण से उनका सामंजस्य हो सकेगा या नहीं इस सम्बन्ध में मेरा कुछ कहना आवश्यक नहीं।

भौतिकता के कठोर धरातल पर, तर्क से निष्करुण और हिंसा से जर्जरित जीवन में व्यक्त युग को देखकर स्वयं कभी-कभी मेरा व्यथित मन भी अपनी करुण भावना से पूछना चाहता है, 'अश्रुमय कोमल कहाँ तू आ गई परदेशिनी री'।

-परन्तु मेरे हृदय के कोने-कोने में सजग विश्वास जानता है कि जिस विद्युत के भार से कठोर पृथ्वी फट जाती है उसी को बादल की सजलता अपने प्राणों का आलोक बनाए घूमती है। अग्नि को बुझाने के लिए हमें, उसके विरोधी उपादानों में ही शक्तिशाली जल की आवश्यकता होगी, अंगारों के पर्वत और लपटों के रेले की नहीं।

जीवन के इतिहास में पशुता से पशुता की, कठोरता से कठोरता की और बुद्धि से बुद्धि की कभी पराजय नहीं हुई, इस चिर परीक्षित सिद्धान्त की जैसी नई कसौटी हम चाहते थे वैसी ही लेकर हमारा ध्वंस-युग आया है। इसके ध्वंसावशेष में निर्माण का कार्य मनुष्यता, करुणा और भावनामूलक विश्वास ही से हो सकेगा यह मैं नहीं भूलना चाहती।

# चिन्तन के कुछ क्षण (दीप-शिखा)

सत्य काव्य का साध्य और सौन्दर्य साधन है। एक अपनी एकता में असीम रहता है और दूसरा अपनी अनेकता में अनन्त। इसी से साधन के परिचय-स्निग्ध खंडरूप से साध्य की विस्मयभरी अखंड स्थिति तक पहुँचने का क्रम आनन्द की लहर-पर-लहर उठाता हुआ चलता है।

इस व्यापक सत्य के साथ हमारी सीमा का सम्बन्ध कुछ जटिल-सा है। हमारी दृष्टि के सामने क्षितिज तक जो अनन्त विस्तार फैला है वह मिट नहीं सकता, पर हम अपनी आँख के तिल के सामने एक छोटा-सा तिनका भी खड़ा करके, उसे इन्द्रजाल के समान ही अपने लिए लुप्त कर सकते हैं। फिर जब तक हम उसे अपनी आँख से कुछ अन्तर पर एक विशेष स्थिति में, उस विस्तार के साथ रखकर न देखें तब तक हमारे लिए वह क्षितिजव्यापी विस्तार नहीं के बराबर है। केवल तिनका ही हमारी दृष्टि की सीमा को सब ओर से घेर कर विराट बन जाएगा। परन्तु उस तृण-विशेष पर ही नहीं, लता, वृक्ष, खेत, वन आदि सभी खंडरूपों पर ठहरती हमारी दृष्टि उस विस्तार का ज्ञान करा सकती है। बिना रूपों की सीमा के उस अनीम विस्तार का बोध होना कठिन है और विस्तार की व्यापक पीठिका के अभाव में उन रूपों की अनेकात्मकता की अनुभूति सम्भव नहीं। अखंड सत्य के साथ हमारी स्थिति भी बहुत कुछ ऐसी ही रहती है। उसका जितना अंश हम अपनी सीमा से घेर सकते हैं उसे ऐसी स्थिति में रखकर देखना आवश्यक हो जाता है जहाँ वह हमारी सीमा में रहकर भी सत्य की व्यापकता में अपनी निश्चित स्थिति बनाए रहे। व्यक्ति की सीमा में तो सत्य की ऐसी दोहरी स्थिति सहज ही नहीं स्वाभाविक भी है, अन्यथा उसे तत्वतः ग्रहण करना सम्भव न हो सकेगा। परन्तु, खंड में अखंड की इस स्थिति को प्रेषणीय बना लेना दुष्कर नहीं तो कठिन अवश्य है। आकार की रेखाओं की संख्या, लम्बाई-चौड़ाई, हल्का-भारीपन आदि गणित के अंकों में बाँधे जा सकते हैं, परन्तु रेखा से परिणाम तक व्याप्त सजीवता का परिचय, संख्या, मात्रा या तोल से नहीं दिया जा सकता। आकार को ठीक नाप-जोख के साथ दूसरे तक पहुँचा देना जितना सहज है, जीवन को सम्पूर्ण अतुलनीयता के साथ दूसरे को दे

सकना उतना ही कठिन।

सत्य की व्यापकता में से हम चाहे जिस अंश को ग्रहण करें वह हमारी सीमा में बँध कर व्यष्टिगत हो ही जाता है और इस स्थिति में हमारी सीमा के साथ सापेक्ष पर अपनी व्यापकता में निरपेक्ष बना रहता है। दूसरे के निकट हमारी सीमा से घिरा सत्य हमारा रहकर ही अपना परिचय देना चाहता है और दूसरा हमें तोल कर ही उस सत्य का मूल्य आँकने की इच्छा रखता है। इतना ही नहीं, उसकी तुला पर रुचिवैचित्र्य, संस्कार, स्वार्थ आदि के न जाने कितने पासंगों की उपस्थिति भी सम्भव है, अत: सत्य के सापेक्ष ही नहीं निरपेक्ष मूल्य के सम्बन्ध में भी अनेक मतभेद उत्पन्न हो जाते हैं।

इसके अतिरिक्त मनुष्य को चिर अतृप्त जिज्ञासा भी कुछ कम नहीं रोकती-टोकती। हमने अमुक वस्तु को अमुक स्थिति में पाया, इतना कथन ही पर्याप्त नहीं, क्योंकि सुननेवाला कहाँ-कहाँ कहकर उसे अपने प्रत्यक्ष ज्ञान की परिधि में बाँध लेने को व्याकुल हो उठेगा। अब यदि वह हमारी ही स्थिति में, हमारे ही दृष्टि से उसे न देख सके तो वह वस्तु कुछ भिन्न भी लग सकती है और तब विवाद की कभी न टूटनेवाली श्रृंखला में नित्य नई कड़ियाँ जुड़ने लगेंगी। बाह्य जीवन में तो यह समस्या किसी अंश तक सरल की भी जा सकती है, परन्तु अन्तर्जगत में इसे सुलझा लेना सदा ही कठिन रहा है।

इस सत्य सम्बन्धी उलझन को सुलझाने के लिए जीवन न ठहर सकता है और न इसे छोड़ कर आगे बढ़ सकता है, अत: वह सुलझाता हुआ चलता है। बाह्य जीवन में राजनीति, समाज-शासन, धर्म आदि इतिवृत्त के समान सत्य का परिचय भर देते चलते हैं। मनुष्य की हठीली जिज्ञासा किसी ग्रन्थि को पकड़ कर रुक न जाए, इस भय से उन्होंने प्रत्येक ग्रन्थि पर अनुग्रह और दंड की इतनी चिकनाहट लगा दी है, जिससे हाथ फिसल भर जाए। कहीं महाभाष्य के समान बहुत विस्तार में उलझे हुए और कहीं सूत्रों के समान संक्षिप्त रूप में सुलझे हुए सिद्धान्त कभी सत्य के संग्रहालय-जैसे जान पड़ते हैं और कभी अस्त्रागार-जैसे; कहीं सत्य की विकलांग मूर्तियों का स्मरण करा देते हैं और कहीं अधूरे रेखाचित्रों का; पर व्यापक स्पन्दित सत्य का अभाव नहीं दूर कर पाते। मनुष्य के बाह्य जीवन की निर्धनता देखने के लिए वे सहस्राक्ष बनने पर बाध्य हैं और उसके अन्तर्जगत के वैभव के लिए धृतराष्ट्र होने पर विवश।

हमारी बुद्धिवृत्ति बाहर के स्थूलतम बिन्दु से लेकर भीतर के सूक्ष्मतम बिन्दु तक जीवन को एक अर्धवृत्त में घेर सकती है, परन्तु दूसरा अर्धवृत्त बनाने के लिए हमारी रागात्मिका वृत्ति ही अपेक्षित रहेगी। हमारे भावक्षेत्र और ज्ञानक्षेत्र की स्थिति पृथ्वी के दो गोलार्द्धों के समान है जो मिलकर भूगोल को पूर्णता देते हैं और अकेले

आधा संसार ही घेर सकते हैं। एक ओर का भूखंड दूसरे का पूरक बना रहने के लिए ही उसे अन्तर पर रखकर अपनी दृष्टि का विषय नहीं बना पाता, परन्तु इससे दोनों में से किसी की भी स्थिति संदिग्ध नहीं हो जाती।

हमारी बुद्धि और रागात्मिकता वृत्ति के दो अर्धवृत्तों से घिरे सत्य के सम्बन्ध में भी यही सत्य रहेगा। हमारे व्यावहारिक जीवन का प्रत्येक कार्य, संकल्प-विकल्प, कल्पना-स्वप्न, सुख-दुःख आदि की भिन्नवर्णी कड़ियों वाली शृंखला के एक सिरे में झूलता रहता है। इस शृंखला की प्रायः सभी कड़ियों की स्थिति अन्तर्जगत में ही सम्भव है। व्यवहार-जगत केवल कार्य से सम्बन्ध रखता है, बुद्धि कार्य के स्थूल ज्ञान से लेकर उसे जन्म देने वाले सूक्ष्म विचार तक जानती है और हृदय तज्जनित सुख-दुःख से लेकर स्वप्न-कल्पना तक की अनुभूतियाँ संचित करता है। इस प्रकार बाह्य-जीवन की सीमा में वामन-जैसा लगनेवाला कार्य भी हमारे अन्तर्जगत की असीमता में बढ़ते-बढ़ते विराट हो सकता है।

बहिर्जगत से अन्तर्जगत तक फैले और ज्ञान तथा भावक्षेत्र में समान रूप से व्याप्त सत्य की सहज अभिव्यक्ति के लिए माध्यम खोजते-खोजते ही मनुष्य ने काव्य और कलाओं का आविष्कार कर लिया होगा। कला सत्य को ज्ञान के सिकता-विस्तार में नहीं खोजती; अनुभूति की सरिता के तट से एक विशेष बिन्दु पर ग्रहण करती है। तट पर एक ही स्थान पर बैठे रहकर भी हम असंख्य नई तरंगों को सामने आते और पुरानी लहरों को आगे जाते देखकर नदी से परिचित हो जाते हैं। वह किस पर्वतीय उद्गम से निकलकर, कहाँ-कहाँ बहती हुई किस समुद्र की अगाध तरलता में विलीन हो जाती है, यह प्रत्यक्ष न होने पर भी हमारी अनुभूति में नदी पूर्ण है और रहेगी। जब हम कहते हैं कि 'हमने एक ओर चाँदी की धूल-जैसी झिलमिलाती बालू और दूसरी ओर दूर हरीतिमा में तटरेखा बनाती हुई अथाह नील जल से भरी नदी देखी' तब सुननेवाला कोई प्रचलित नाप-जोख नहीं माँगता। हमने इसने गज प्रवाह नापा है, इतनी सौ लहरें गिनी हैं, इतने फीट गहराई नापी है, इतने सेर पानी तोला है आदि-आदि नाप-तोल न बताकर भी हम नदी का ठीक परिचय दूसरे के हृदय तक पहुँचा देते हैं। सुननेवाला इस नदी की ही नहीं उसके शाश्वत सौन्दर्य को भी प्रत्यक्ष पाकर एक ऐसे आनन्द की स्थिति में पहुँच जाता है जहाँ गणित के अंकों में बँधी नाप-जोख के लिए स्थान नहीं।

मस्तिष्क और हृदय परस्पर पूरक रहकर भी एक ही पथ से नहीं चलते। बुद्धि में समानान्तर पर चलनेवाली भिन्न-भिन्न श्रेणियाँ हैं और अनुभूति में एकतारता लिए गहराई। ज्ञान के क्षेत्र में एक छोटी रेखा के नीचे उससे बड़ी रेखा खींच कर पहली का छोटा और भिन्न अस्तित्व दिखाया जा सकता है। इसके असंख्य उदाहरण, विज्ञान जीवन की स्थूल सीमा में और दर्शन जीवन की सूक्ष्म असीमता

में दे चुका है। पर अनुभूति के क्षेत्र में एक की स्थिति से नीचे और अधिक गहराई में उतर कर भी हम उसके साथ एक ही रेखा पर रहते हैं। एक वस्तु को एक व्यक्ति अपनी स्थिति-विशेष में अपने विशेष दृष्टि-बिन्दु से देखता है, दूसरा अपने धरातल पर अपने से और तीसरा अपनी सीमारेखा पर अपने से। तीनों ने वस्तु-विशेष को जिन विशेष दृष्टिकोणों से, जिन विभिन्न परिस्थितियों में देखा है वे उनके तद्विषयक ज्ञान को भी भिन्न रेखाओं से घेर लेंगी। इन विभिन्न रेखाओं के नीचे ज्ञान के एक सामान्य धरातल की स्थिति है अवश्य, परन्तु वह अपनी एकता के परिचय के लिए ही इस अनेकता को सम्भाले रहती है।

अनुभूति के सम्बन्ध में यह कठिनाई सरल हो जाती है। एक व्यक्ति अपने दु:ख को बहुत तीव्रता से अनुभव कर रहा है, उसके निकट आत्मीय की अनुभूति में तीव्रता की मात्रा कुछ घट जाएगी और साधारण मित्र में उसका और भी न्यून हो जाना सम्भव है, पर जहाँ तक दु:ख के सामान्य संवेदन का प्रश्न है वे तीनों एक ही रेखा पर, निकट, दूर, अधिक दूर की स्थिति में रहेंगे। हाँ जब उनमें से कोई उस दु:ख को, अनुभूति के क्षेत्र से निकाल कर बौद्धिक धरातल पर रख लेगा तब कथा ही दूसरी हो जाएगी। अनुभूति अपनी सीमा में जितनी सबल है उतनी बुद्धि नहीं। हमारे स्वयं जलने की हल्की अनुभूति भी दूसरे के राख हो जाने के ज्ञान से अधिक स्थायी रहती है।

बुद्धिवृत्ति अपने विषय को ज्ञान के अनन्त विस्तार के साथ रख कर देखती है, अत: व्यष्टिगत सीमा में उसका संदिग्ध हो उठना स्वाभाविक ही रहेगा। 'अमुक ने धूम देकर अग्नि पाई' की जितनी आवृत्तियाँ होंगी हमारा धूम और अग्नि की सापेक्षता विषयक ज्ञान उतनी ही निश्चित स्थिति पा सकेगा। पर अपने विषय पर केन्द्रित होकर उसे जीवन की अनन्त गहराई तक ले जाना अनुभूति का लक्ष्य रहता है, इसी से हमारी व्यक्तिगत अनुभूति जितनी निकट और तीव्र होगी दूसरे का अनुभूत सत्य हमारे समीप उतना ही असन्दिग्ध होकर आ सकेगा। 'तुमने जिसे पानी समझा वह बालू की चमक है', 'तुमने जिसे काला देखा वह नीला है', 'तुमने जिसे कोमल पाया वह कठोर है' आदि-आदि कहकर हम दूसरे में, स्वयं उसी के इन्द्रियजन्य ज्ञान के प्रति, अविश्वास उत्पन्न कर सकते हैं, परन्तु 'तुम्हें जो काँटा चुभने की पीड़ा हुई वह भ्रान्ति है' यह हमसे असंख्य बार सुनकर भी कोई अपनी पीड़ा के अस्तित्व में सन्देह नहीं करेगा।

जीवन के निश्चित बिन्दुओं को जोड़ने का कार्य हमारा मस्तिष्क कर लेता है, पर इस क्रम से बनी परिधि में सजीवता के रंग भरने की क्षमता हृदय में ही सम्भव है। काव्य या कला मानो इन दोनों का सन्धि-पत्र है; जिसके अनुसार बुद्धिवृत्ति झीने वायुमंडल के समान बिना भार डाले हुए ही जीवन पर फैली रहती है और

रागात्मिकता वृत्ति उसके धरातल पर, सत्य को अनन्त रंगरूपों में चिर नवीन स्थिति देती रहती है। अतः कला का सत्य जीवन की परिधि में सौन्दर्य के माध्यम द्वारा व्यक्त अखंड सत्य है।

सौन्दर्य सम्बन्धी समस्या भी कुछ कम उलझी हुई नहीं है। बाह्य जगत अनेक रूपात्मक है और उन रूपों का, सुन्दर तथा कुरूप में एक व्यावहारिक वर्गीकरण भी हो चुका है। क्या कला इस वर्गीकरण की परिधि में आने वाले सौन्दर्य को ही सत्य का माध्यम बना कर शेष को छोड़ दे! केवल बाह्य रेखाओं और रंगों का सामंजस्य ही सौन्दर्य कहा जाए तो प्रत्येक भूखंड का मानव-समाज ही नहीं प्रत्येक व्यक्ति भी अपनी रुचि में दूसरे से भिन्न मिलेगा। किसके रुचिवैचित्र्य के अनुसार सामंजस्य की परिभाषा बनाई जाए यह प्रश्न सत्य से भी अधिक जटिल हो उठेगा।

सत्य की प्राप्ति के लिए काव्य और कलाएँ जिस सौन्दर्य का सहारा लेते हैं वह जीवन की पूर्णतम अभिव्यक्ति पर आश्रित है, केवल बाह्य रूप-रेखा पर नहीं। प्रकृति का अनन्त वैभव, प्राणिजगत की अनेकात्मक गतिशीलता, अन्तर्जगत की रहस्यमयी विविधता सब कुछ इनके सौन्दर्य-कोष के अन्तर्गत हैं और इसमें से क्षुद्रतम वस्तु के लिए भी ऐसे भारी मुहूर्त आ उपस्थित होते हैं जिनमें वह पर्वत के समकक्ष खड़ी होकर ही सफल हो सकती है और गुरुतम वस्तु के लिए भी ऐसे लघु क्षण आ पहुँचते हैं जिनमें वह छोटे तृण के साथ बैठकर ही कृतार्थ बन सकती है।

जीवन का जो स्पर्श विकास के लिए अपेक्षित है उसे पाने के उपरान्त, छोटा, बड़ा, लघु, गुरु, सुन्दर, विरूप, आकर्षक, भयानक कुछ भी कलाजगत से बहिष्कृत नहीं किया जाता। उजले कमलों की चादर-जैसी चाँदनी में मुस्कराती हुई विभावरी अभिराम है, पर अँधेरे के स्तर-पर-स्तर ओढ़कर विराट बनी हुई काली रजनी भी कम सुन्दर नहीं। फूलों के भार से झुक-झुक पड़ने वाली लता कोमल है, पर शून्य नीलिमा की ओर विस्मित बालक-सा ताकने वाला ठूँठ भी कम सुकुमार नहीं। अविरत जलदान से पृथ्वी को कँपा देने वाला बादल ऊँचा है; पर, एक बूँद ओस के भार से नत और कम्पित तृण भी कम उन्नत नहीं। गुलाब के रंग और नवनीत की कोमलता में कंकाल छिपाए हुए रूपसी कमनीय है, पर झुर्रियों में जीवन का विज्ञान लिखे हुए वृद्ध भी कम आकर्षक नहीं। बाह्य-जीवन की कठोरता, संघर्ष, जय-पराजय सब मूल्यवान हैं, पर अन्तर्जगत की कल्पना, स्वप्न, भावना आदि भी कम अनमोल नहीं।

सत्य पर जीवन का सुन्दर ताना-बाना बुनने के लिए कला-सृष्टि ने स्थूल-सूक्ष्म सभी विषयों को अपना उपकरण बनाया। वह पाषाण की कठोर स्थूलता से रंग-रेखाओं की निश्चित सीमा, उससे ध्वनि की क्षणिक स्थिति और तब शब्द की सूक्ष्म व्यापकता तक पहुँची अथवा किसी और क्रम से, यह जान लेना बहुत सहज

नहीं। परन्तु शब्द के विस्तार में कला सृजन को पाषाण की मूर्तिमत्ता, रंग-रेखा की सजीवता, स्वर का माधुर्य सब कुछ एकत्र कर लेने की सुविधा प्राप्त हो गई। काव्य में कला का उत्कर्ष एक ऐसे बिन्दु तक पहुँच गया, जहाँ से वह ज्ञान को सहायता दे सका।

उपयोग की कला और सौन्दर्य की कला को लेकर बहुत-से विवाद सम्भव होते रहे, परन्तु कला के यह भेद मूलत: एक-दूसरे से बहुत दूरी पर नहीं ठहरते।

कला शब्द से किसी निर्मित पूर्ण खंड का ही बोध होता है और कोई भी निर्माण अपनी अन्तिम स्थिति में जितना सीमित है आरंभ में उतना ही फैला हुआ मिलेगा। उसके पीछे स्थूल-जगत का अस्तित्व, जीवन की स्थिति, किसी अभाव की अनुभूति, पूर्ति का आदर्श, उपकरणों की खोज, एकत्रीकरण की कुशलता आदि-आदि का जो इन्द्रजाल रहता है उसके अभाव में निर्माण की स्थिति शून्य के अतिरिक्त कौन-सी संज्ञा पा सकेगी! चिड़िया का कलरव कला न होकर कला का विषय हो सकेगा पर मनुष्य के गीत को कला कहना होगा। एक में वह सहज प्रवृत्ति मात्र है, पर दूसरे ने सहज प्रवृत्ति के आधार पर अनेक स्वरों को विशेष सामंजस्यपूर्ण स्थिति में रख-रखकर एक विशेष रागिनी की सृष्टि की है जो अपनी सीमा में जीवनव्यापी सुख-दु:खों की अनुभूति को अक्षय रखती है। इस प्रकार प्रत्येक कला-कृति के लिए निर्माण-सम्बन्धी विज्ञान की भी आवश्यकता होगी और उस विज्ञान की सीमित रेखाओं में व्यक्त होने वाले जीवन के व्यापक सत्य की अनुभूति की भी; जब हमारा ध्यान किसी एक पर ही केन्द्रित हो जाता है तब दोनों को जोड़नेवाली कड़ियाँ अस्पष्ट होने लगती हैं।

एक कृति को ललित कहकर चाहे हम जीवन के, दृष्टि से ओझल शिखर पर प्रतिष्ठित कर आएँ और दूसरी को उपयोगी का नाम देकर चाहे जीवन के धूलभरे प्रत्यक्ष चरणों पर रख दें, परन्तु उन दोनों ही की स्थिति जीवन से बाहर सम्भव नहीं। उनकी दूरी विकास-क्रम से बनी है, कुछ उनकी तात्विक भिन्नता से नहीं। नीचे की पहली सीढ़ी से चढ़कर जब हम ऊपर की अन्तिम सीढ़ी पर खड़े हो जाते हैं तब उन दोनों की दूरी हमारे आरोह-क्रम की सापेक्ष है-स्वयं एक-एक तो न वे नीचे हैं न ऊँची।

व्यावहारिक जगत में हमने पहले-पहले खाद्य, आच्छादन, छाया आदि की समस्याओं को जिन मूलरूपों में सुलझाया था उन्हें यदि आज के व्यंजन, वस्त्राभूषण और भवन के ऐन्द्रजालिक विस्तार में रख कर देखें, तो वे कला के स्थूल और सूक्ष्म उपयोग से भी अधिक रहस्यमय हो उठेंगे। जो बाह्य जगत में सहज था वह अन्तर्जगत में भी स्वाभाविक हो गया, अत: उपयोग सम्बन्धी स्थूलता सूक्ष्म होते-होते एक रहस्यमय विस्तार में हमारी दृष्टि से ओझल हो गई-और तब हम उसका

निकटवर्ती छोर पकड़ कर दूसरे को अस्तित्वहीन कह-कहकर खोजने की चिन्ता से मुक्त होने लगे।

सत्य तो यह है कि जब तक हमारे सूक्ष्म अन्तर्जगत का बाह्य-जीवन में पग-पग पर उपयोग होता रहेगा तब तक कला के सूक्ष्म उपयोग सम्बन्धी विवाद भी विशेष महत्व नहीं रख सकते। हमारे जीवन में सूक्ष्म और स्थूल की जैसी समन्वयात्मक स्थिति है वही कला को, केवल स्थूल या केवल सूक्ष्म में निर्वासित न होने देगी। जब हम एक व्यक्ति के कार्य को स्वीकार करेंगे तब उसकी पटभूमिका बने हुए वायवी स्वप्न, सूक्ष्म आदर्श, रहस्यमयी भावना आदि का भी मूल्य आँकना आवश्यक हो जाएगा। और कला यदि उस वातावरण का ऐसा परिचय देती है जो कार्य से न दिया जा सकेगा तो जीवन को उसके लिए भीतर-बाहर के सभी द्वार खोलने पड़ेंगे।

## 2

उपयोग की ऐसी निम्नोन्नत भूमियाँ हो सकती हैं जो अपने बाह्य रूपों में एक-दूसरी से सर्वथा भिन्न जान पड़ें, परन्तु जीवन के व्यापक धरातल पर उनके मूल्य में विशेष अन्तर नहीं रहता।

हमारी शिराओं में संचरित जीवन-रस और दूर मिट्टी में उत्पन्न अन्न के उपयोग में प्रत्यक्षत: कितना अन्तर और अप्रत्यक्षत: कैसी एकता है यह कहने की आवश्यकता नहीं। रोगी की व्याधिविशेष के लिए शस्त्र विशेष उपयोगी हो सकता है, परन्तु उसके सिरहाने किसी सहृदय द्वारा रखा हुआ अधखिला गुलाब का फूल भी कम उपयोगी नहीं। अपनी वेदना में छटपटाता हुआ वह, उस फूल की धीरे-धीरे खिलने और हौले-हौले झड़ने वाली पंखुड़ियों को देख-देखकर, कै बार विश्राम की साँस लेता है, किस प्रकार अपने अकेलेपन को भर देता है, कितने भावों की सम-विषम भूमियों के पार आता-जाता है और कैसे चिन्तन के क्षणों में अपने-आपको खोता-पाता है, यह चाहे हमारे लिए प्रत्यक्ष न हो, परन्तु रोगी के जीवन में तो सत्य रहेगा ही। चतुर चिकित्सक द्वारा रोग का निदान, उपयुक्त औषधि और पथ्य आदि का उपयोग स्पष्ट है परन्तु रोगी की स्वस्थ इच्छाशक्ति, वातावरण का अनिर्वचनीय सामंजस्य, सेवा करने वाले का हृदयगत स्नेह, सद्‌भाव आदि उपयोग में अप्रत्यक्ष होने के कारण कम महत्वपूर्ण है यह कहना अपनी भ्रान्ति का परिचय देना होगा।

जब केवल शारीरिक स्थिति से सम्बन्ध रखनेवाला उपयोग भी इतना जटिल है तब सम्पूर्ण जीवन को अपनी परिधि में घेरने वाले उपयोग का प्रश्न कितना रहस्यमय हो सकता है यह स्पष्ट है!

जिस प्रकार एक वस्तु के स्थूल से लेकर सूक्ष्म तक असंख्य उपयोग हैं उसी प्रकार एक जीवन को, सूक्ष्मतम से लेकर स्थूलतम तक अनन्त परिस्थितियों के बीच से आगे बढ़ना होता है। इसके अतिरिक्त मनुष्य के अभाव और उसकी पूर्ति में इतनी संख्यातीत विविधता है, उसके कार्यकारण के सम्बन्ध में इतनी मापहीनता है कि उपयोग-विशेष की एक रेखा से समस्त जीवन को घेर लेने का प्रयास असफल ही रहेगा। मनुष्य का जीवन इतना एकांगी नहीं कि उसे हम केवल अर्थ, केवल काम या ऐसी ही किसी एक कसौटी पर परख कर सम्पूर्ण रूप से खरा या खोटा कह सकें। कपटी-से-कपटी लुटेरा भी अपने साथियों के साथ जितना सच्चा है उसे देखकर महान सत्यवादी भी लज्जित हो सकता है। कठोर-से-कठोर अत्याचारी भी अपनी संतान के प्रति इतना कोमल है कि कोई भावुक भी उसकी तुलना में न ठहरेगा। उद्धत-से-उद्धत बर्बर भी और अपने माता-पिता के सामने इतना विनत मिलता है कि उसे नम्र शिष्य की संज्ञा देने की इच्छा होती है। सारांश यह कि जीवन के एक छोर से दूसरे छोर तक जो, एक स्थिति में रह सके ऐसा जीवित मनुष्य सम्भव ही नहीं, अतः एकान्त उपयोग की कल्पना ही सहज है। जिस चढ़े हुए धनुष की प्रत्यंचा कभी नहीं उतरती वह लक्ष्य बेध के काम का नहीं रहता। नेत्र जो एक भाव में स्थिर है, जो ओंठ एक मुद्रा में जड़ हैं, जो अंग एक स्थिति में अचक हैं, वे चित्र या मूर्ति में ही अंकित रह सकते हैं। जीवन की गतिशीलता में विश्वास कर लेने पर मनुष्य की असंख्य परिस्थितियों और विविध आवश्यकताओं में विश्वास करना अनिवार्य हो उठता है और अभाव की विविधता से उपयोग की बहुरूपता एक अविच्छिन्न सम्बन्ध में बँधी है। यह सत्य है कि जीवन में किसी आवश्यकता का अनुभव नित्य होता रहता है और किसी यदा-कदा; परन्तु निरन्तर अनुभूत अभावों की पूर्ति ही पूर्ति है और जिनका अनुभव ऐसा नियमित नहीं वे अभाव ही नहीं ऐसी धारणा भ्रान्तिपूर्ण है।

कभी-कभी एकरस अनेक वर्षों की तुलना में सहानुभूति, स्नेह, सुख-दुःख के क्षण कितने मूल्यवान ठहरते हैं इसे कौन नहीं जानता! अनेक बार व्यक्ति के जीवन में एक छन्द, एक चित्र या एक घटना ने अभूतपूर्व परिवर्तन सम्भव कर दिया है। कारण स्पष्ट है। जब कवि, चित्रकार या संयोग के मार्मिक सत्य ने, उस व्यक्ति को एक क्षणिक कोमल मानसिक स्थिति में, छू पाया तब वे क्षण अनन्त कोमलता और करुणा के सौन्दर्य-द्वार खोलने में समर्थ हो सके। ऐसे कुछ क्षण युगों से अधिक मूल्यवान अतः उपयोगी मान लिए जाएँ तो आश्चर्य की बात नहीं।

वास्तव में जीवन की गहराई की अनुभूति के कुछ क्षण ही होते हैं, वर्ष नहीं। परन्तु यह क्षण निरन्तरता से रहित होने के कारण कम उपयोगी नहीं कहे जा सकते! जो क्रूर मनुष्य सौ-सौ शास्त्रों के नित्य मनन से कोमल नहीं बन पाता वह यदि एक

छोटे-से निर्दोष बालक के सरल आकस्मिक प्रश्न मात्र से द्रवित हो उठता है तो वह क्षणिक प्रश्न शास्त्र-मनन की निरन्तरता से अधिक उपयोगी क्यों न माना जाए! एक बाणविद्ध क्रौंच से प्रभावित ऋषि-'मा निषाद प्रतिष्ठात्वं'-कहकर यदि प्रश्न श्लोक और आदि-काव्य की रचना में समर्थ हो सका तो उस क्षुद्र पक्षी की व्यथा को, मनीषी की ज्ञानगरिमा से अधिक मूल्य क्यों न दिया जाए। यदि एक वैज्ञानिक, फल के गिरने से पृथ्वी की आकर्षण-शक्ति का पता लगा सका तो उस तुच्छ फल का टूटना, पर्वतों के टूटने से अधिक महत्वपूर्ण क्यों न समझा जाए!

यदि नित्य और नियमित स्थूल ही उपयोग की कसौटी रहे तो शरीर की कुछ आवश्यकताओं के अतिरिक्त और कुछ भी, महत्व की परिधि में नहीं आता। परन्तु हमारे इस निष्कर्ष को जीवन तो स्वीकार करे! बुद्धि ने अपनी सीमा में स्थूलतम से सूक्ष्मतम तक सब कुछ ज्ञेय माना है और हृदय ने अपनी परिधि में उसे संवेदनीय। जीवन ने इन दोनों को समान रूप से स्वीकृति देकर इस दोहरे उपयोग को असंख्य विभिन्न और ऊँचे-नीचे स्तरों में विभाजित कर डाला है। जब इनमें से एक को लक्ष्य बनाकर हम जीवन का विकास चाहते हैं तब हमारा प्रयास अपनी दिशा में गतिशील होकर भी सम्पूर्ण जीवन को सामंजस्यपूर्ण गति नहीं देता।

जीवन की अनिश्चित-से-अनिश्चित स्थिति भी उपयोग के प्रश्न को एकांगी नहीं बना पाती। युद्ध के लिए प्रस्तुत सैनिक की स्थिति से अधिक अनिश्चित स्थिति और किसी की सम्भव नहीं, परन्तु उस स्थिति में भी जीवन, भोजन, आच्छादन और अस्त्र-शस्त्र के उपयोग में ही सीमित नहीं हो जाता। मस्तिष्क और हृदय को क्षण भर विश्राम देने वाले सुख के साधन, प्रियजनों के स्नेह-भरे सन्देश, रक्षणीय वस्तुओं के सम्बन्ध में ऊँचे-ऊँचे आदर्श, जय के सुनहले-रुपहले स्वप्न, अडिग साहस और विश्वास की भावना, अन्तश्चेतना का अनुशासन आदि मिलकर ही तो वीर को वीरता से मरने और सम्मान से जीने की शक्ति दे सकते हैं। पौष्टिक भोजन, झिलमिलाते कवच और चकाचौंध उत्पन्न करने वाले अस्त्र-शस्त्र मात्र वीर-हृदय का निर्माण नहीं करते; उसके नियामक उपकरण तो अन्तर्जगत में छिपे रहते हैं। यदि हम अन्तर्जगत के वैभव को अनुपयोगी सिद्ध करना चाहें तो कवच में यन्त्रचालित काठ के पुतले भी खड़े किए जा सकते हैं क्योंकि जीवित मनुष्य की तुलना में उनकी आवश्यकताएँ नहीं के बराबर और उपयोग सहस्त्रगुण अधिक रहेंगे।

उपयोग की ऐसी भ्रान्ति पर तो हमारा यन्त्रयुग खड़ा है। परन्तु संसार ने हँसने, रोने, थकने, मरने वाले मनुष्य को खोकर जो वीतराग, अथक अमर देवता पाया है उसने, जीवन को, आत्महत्या का वरदान देने के अतिरिक्त और क्या किया! समाज और राष्ट्र में मनुष्य की स्थिति न केवल तात्कालिक है और न अनिश्चित, अत: उसके जीवन से सम्बन्ध रखनेवाले उपयोग को, अधिक व्यापक धरातल पर

स्थायित्व की रेखाओं में देखना होगा।

उपयोगिता के प्रश्न के साथ एक कठिनाई और है। जैसे-जैसे उपयोग की भूमि ऊँची होती जाती है वैसे-वैसे वह प्रत्यक्षता में न्यून और व्यापकता में अधिक होती चलती है। सबसे नीची भूमि जिस अंश तक सापेक्ष है सबसे ऊँची उसी अंश तक निरपेक्ष। उपयोगिता की दृष्टि से खाद्य, भिन्न-भिन्न व्यक्तियों के स्वास्थ्य, रुचि आदि की अपेक्षा रखता है, परन्तु उससे बना रस, रोगी, स्वस्थ आदि सभी प्रकार के व्यक्तियों के लिए समान रूप से उपयोगी रहेगा। इसी से उपयोग की प्रत्यक्ष और भिन्न भूमि पर जैसी विभिन्नता मिलती है वैसी उन्नत पर अप्रत्यक्ष भूमि पर सहज नहीं।

'दूसरे के दुःख से सहानुभूति रखो' यह सिद्धान्त जब व्यावहारिक जीवन में केवल विधिनिषेध के रूप में आता है तब भिन्न-भिन्न व्यक्तियों में इसके प्रयोग के रूप विभिन्न रहते हैं और प्रयोग से छुटकारा देने वाले तर्क विविध। परन्तु जब यही इतिवृत्त, हमारी भावभूमि पर, हृदय की प्रेरणा बनकर उपस्थित होता है तब न प्रयोगों में इतनी विभिन्नता दिखाई देती है और न तर्क की आवश्यकता रहती है। किसी का दुःख जब हमारे हृदय को स्पर्श कर चुका, तब हम उसके और अपने सम्बन्ध को साधारण लौकिक आदान-प्रदान की तुला पर तोलने में असमर्थ ही रहेंगे।

यदि हम किसी के दुःख को बँटा लेंगे तो दूसरा भी हमारे दुःख में सहभागी होगा, यह सामाजिक नियम न हमें स्मरण रहता है और न हम स्मरण करना चाहेंगे। इसी से महानतम त्यागों के पीछे विधिनिषेधात्मक नैतिकता के संस्कार चाहे रहें, परन्तु स्वयं विधिनिषेध की सतर्क चेतना सम्भव नहीं रहती। सत्य बोलना उचित है, इस सिद्धान्त को गणित के नियम के समान रट-रटकर जो सत्य बोलने की शक्ति पाता है वह सच्चा सत्यवादी नहीं। सत्यवादी तो उसे कहेंगे जिसमें, सत्य बोलना, विधिनिषेध की सीमा पार कर स्वभाव ही बन चुका है। उपयोग की इस सूक्ष्म पर व्यापक भूमि पर सत्य में जैसी एकता है, स्थूल और संकीर्ण धरातल पर वैसी ही अनेकता; इसी कारण संसार-भर के दार्शनिक, धर्म-संस्थापक, कवि आदि के सत्य में, देश, काल और व्यक्ति की दृष्टि से विभिन्नता होने पर भी मूलगत एकता मिलती है।

सत्य तो यह है कि उपयोग का प्रश्न जीवन के समान ही निम्न-उन्नत, सम-विषम, प्रत्यक्ष-अप्रत्यक्ष भूमियों में समान रूप से व्याप्त है और रहेगा।

जहाँ तक काव्य तथा अन्य ललित कलाओं का सम्बन्ध है वे उपयोग की उस उन्नत भूमि पर स्थायी हो पाती हैं जहाँ उपयोग सामान्य रह सके। करुण रागिनी, उपयोग की जिस भूमि पर है, वहाँ वह प्रत्येक श्रोता के हृदय में एक करुण भाव जागृत करके ही सफल हो सकेगी, हर्ष या उल्लास का नहीं। व्यक्ति के संस्कार,

परिस्थिति, मानसिक स्थिति आदि के अनुसार उसकी मात्राओं में न्यूनाधिक्य हो सकता है, परन्तु उसके उपयोग से इतनी विभिन्नता सम्भव नहीं कि एक में हर्ष के संचार हो, और दूसरे में विषाद का उद्रेक।

जीवन को गति देने के दो ही प्रकार हैं–एक तो बाह्य अनुशासनों का सहारा देकर उसे चलाना और दूसरे, अन्तर्जगत में ऐसी स्फूर्ति उत्पन्न कर देना जिससे सामंजस्यपूर्ण गतिशीलता अनिवार्य हो उठे। अन्तर्जगत में प्रेरणा बनने वाले साधनों की स्थिति, उस बीज के समान है जिसे मिट्टी को, रंग–रूप–रस आदि में व्यक्त होने की सुविधा देने के लिए स्वयं उसके अन्धकार में समाकर दृष्टि से ओझल हो जाना पड़ता है।

विधिनिषेध की दृष्टि से महान–से–महान कलाकार के पास उतना भी अधिकार नहीं जितना चौराहे पर खड़े सिपाही को प्राप्त है। वह न किसी को आदेश दे सकता है और न उपदेश, और यदि देने की नासमझी करता भी है तो दूसरे उसे न मानकर समझदारी का परिचय देते हैं। वास्तव में कलाकार तो ऐसा जीवन–संगी है जो अपनी आत्मकहानी में, हृदय–हृदय की कथा कहता है और स्वयं चलकर पग–पग के लिए पथ प्रशस्त करता है। वह बौद्धिक परिणाम नहीं किन्तु अपनी अनुभूति दूसरे तक पहुँचाता है और वह भी एक विशेषता के साथ। काँटा चुभाकर काँटे का ज्ञान तो संसार दे ही देगा, परन्तु कलाकार बिना काँटा चुभने की पीड़ा दिए हुए ही उसकी कसक की तीव्र–मधुर अनुभूति दूसरे तक पहुँचाने में समर्थ है। अपने अनुभवों की गहराई में, वह जिस जीवन–सत्य से साक्षात करता है उसे दूसरे के लिए संवेदनीय बनाकर कहता चलता है 'यह सौन्दर्य तुम्हारा ही तो है पर मैंने आज देख पाया।' जीवन को स्पर्श करने का उसका ढंग ऐसा है कि हम उसके सुख–दुःख, हर्ष–विषाद, हार–जीत सब कुछ प्रसन्नतापूर्वक ही स्वीकार करते हैं, दूसरे शब्दों में हम बिना खोजने का कष्ट उठाए हुए ही कलाकार के सत्य में अपने आप को पाते हैं। दूसरे के बौद्धिक निष्कर्ष तो हमें अपने भीतर उनका प्रतिबिम्ब खोजने पर बाध्य करते हैं, परन्तु अनुभूति हमारे हृदय से तादात्म्य करके प्राप्ति का सुख देती है।

उपदेशों के विपरीत अर्थ लगाए जा सकते हैं, नीति के अनुवाद भ्रान्त हो सकते हैं परन्तु सच्चे कलाकार की सौन्दर्य–सृष्टि का, अपरिचित रह जाना सम्भव है, बदल जाना सम्भव नहीं। मनु की जीवन–स्मृतियों में अनर्थ की सम्भावना है, पर वाल्मीकि का जीवन–दर्शन श्लेषहीन ही रहेगा। इसी से कलाकारों के मठ नहीं निर्मित हुए, महन्त नहीं प्रतिष्ठित हुए, साम्राज्य नहीं स्थापित हुए और सम्राट नहीं अभिषिक्त हुए। कवि या कलाकार अपनी सामान्यताओं में ही सबका ऐसा अपना बन गया कि समय–समय पर, धर्म, नीति आदि को, जीवन के निकट पहुँचने के

लिए उससे परिचय-पत्र माँगना पड़ा।

कवि में दार्शनिक को खोजना बहुत साधारण हो गया है। जहाँ तक सत्य के मूल रूप का सम्बन्ध है वे दोनों एक-दूसरे के अधिक निकट हैं अवश्य, पर साधन और प्रयोग की दृष्टि से उनका एक होना सहज नहीं। दार्शनिक बुद्धि के निम्नस्तर से अपनी खोज आरम्भ करके उसे सूक्ष्म बिन्दु तक पहुँचाकर सन्तुष्ट हो जाता है-उसकी सफलता यही है कि सूक्ष्म सत्य के उस रूप तक पहुँचने के लिए वही बौद्धिक दिशा सम्भव रहे। अन्तर्जगत का सारा वैभव परख कर सत्य का मूल्य आँकने का उसे अवकाश नहीं, भाव की गहराई में डूब कर जीवन की थाह लेने का उसे अधिकार नहीं। वह तो चिन्तन-जगत का अधिकारी है। बुद्धि अन्तर का बोध कराकर एकता का निर्देश करती है और हृदय एकता की अनुभूति देकर अन्तर की ओर संकेत करता है। परिणामतः चिन्तन की विभिन्न रेखाओं का समानान्तर रहना अनिवार्य हो जाता है। सांख्य जिस देखा पर बढ़ कर लक्ष्य की प्राप्ति करता है वह वेदान्त को अंगीकृत न होगी और वेदान्त जिस क्रम से चल कर सत्य तक पहुँचता है उसे योग स्वीकार न कर सकेगा।

काव्य में बुद्धि हृदय से अनुशासित रहकर ही सक्रियता पाती है, इसी से उसका दर्शन न बौद्धिक तर्क-प्रणाली है और न सूक्ष्म बिन्दु तक पहुँचाने वाली विशेष विचार-पद्धति। वह तो जीवन को, चेतना अनुभूति के समस्त वैभव के साथ स्वीकार करता है। अतः कवि का दर्शन, जीवन के प्रति उसकी आस्था का दूसरा नाम है। दर्शन में, चेतना के प्रति नास्तिक की स्थिति भी सम्भव है, परन्तु काव्य में अनुभूति के प्रति अविश्वासी कवि की स्थिति असम्भव ही रहेगी। जीवन के अस्तित्व को शून्य प्रमाणित करके भी दार्शनिक बुद्धि के सूक्ष्म बिन्दु पर विश्राम कर सकता है; परन्तु यह अस्वीकृति कवि के अस्तित्व को, डाल से टूटे पत्ते की स्थिति दे देती है।

दोनों का मूल अन्तर न जानकर ही हम किसी भी कलाकार में बुद्धि की एक रूप, एक दिशा वाली रेखा ढूँढ़ने का प्रयास करते हैं और असफल होने पर खीझ उठते हैं। इसका यह अर्थ नहीं कि दर्शन और कवि की स्थिति में विरोध है। कोई भी कलाकार दर्शन ही क्या धर्म, नीति आदि का विशेषज्ञ होने के कारण ही कला-सृजन के उपयुक्त या अनुपयुक्त नहीं ठहरता। यह समस्या तो तब उत्पन्न होती है जब वह अपनी कला को ज्ञानविशेष का एकांगी, शुष्क और बौद्धिक अनुवाद मात्र बनाने लगता है।

कवि का वेदान्त-ज्ञान, जब अनुभूतियों से रूप, कल्पना से रंग और भावजगत से सौन्दर्य पाकर साकार होता है तब उसके सत्य में जीवन का स्पन्दन रहेगा, बुद्धि की तर्क-शृंखला नहीं। ऐसी स्थिति में उसका पूर्ण परिचय न अद्वैत दे सकेगा और

न विशिष्टाद्वैत। यदि कवि ने इतनी सजीव साकारता के बिना ही अपने ज्ञान को कला के सिंहासन पर अभिषिक्त कर दिया तो वह विकलांग मूर्ति के समान न निरा देवता रहता है और न कोरा पाषाण। कला, जीवन की विविधता समेटती हुई आगे बढ़ती है, अतः सम्पूर्ण जीवन को गला-पिघला कर तर्कसूत्र में परिणत कर लेना उसका लक्ष्य नहीं हो सकता।

व्यष्टि और समष्टि में समान रूप से व्याप्त जीवन के हर्ष-शोक, आशा-निराशा, सुख-दुःख आदि की संख्यातीत विविधता को स्वीकृति देने ही के लिए कला-सृजन होता है। अतः कलाकार के जीवन-दर्शन में हम उसका जीवनव्यापी दृष्टिकोण मात्र पा सकते हैं। जो सम-विषम परिस्थितियों की भीड़ में नहीं मिल जाता, सरल-कठिन संघर्षों के मेले में नहीं खो जाता और मधुर-कटु सुख-दुःखों की छाया में नहीं छिप जाता, वही व्यापक दृष्टिकोण कवि का दर्शन कहा जाएगा। परन्तु ज्ञान-क्षेत्र और काव्यजगत के दर्शन में उतना ही अन्तर रहेगा जितना दिशा की शून्य सीधी रेखा और अनन्त रंग-रूपों से बसे हुए आकाश में मिलता है।

काव्य की परिधि में बाह्य और अन्तर्जगत दोनों आ जाने के कारण अभिव्यक्ति के स्वरूप मतभेदों को जन्म देते रहते हैं। केवल बाह्य-जगत की यथार्थता काव्य का लक्ष्य रहे अथवा उस यथार्थ के साथ सम्भाव्य यथार्थ अर्थात आदर्श भी व्यक्त हो यह प्रश्न भी उपेक्षणीय नहीं। यथार्थ और आदर्श दोनों को यदि चरम सीमा पर रख कर देखा जाए तो एक प्रत्यक्ष इतिवृत्त में बिखर जाएगा और दूसरा असम्भव कल्पनाओं में बँध जाएगा। ऐसे यथार्थ और आदर्श की स्थिति जीवन में ही कठिन हो जाती है फिर उसकी काव्य-स्थिति के सम्बन्ध में क्या कहा जाए!

हमारे चारों ओर एक प्रत्यक्ष जगत है। इसका ज्ञान प्राप्त करने के लिए हमारी ज्ञानेन्द्रियों से लेकर सूक्ष्म वैज्ञानिक यन्त्रों तक एक विस्तृत करण-जगत बन चुका है और बनता जा रहा है। बाह्य-जगत के सम्बन्ध में विज्ञान और ज्ञान की विचित्र स्थिति है। जहाँ तक विज्ञान का प्रश्न है उसने इन्द्रिय-जन्य ज्ञान में सबसे पूर्ण प्रत्यक्ष को भी, अविश्वसनीय प्रमाणित कर दिया है। अपनी अपूर्णता नहीं पूर्णता में भी दृष्टि, रंगों के अभाव में रोग ग्रहण करने की क्षमता रखती है और रूपों की उपस्थिति में भी उनकी यथार्थता बदल सकती है। इस अतिरिक्त प्रत्यक्ष ज्ञान के ऊपर, अनुमान स्मृति आदि की अप्रत्यक्ष छाया फैली रहती है। पर इतना सब कह-सुन चुकने पर भी यह स्पष्ट है कि हम ऊपर नीलिमा के स्थान में खोखला आकाश, टिमटिमाते ग्रह-नक्षत्रों के स्थान में, अधर में लटक कर वेग से घूमने वाले विशाल ब्रह्मांड और पैरों तले समतल धरती के स्थान में ढालू और दौड़ते हुए गोलाकार का अनुभव कर प्रसन्न न हो सकेंगे। हमें यह विशिष्ट ज्ञान उपयोग के लिए चाहिए, पर उस उपयीग के उपभोग के लिए हम अपना सहज अनुभव ही चाहते रहेंगे। इसी

कारण वैज्ञानिक ज्ञान को सीख कर भूलता है और कलाकार भूल कर सीखता है। यथार्थ के सम्बन्ध में यदि केवल वैज्ञानिक दृष्टि रखें तो वह काव्य को लक्ष्यभ्रष्ट कर देगी क्योंकि आनन्द के लिए उसकी परिधि में स्थान नहीं। विज्ञान का यथार्थ, स्वयं विभक्त और निर्जीव होकर ज्ञान की उपलब्धि सम्भव कर देता है, पर काव्य के यथार्थ को अपनी सीमित सजीवता से ही एक व्यापक सजीवता और अखंडता का परिचय देना होगा। और केवल ज्ञानाश्रयी कवि यथार्थ को ऐसे उपस्थित करने की शक्ति नहीं रखता।

साधारणतः मनुष्य और संसार की क्रिया-प्रतिक्रिया से उत्पन्न ज्ञान अनुभूति सब, संस्कारों का ऐसा रहस्यमय तानाबाना बुनते चलते हैं जो एक ओर हृदय और मस्तिष्क को जोड़े रहता है और दूसरी ओर जीवन के लिए एक विस्तृत पीठिका प्रस्तुत कर देता है। जिसके पास यह संस्कार आकाश जितना व्यापक, सामंजस्यपूर्ण और सुलझा हुआ होगा वह यथार्थ को उतनी ही सफल जीवन-स्थिति दे सकता है। इस संस्कार की छिन्नभिन्नता में हमें ऐसा यथार्थवादी मिलेगा जो ज़ीवन को विरूप खंडों में बाँटता चलता है और इसके नितान्त अभाव में वह विक्षिप्त सम्भव है जो सुख-दुःखों का अनुभव करने पर भी उन्हें कोई सामान्य आधार-भित्ति नहीं दे पाता।

संसार में प्रत्येक सुन्दर वस्तु उसी सीमा तक सुन्दर है, जिस सीमा तक वह जीवन की विविधता के साथ सामंजस्य की स्थिति बनाए हुए है और प्रत्येक विरूप वस्तु उसी अंश तक विरूप है जिस अंश तक वह जीवनव्यापी सामंजस्य को छिन्न-भिन्न करती है। अतः यथार्थ का द्रष्टा जीवन की विविधता में व्याप्त सामंजस्य को बिना जाने, अपना निर्णय उपस्थित नहीं कर पाता और करे भी तो उसे जीवन की स्वीकृति नहीं मिलती। और जीवन के सजीव स्पर्श के बिना केवल कुरूप और सुन्दर को एकत्र कर देने का वही परिणाम अवश्यम्भावी है जो नरक-स्वर्ग की सृष्टि का हुआ।

संसार में सबसे अधिक दंडनीय वह व्यक्ति है जिसने यथार्थ के कुत्सित पक्ष को एकत्र कर नरक का आविष्कार कर डाला, क्योंकि उस चित्र ने मनुष्य की सारी बर्बरता को चुन-चुनकर ऐसे ब्योरेवार प्रदर्शित किया कि जीवन के कोने-कोने में नरक गढ़ा जाने लगा। इसके उपरान्त, उसे, यथार्थ के अकेले सुखपक्ष का पूँजीभूत कर इस तरह सजाना पड़ा कि मनुष्य उसे खोजने के लिए जीवन को छिन्न-भिन्न करने लगा।

एकान्त यथार्थवादी काव्य में यथार्थ के ऐसे ही एकांगी प्रतिरूप स्वाभाविक हो जाते हैं। एक ओर यथार्थ द्रष्टा केवल विरूपताएँ चुनकर उनसे जीवन को सजा देता है और दूसरी ओर उसके हृदय को चीर-चीरकर स्थूल सुखों की प्रदर्शनी रचता है।

केवल उत्तेजक और वीप्साजनक काव्य और कलाओं के मूल में यही प्रवृत्ति मिलेगी। इन दोनों सीमाओं से दूर रहने के लिए कवि को जीवन की अखंडता और व्यापकता से परिचित होना होगा, क्योंकि इसी पीठिका पर यथार्थ चिरन्तन गतिशीलता पा सकता है।

यथार्थ यदि सुन्दर है तो यह पृष्ठभूमि तरल जल के समान उसे सौ-सौ पुलकों में झुलाती है और यदि विरूप है तो वह तरल कोमलता हिम का ऐसा स्थिर और उज्ज्वल विस्तार बन जाती है जिसकी अनन्त स्वच्छता में एक छोटा-सा धब्बा भी असह्य हो उठता है। इस आधार-भित्ति पर जीवन की कुत्सा देखकर हमारा हृदय काँप जाता है, पर एक अमृत लिप्सा से नहीं भर आता।

यदि यथार्थ को केवल इतिवृत्ति का क्रम मान लिया जाए तो भी व्यक्तिगत भावभूमि पर अपनी स्थिति रखकर ही वह काव्य के उपयुक्त संवेदनीयता पा सकता है। इस भावभूमि से सर्वथा निर्वासित इतिवृत्त का सबसे उपयुक्त आश्रय-स्थल इतिहास ही रहेगा।

चरमसीमा पर यथार्थ जैसे विक्षिप्त गतिशील है वैसे ही आदर्श निष्क्रियता में स्थिर हो जाता है। एक विविध उपकरणों का बवंडर है और दूसरा पूर्ण निर्मित पर अचल मूर्ति। साधारणतः जीवन में एक ही व्यक्ति यथार्थदर्शी भी है और आदर्शस्रष्टा भी, चाहे उसका यथार्थ कितना ही अपूर्ण हो और आदर्श कितना ही संकीर्ण। जीवन की ऐसी स्थिति की कल्पना तो पशुजगत की कल्पना होगी जिसमें बाह्य संसार का ज्ञान मनुष्य के अन्तर्जगत में किसी सम्भाव्य संसार की छाया नहीं आँकता। जो है, उसके साथ हमारे सक्रिय सहयोग के लिए यह कल्पना आवश्यक है कि इसे कैसा होना चाहिए।

संसार से आदान मात्र मनुष्य को पूर्ण सन्तोष नहीं देता, उसे प्रदान का भी अधिकार चाहिए और इस अधिकार की विकसित चेतना ही आदर्श का पर्याय है। छोटा-सा बालक भी दूसरे की दी हुई वस्तुओं को ग्रहण करने के लिए जितना उत्सुक होगा उन्हें अपनी इच्छा और रुचि के अनुसार रखने, जोड़ने-तोड़ने आदि के लिए भी उतना ही आकुल मिलेगा। सभ्यता, समाज, धर्म, काव्य आदि मनुष्य और संसार के इसी चिरन्तन आदान-प्रदान के इतिहास हैं।

साधारण रूप से आदर्श से यही समझा जाता है कि वह सत्य की जय, असत्य की पराजय आदि-आदि जीवन में असम्भव पर कल्पना में सम्भव कार्य-कारण का नाम है। इस धारणा के कारण हैं। सम्भाव्य यथार्थ से सम्बन्ध रखने वाले अन्तर्जगत के संस्कार हमारे बाह्य आचरण पर विशेष प्रभाव डालते रहते हैं, इसी से समय-समय पर धर्म, नीति आदि ने उन्हें अपने विकास का साधन बनाया। जिस युग का प्रधान लक्ष्य धर्म रहा उसमें सत्य, त्याग आदि गुणों के आदर्श चरम सीमा तक पहुँच

कर ही सफल हो सके। जिस युग का दृष्टि-बिन्दु सामाजिक विकास था उसमें कर्तव्य सम्बन्धी आदर्श उच्चतम सीमा तक पहुँच गए। जिस समय संघर्ष की सफलता ही अभीष्ट रही उस समय जय के आदर्श की उज्ज्वलता में साधनों की मलिनता भी छिप गई। जब, जो विशेषता आवश्यक नहीं रही तब उससे सम्बन्ध रखने वाला असाधारण आदर्श, जीवन के पुरातत्व विभाग की स्थायी सम्पत्ति बना दिया गया और साधारण आदर्श गौण रूप से प्रयोग में आता रहा। कुरुक्षेत्र के युद्ध में हरिश्चन्द्र की सत्यवाप्तिता का कोई स्थान नहीं, राम के संघर्ष में बुद्ध की अहिंसा का कोई महत्व नहीं।

युगविशेष में उत्पन्न कवियों ने भी अपने युग के आदर्श को असाधारणता के साथ काव्य में प्रतिष्ठित किया। इतना ही नहीं, वह आदर्श कहीं भी पराजित न हो सके, इसकी ओर भी उन्हें सतर्क रहना पड़ा। फिर भी यह सत्य है कि वे बहुत एकांगी नहीं हो सके। काव्य हमारे अन्तर्जगत में मुक्ति का ऐसा अनुभव कर चुकता है कि उससे बाह्य जगत के संकेतों का अक्षरशः पालन नहीं हो पाता। रामायणकार ऋषि का दृष्टि-बिन्दु कर्तव्य के युग से प्रभावित था अवश्य, पर उसने युग के प्रतिनिधि कर्तव्य-पालन की भी त्रुटियों को छिपाने का प्रयास नहीं किया। राजा के चरम आदर्श तक पहुँच कर भी वह जब साध्वी पर परित्यक्ता पत्नी की फिर अग्नि-परीक्षा लेना चाहता है, तब वह नारी उस कर्तव्यपालक के पत्नीत्व के बदले मृत्यु को स्वीकार कर लेती है। जीवन के अन्त में एकांगी कर्तव्य की जैसी पराजय ऋषिकवि ने अंकित की है उसकी रेखा-रेखा में मानो उनका भ्रू भंग कहता है—बस इतना ही तो इसका मूल्य था। विजय केन्द्रबिन्दु होने पर भी महाभारत में असत्य साधनों को उज्ज्वलता नहीं मिल सकी। संघर्ष सफल हो गया, कह कर भी कवि ने उस सफलता की उजली रेखाओं में ग्लानि का इतना काला रंग भर दिया है कि विजयी ही नहीं आज पाठक भी काँप उठता है।

जीवन के प्रति स्वयं आस्थावान होने के कारण कवि का विश्वास भी एक आदर्श बन कर उपस्थित होता है। शकुन्तला की आत्महत्या तो सरल सौन्दर्य और सहज विश्वास की हत्या है; उसे कवि कल्पना में भी नहीं अंगीकार करेगा, पर उस सौन्दर्य और विश्वास को ठुकराने वाले दुष्यन्त के पश्चाताप में से वह लेशमात्र भी नहीं घटाता। इतना ही नहीं जिस पवित्र सौन्दर्य और मधुर विश्वास की प्राप्ति एक दिन कण्व के साधारण तपोवन में अनायास हो गई थी, उसी के पुनर्दर्शन के लिए दुष्यन्त को स्वर्ग तक जाने का आयास भी करना पड़ता है और दिव्यभूमि पर, अपराधी याचक के रूप में खड़ा भी होना पड़ता है। सारांश यह कि अपने युगसीमित आदर्श को स्वीकार करके भी कवि उसे विस्तृत विविधता के साथ व्यक्त करते रहे हैं। जैसे शिष्य के बनाए पूर्ण चित्र में भी कलाकार-गुरु अपनी कुशल उँगलियों में

थमी तूली से कुछ रेखाएँ इस तरट घटा-बढ़ा देता है, कहीं-कहीं रंग इस तरह हल्के-गहरे कर देता है कि उसमें एक नया रहस्य यत्र-तत्र झलकने लगता है, वैसे ही प्राचीन ऋषि-कवियों ने अपने युग की निश्चित रेखाओं और पक्के रंगों के भीतर से युग-युगान्तर-व्यापी जीवन-रहस्य को व्यक्त कर दिया है। आज का युग उनसे इतना दूर है कि उस रहस्य-लिपि को नहीं पढ़ पाता, अतः केवल निश्चित रंग-रेखा को ही सब कुछ मान बैठता है।

आधुनिक युग में बुद्धि का आदर्श भी वैसा ही असाधारण हो गया है जैसा किसी समय सत्य, त्याग, कर्तव्य आदि का था। सत्य की विजय अनिवार्य है या मिथ्या का बुरा परिणाम अवश्यम्भावी है आदि में कार्य-कारण की सम्भाव्य स्थिति भी निश्चित मान ली गई है। परन्तु बौद्धिक विकास की चरम सीमा ही मनुष्य की पूर्णता है, भौतिक उत्कर्ष ही जीवन का एकमात्र लक्ष्य है, आदि में भी वैसा ही कल्पित कार्य-कारण-सम्बन्ध है; क्योंकि जीवन में न तो सब जगह बुद्धिवादी ही पूर्ण मनुष्य है और न भौतिक विकास का चरमबिन्दु जीवन की एकमात्र सार्थकता है। जब हमारा युग भी अतीत युगों में स्थान पा लेगा तब नवागत युग हमारे असाधारण बौद्धिक और भौतिक आदर्शों को उसी दृष्टि से देखेगा जिस दृष्टि से हम अपने अतीत आदर्श-वैभव को देखते हैं।

आधुनिक युग के आदर्शों में ही असाधारणता नहीं, उनकी काव्य-स्थिति भी वैसी ही एकांगी है। आज का कवि भी अपने युग के आदर्शों को काव्य में प्रतिष्ठित करता है और उनकी एकान्त विजय के सम्बन्ध में सतर्क रहता है। पर आदर्श को संकीर्ण अर्थ में न ग्रहण करके यदि हम उसे जीवन की एक व्यापक और सामंजस्यपूर्ण स्थिति का भावन मात्र मान लें तो वह हमारे एकांगी बुद्धिवाद और बिखरे यथार्थ को सन्तुलन दे सकता है।

काव्य में गोचर-जगत तो सहज स्वीकृति पा लेता है, पर स्थूल-जगत में व्याप्त चेतना और प्रत्यक्ष सौन्दर्य में अन्तर्हित सामंजस्य की स्थिति बहुत सहज नहीं।

हमारे प्राचीन काव्य ने बौद्धिक तर्कवाद से दूर उस आत्मानुभूत ज्ञान को स्वीकृति दी है जो इन्द्रियजन्य ज्ञान-सा अनायास पर उससे अधिक निश्चित और पूर्ण माना गया है। इस ज्ञान के आधार सत्य की तुलना, उस आकाश से की जा सकती है जो ग्रहणशक्ति की अनुपस्थिति में अपना शब्दगुण नहीं व्यक्त करता। इसी कारण ऐसे ज्ञान की उपलब्धि आत्मा के उस संस्कार पर निर्भर है, जो सामान्य सत्य को विशिष्ट सीमा में ग्रहण करने की शक्ति भी देता है और उस सीमित ज्ञानानुभूति को जीवन की व्यापक पीठिका देने वाला सौन्दर्य-बोध भी सहज कर देता है।

जैसे रूप, रस, गन्ध आदि की स्थिति होने पर भी करण से अभाव या अपूर्णता

में, कभी उनका ग्रहण सम्भव नहीं होता और कभी वे अधूरे ग्रहण किए जाते हैं, वैसे ही आत्मानुभूत ज्ञान, आत्मा के संस्कार की मात्रा और उससे उत्पन्न ग्रहणशक्ति की सीमा पर निर्भर रहेगा। कवि को द्रष्टा या मनीषी कहने वाले युग के सामने यही निश्चित तर्कक्रम से स्वतन्त्र ज्ञान रहा।

यह ज्ञान व्यक्तिसामान्य नहीं, यह कहकर हम उसकी उपेक्षा नहीं कर सकते क्योंकि हमारा प्रत्यक्ष जगत सम्बन्धी ज्ञान भी इतना सामान्य नहीं। विज्ञान का भौतिक ज्ञान ही नहीं नित्य का व्यवहार-ज्ञान भी व्यक्ति की सापेक्षता नहीं छोड़ता। व्यक्तिगत रुचि, संस्कार, पूर्वार्जित ज्ञान, ज्ञानकरणों की पूर्णता, अपूर्णता, अभाव आदि मिलकर स्थूल-जगत के ज्ञान को इतनी विविधता देते रहते हैं कि हम व्यक्ति के महत्व से ज्ञान का महत्व निश्चित करने पर बाध्य हो जाते हैं। ऊँचा सुनता है या जो स्टेस्थेस्कोप की सहायता से फेफड़ों का अस्फुट शब्द मात्र सुनता है वे दोनों ही हमारे स्वर-सामंजस्य के सम्बन्ध में कोई निष्कर्ष नहीं दे सकते। पर जो आहट की ध्वनि से लेकर मेघ के गर्जन तक सब स्वर सुनने की क्षमता भी रखता है और विभिन्न स्वरों में सामंजस्य लाने की साधना भी कर चुका है वही इस दिशा में हमारा प्रमाण है।

समाज, नीति आदि से सम्बन्ध रखने वाले इन्द्रियानुभूत ज्ञान ही नहीं सूक्ष्म बौद्धिक ज्ञान के सम्बन्ध में भी अपने से अधिक पूर्ण व्यक्तियों को प्रमाण मानकर मनुष्य विकास करता आया है। अतः अध्यात्म के सम्बन्ध में ही ऐसा तर्कवाद क्यों महत्व रखेगा! फिर यह आत्मानुभूत ज्ञान इतना विच्छिन्न भी नहीं जितना समझा जाता है। साधारणतः तो प्रत्येक व्यक्ति किसी-न-किसी अंश तक इसका उपयोग करता रहता है। प्रत्यक्ष ज्ञान के साथ इस ज्ञान का वैसा ही अज्ञात सम्बन्ध और अव्यक्त स्पर्श है जैसा प्रकृति की प्रत्यक्ष और प्रशान्त निस्तब्धता के साथ आंधी के अव्यक्त पूर्वाभास का हो सकता है, जो स्थिति-हीनता में भी स्थिति रखता है। इसके अव्यक्त स्पर्श का अनुभव कर अनेक बार मनुष्य प्रत्यक्ष प्रमाण, बौद्धिक निष्कर्ष और अनुकूल परिस्थितियों की सीमाएँ पार कर लेने के लिए विवश हो उठता है।

कठोर विज्ञानवादी के पास भी ऐसा बहुत कुछ बच जाता है जो कार्य-कारण से नहीं बाँधा जा सकता, स्थूलता के एकान्त उपासक के पास भी बहुत कुछ शेष रह जाता है जो उपयोग की कसौटी पर नहीं परखा जा सकता। और यदि केवल संख्या ही महत्व रखती हो तो संसार के सब कोनों में ऐसे व्यक्तियों की स्थिति सम्भव हो सकी है जो आत्मानुभूत ज्ञान का अस्तित्व सिद्ध करते रहे।

अगोचर-जगत से सम्बन्ध रखने वाली रहस्यानुभूति की स्थिति भी ऐसी ही है। जहाँ तक अनुभूति का प्रश्न है वह तो स्थूल और गोचर-जगत में भी सामान्य नहीं। प्रत्येक व्यक्ति की दृष्टि फूल को फूल ग्रहण कर ले यह स्वाभाविक है, परन्तु सबके

अन्तर्जगत में अनुभूति एक-सी स्थिति नहीं पा सकती। अपने संस्कार, रुचि, संवेदनशीलता के अनुसार कोई फूल से तादात्म्य प्राप्त करके भाव-तन्मय हो सकेगा और कोई उदासीन दर्शक मात्र रह जाएगा। स्थूल-जगत के सम्पर्क का रूप भी अनुभूति की मात्रा निश्चित कर सकता है। जिसने अंगारे उठा-उठाकर हाथ को कठोर कर लिया है उसकी उँगलियाँ अंगारे पर पड़कर भी जलने की तीव्र अनुभूति नहीं उत्पन्न करेंगी जिसका हाथ अचानक अंगारे पर पड़ गया है और छाले का तीव्र मर्मानुभव करना पड़ेगा। जिसने काँटों पर लेटने का अभ्यास कर लिया है उसके शरीर में अनेक काँटों का स्पर्श तीव्र व्यथा नहीं उत्पन्न करता पर जो चलते-चलते अचानक काँटे पर पैर रख देता है उसके लिए एक काँटा ही तीव्र दुःखानुभूति का कारण बन जाता है।

परन्तु इन सब खंडशः अनुभूतियों के पीछे हमारे अन्तर्जगत में एक ऐसा व्यापक, अखंड और संवेदनात्मक धरातल भी है जिस पर सारी विविधताएँ ठहर सकती हैं। काव्य इसी को स्पर्श कर संवेदनीयता प्राप्त करता है, इसी कारण जिन सुख-दुःखों की प्रत्यक्ष स्थिति भी हमें तीव्र अनुभूति नहीं देती उन्हीं की काव्य स्थिति से साक्षात कर हम अस्थिर हो उठते हैं।

व्यापक अर्थ में तो यह कहा जा सकता है कि प्रत्येक सौन्दर्य या प्रत्येक सामंजस्य की अनुभूति भी रहस्यानुभूति है। यदि एक सौन्दर्य-अंश या सामंजस्य-खंड हमारे सामने किसी व्यापक सौन्दर्य या अखंड सामंजस्य का द्वार नहीं खोल देता तो हमारे अन्तर्जगत का उल्लास से आंदोलित हो उठना सम्भव नहीं। इतना ही नहीं किसी कर्म के सौन्दर्य और सामंजस्य की अनुभूति भी रहस्यात्मक हो सकती है, इसी से मनुष्य ऐसे कर्मों को आलोकस्तम्भ बना-बनाकर जीवन-पथ में स्थापित करता रहा है।

सौन्दर्य अपने समर्थन के लिए जिस सामंजस्य की ओर इंगित करता है, विरूपता भी अपने विरोध के लिए उसी की ओर संकेत करती है, पर दोनों के संकेत में अन्तर है। प्रत्येक सौन्दर्य-खंड अखंड सौन्दर्य से जुड़ा और इस तरह हमारे हृदयगत सौन्दर्य-बोध से भी जुड़ा है, पर विरूप, व्यापक सामंजस्य का विरोधी होने के कारण हमारे भीतर कोई स्वभावगत स्थिति नहीं रखता। सौन्दर्य से हमारा वह परिचय है जो अनन्त जलराशि में एक लहर का दूसरी लहर से होता है, पर विरूपता से हमारा वैसा ही मिलन है जैसा पानी में फेंके हुए पत्थर और उससे उठी लहर में सहज है। सौन्दर्य चिर परिचय में भी नवीन है पर विरूपता अति परिचय में नितान्त साधारण बन जाती है; इसी से सौन्दर्य की रहस्यानुभूति ही, अन्तहीन काव्यकथा में नए परिच्छेद जोड़ती रही है।

हमारे मूर्त और अमूर्त जगत एक-दूसरे से इस प्रकार मिले हुए हैं कि एक का

यथार्थदर्शी दूसरे का रहस्यद्रष्टा बन कर ही पूर्णता पाता है।

इस अखंड और व्यापक चेतन के प्रति कवि का आत्मसमर्पण सम्भव है या नहीं इसका जो उत्तर अनेक युगों से रहस्यात्मक कृतियाँ देती आ रही हैं वही पर्याप्त होना चाहिए। अलौकिक रहस्यानुभूति भी अभिव्यक्ति में लौकिक ही रहेगी। विश्व में चित्रफलक पर सौन्दर्य के रंग और रूपों के रेखाजाल से बना चित्र यदि अपनी रसात्मकता द्वारा हमारे लिए मूर्त का दर्शन और अमूर्त का भावन सहज कर देता है तो तर्क व्यर्थ होगा। यह तो ऐसा है जैसे किसी के अक्षयघट से प्यास बुझा-बुझाकर विवाद करना कि उसने कूप क्यों खोदा जब धरती के ऊपर भी पानी था, क्योंकि उसने धरती के ही अन्तर की अविभक्त सजलता का पता दिया है। पर यह सत्य है कि इस धरातल पर प्रत्यक्ष का सम्बन्ध बनाए रखने के लिए बुद्धि और हृदय की असाधारण एकता चाहिए।

अलौकिक आत्मसमर्पण को समझने के लिए भी लौकिक का सहारा लेना होगा। स्वभाव से मनुष्य अपूर्ण भी है और अपनी अपूर्णता के प्रति सजग भी। अतः किसी उच्चतम आदर्श, भव्यतम सौन्दर्य या पूर्ण व्यक्तित्व के प्रति आत्मसमर्पण द्वारा पूर्णता की इच्छा स्वाभाविक हो जाती है। आदर्श समर्पित व्यक्तियों में संसार के असाधारण कर्मनिष्ठ मिलेंगे, सौन्दर्य से तादात्म्य के इच्छुकों में श्रेष्ठ कलाकारों की स्थिति है और व्यक्तित्व-समर्पण ने हमें साधक और भक्त दिए हैं।

अखंड चेतन से तादात्म्य का रूप केवल बौद्धिक भी हो सकता है; पर रहस्यानुभूति में बुद्धि का ज्ञेय ही हृदय का प्रेय हो जाता है। इस प्रकार रहस्यवादी का आत्मसमर्पण बुद्धि की सूक्ष्म व्यापकता से सौन्दर्य की प्रत्यक्ष विविधता तक फैल जाने की क्षमता रखता है, अतः उसमें सत् और चित् की एकता में आनन्द सहज सम्भव रहेगा।

रहस्योपासक का आत्मसमर्पण हृदय की ऐसी आवश्यकता है जिसमें हृदय की सीमा, एक असीमता में अपनी ही अभिव्यक्ति चाहती है। और हृदय के अनेक रागात्मक सम्बन्धों में माधुर्यभाव-मूलक ही उस सामंजस्य तक पहुँच सकता है, जो सब रेखाओं में रंग भर सके, सब रूपों को सजीवता दे सके और आत्मनिवेदक को इष्ट के साथ समता के धरातल पर खड़ा कर सके। भक्त और उसके इष्ट के बीच में वरदान की स्थिति सम्भव है जो इष्ट नहीं इष्ट का अनुग्रहदान कहा जा सकता है। माधुर्यभाव-मूलक प्रेम में आधार और आधेय का तादात्म्य अपेक्षित है और यह तादात्म्य उपासक ही सहज कर सकता है, उपास्य नहीं। इसी से तन्मय रहस्योपासक के लिए आदान सम्भव नहीं पर प्रदान या आत्मदान उसका स्वभावगत धर्म है।

अनन्त रूपों की समष्टि के पीछे छिपे चेतन का तो कोई रूप नहीं। अतः उसके निकट ऐसा माधुर्यभाव-मूलक आत्मनिवेदन कुछ उलझन उत्पन्न करता रहा है।

यदि हम ध्यान से देखें तो स्थूल जगत में भी ऐसा आत्मसमर्पण मनुष्य के अन्तर्जगत पर ही निर्भर मिलेगा। एक व्यक्ति जिसके निकट अपने आपको पूर्ण रूप ने निवेदित करके संतोष का अनुभव करता है वह सौन्दर्य, गुण, शक्ति आदि की दृष्टि से सबको विशिष्ट जान पड़े ऐसा कोई नियम नहीं। प्राय: एक के अटूट स्नेह, भक्ति आदि का आधार दूसरे के सामने इतने अपूर्ण और साधारण रूप में उपस्थित हो सकता है कि वह उसे किसी भाव का आलम्बन ही न स्वीकार करे। कारण स्पष्ट है। मनुष्य अपने अन्तर्जगत में जो कुछ भव्य छिपाए हुए है वह जिसमें प्रतिबिम्बित जान पड़ता है उसके निकट आत्म-निवेदन स्वाभाविक ही रहेगा। परन्तु यह आत्मनिवेदन लालसाजन्य आत्मसमर्पण से भिन्न है, क्योंकि लालसा अन्तर्जगत के सौन्दर्य की साकारता नहीं देखती, किसी स्थूल अभाव की पूर्ति पर केन्द्रित रहती है।

व्यावहारिक धरातल पर भी जिन व्यक्तियों का आत्मनिवेदन एकरस और जीवन व्यापी रह सका है उनके अन्तर्जगत और बाह्याधार में ऐसा ही बिम्ब-प्रतिबिम्ब भाव मिलता है और यह भाव अन्तर्जगत के विकास के साथ तब तक विकसित होता रहता है जब तक बाह्याधार में अन्तर्जगत के विरोधी तत्व न मिलने लगें।

अवश्य ही सूक्ष्म-जगत के आत्मनिवेदन को स्थूल-जगत के आत्म-समर्पण के साम्य से समझना कठिन होगा। पर यह मान लेने पर कि मनुष्य का आत्मनिवेदन उसी के अन्तर्जगत की प्रतिकृति खोजता है सूक्ष्म का प्रश्न बहुत दुर्बोध नहीं रहता। रहस्यद्रष्टा जब खंड रूपों से चलकर अखंड और अरूप चेतन तक पहुँचता है तब उसके लिए अपने अन्तर्जगत के वैभव की अनुभूति भी सहज हो जाती है और बाह्यजगत की सीमा की भी। अपनी व्यक्त अपूर्णता को अव्यक्त पूर्णता में मिटा देने की इच्छा उसे पूर्ण आत्मदान की प्रेरणा देती है। यदि इस तादात्म्य के साथ माधुर्यभाव न होता तो यह ज्ञाता और ज्ञेय की एकता बन जाता, भावभूमि पर आधार-आधेय की एकता नहीं।

प्रकृति के अस्त-व्यस्त सौन्दर्य में रूप-प्रतिष्ठा, बिखरे रूपों में गुण प्रतिष्ठा फिर इनकी समष्टि में एक व्यापक चेतन की प्रतिष्ठा और अन्त में रहस्यानुभूति का जैसा क्रमबद्ध इतिहास हमारा प्रचीनतम काव्य देता है वैसा अन्यत्र मिलना कठिन होगा।

जीवन के स्थूल धरातल पर कर्मनिष्ठ ऋषि जब '**अग्निना रयिमश्न-वत्पोषमेव दिवे दिवे यशसं वीरवत्तमम**' (प्रतिदिन मनुष्य अग्नि के द्वारा पुष्टिदायक, कीर्तिजनक और वीर पुरुषों से युक्त समृद्धि प्राप्त करता है।) कहता है तब हमें आश्चर्य नहीं होता। पर जब यही बोध आकाश के अस्त-व्यस्त रंगों में

नारी का रूप-दर्शन बन कर उपस्थित होता है तब हम उसकी सौन्दर्यदृष्टि पर विस्मित हुए बिना नहीं रहते।

*उषो देव्यमर्त्या विभाहि चन्द्ररथा सूनृता ईरयन्ती*

*आ त्वा वहन्तु सुयमासौ अश्वा हिरण्यवर्णा पृथुपाजस ये।*

(हे कमनीय कान्तिवाली! अपने चन्द्ररथ पर, सत्य को प्रसारित करती हुई आभासित हो। उत्तम नियन्त्रित हिरण्यवर्ण किरणाश्व तुझे दूर-दूर तक पहुँचावें।)

बादलों को लाने वाले मरुतगण की उपयोगिता जान लेने वाला ऋषि जब उन्हें वीर-रूप में उपस्थित करता है तब हम उसके प्रकृति में चेतना के आरोप से प्रभावित हुए बिना नहीं रहते।

*अंसेषु सृष्टयः वत्सु खादयो वक्षः सु रुक्मा मरुतो रथे शुभाः।*

*अग्निभ्राजसो विद्युतो गभस्त्योः क्षिप्रा शीर्षषु वितता हिरण्यमयी।*

(स्कन्ध पर भाले, पैरों में पदत्राण, वृक्ष वर सुवर्णालंकार युक्त और रथशोभी मरुतों के हाथों में अग्नि के समान, कान्तिमय विद्युत है और ये सुवर्ण-खचित शिरस्त्राण धारण किए हैं।)

*रथीव कशयाश्वां अभिक्षिपन्नाविर्दूतान् कृणुते वर्ष्या अह।*

(विद्युत के कशाघात से बादल रूपी अश्वों को चलाते हुए रथी वीर के समान वर्षा के देव उपस्थित हो गए हैं।)

इस प्रकार रूपों की प्रतिष्ठा और व्यापारों की योजना के उपरान्त वे मनीषी अखंड रूप और व्यापक जीवन-धर्म तक जा पहुँचते हैं।

इसके उपरान्त हमें उनकी रहस्यानुभूति और उससे उत्पन्न जिस आत्मनिवेदन का परिचय मिलता है उसमें न रूपों की समष्टि है न व्यापारों की योजना, प्रत्युत वह अनुभूति किसी अव्यक्त चेतन से वैयक्तिक तादात्म्य की इच्छा से सम्बन्ध रखती है।

*आ यद्रुहाव वरुणश्च नावं प्र यत्समुद्रमीरयाव मध्यम्।*

*अधि यदपां स्तुभिश्चराव प्र पेङ्ख ईखयावहै शुभेकम्।*

(मैं और मेरे वरणीय देव दोनों जब नाव पर चढ़कर उसे समुद्र के बीच में ले गए तब जल के ऊपर सुख शोभा प्राप्त करते हुए झूले में (तरंगित लहरों में) झूले।)

*क्व त्यागि नौ सख्या बभूव सचावहे यदवृकं पुराचित्।*

(हे वरणीय स्वामी! हम दोनों का वह पूर्व का अविच्छिन्न सख्यभाव कहाँ गया जिसे मैं व्यर्थ खोजता हूँ।)

*उत स्वया तन्वा संवदे तत्कदा न्वन्तवरुणं भुवानि।*

(कब मैं अपने इस शरीर से उसकी स्तुति करूँगा, उसके साथ साक्षात संवाद करूँगा और कब मैं उस वरण योग्य के हृदय के भीतर एक हो सकूँगा।)

ऋग्वेद के इन रहस्यात्मक अंकुरों ने दर्शन और काव्य में जैसी विविधता पाई उसे बताने की न यहाँ आवश्यकता है और न स्थान।

## 3

आधुनिक युग में कलाकार की सीमाएँ जानने के लिए जीवनव्यापी वातावरण की विषमताओं से परिचित होना, अपेक्षित रहेगा।

हमारी सामाजिक परिस्थिति में अभी तक प्रतिक्रियात्मक ध्वंसयुग ही चल रहा है। उसके सम्बन्ध में ऐसा कोई स्वस्थ और पूर्ण चित्र अंकित नहीं किया जा सका जिसे दृष्टि का केन्द्र बनाकर निर्माण का क्रम आरम्भ किया जा सकता। इस दिशा में हम अपने व्यक्तिगत स्वार्थ और सुविधा के अनुसार ही तोड़ने-फोड़ने का कार्य करते चलते हैं, अत: कहीं चट्टान पर सुनार की हथोड़ी का हल्का स्पर्श होता है और कहीं राख के ढेर पर लोहार के हथौड़े की गहरी चोट। क्या संस्कृत, क्या आदर्श, सब में हमारी शक्तियों का विक्षिप्त-जैसा प्रयोग है, इसी से जो टूट जाता है वह हमारी ही आँखों की किरकिरी बनने के लिए वायु-मंडल में मँडराने लगता है और जो हमारे प्रहार से नहीं बिखरता, वह विषम तथा विरूप बन कर हमारे ही पैरों को आहत और गति को कुंठित करता रहता है। निर्माण की दिशा में किसी सामूहिक लक्ष्य के अभाव में व्यक्तिगत प्रयास, अराजकता के आकस्मिक उदाहरणों से अधिक महत्व नहीं पाते।

किसी भी उत्थानशील समाज और उसके प्रबुद्ध कलाकारों में जो सक्रिय सहयोग और परस्पर पूरक आदान-प्रदान स्वाभाविक है वह हमारे समाज के लिए कल्पनातीत बन गया। समाज की एक बिन्दु पर अचलता और कलाकार की लक्ष्यहीन गतिविह्वलता ने उसे एक प्रकार से असामाजिक प्राणी की स्थिति में डाल दिया है।

प्रत्येक सच्चे कलाकार की अनुभूति, प्रत्यक्ष, सत्य ही नहीं अप्रत्यक्ष सत्य का भी स्पर्श करती है, उसका स्वप्न, वर्तमान ही नहीं अनागत को भी रूपरेखा में बाँधता है और उसकी भावना यथार्थ ही नहीं सम्भाव्य यथार्थ को भी मूर्तिमत्ता देती है। परन्तु इन सबकी, व्यष्टिगत और अनेकरूप अभिव्यक्तियाँ दूसरी तक पहुँचकर ही तो जीवन की समष्टिगत एकता का परिचय देने में समर्थ हैं।

कलाकार के निर्माण में जीवन के निर्माण का लक्ष्य छिपा रहता है, जिसकी स्वीकृति के लिए जीवन की विविधता आवश्यक रहेगी। जब समाज उसके किसी भी स्वप्न का मूल्य नहीं आँकता, किसी भी आदर्श को जीवन की कसौटी पर परखना स्वीकार नहीं करता, तब साधारण कलाकार तो सब कुछ धूल में फेंक रूठे

बालक के समान क्षोभ प्रकट कर देता है और महान समाज की उपस्थिति ही भुलाने लगता है। हमारी कला के क्षेत्र में जो एक उच्छृंखल गति है उसके मूल में निर्माण की सन्तुलित सक्रियता से अधिक, विवश क्षोभ की अस्थिरता ही मिलेगी।

एक ओर समाज पक्षाघात से पीड़ित है और दूसरी ओर धर्म विक्षिप्त। एक चल ही नहीं सकता, दूसरा वृत्त के भीतर वृत्त बनाता हुआ एक पैर से दौड़ लगा रहा है। गर्म और ठंडे जल से भरे हुए पात्रों की निकटता जैसे उनका तापमान एक-सा कर देती है उसी प्रकार हमारे धर्म और समाज की सापेक्ष स्थिति उन्हें एक-सी निर्जीवता देती रहती है। आज तो बाह्य और आन्तरिक विकृति ने धर्म को ऐसी परिस्थिति में पहुँचा दिया है जहाँ रूढ़िग्रस्त रहने का नाम निष्ठा और रीतिकालीन प्रवृत्तियों की चंचल क्रीड़ा ही गतिशीलता है। इतना ही नहीं, इस स्वर्ग के खंडहर का द्वारपाल अर्थ बन गया है। कलाकार यदि धर्म के क्षेत्र में प्रवेश चाहे तो उसे हाथी पर गंगायमुनी काम की अम्बारी में जाना होगा जो उसकी निर्धनता में सम्भव नहीं।

हमारी संस्कृति ने धर्म और कला का ऐसा ग्रन्थिबन्धन किया था जो जीवन से अधिक मृत्यु में दृढ़ होता गया। क्या काव्य, क्या मूर्ति, क्या चित्र सबकी यथार्थ रेखाओं और स्थूल रूपों में अध्यात्म ने सूक्ष्म आदर्श की प्रतिष्ठा की। परन्तु जब ध्वंस के असंख्य स्तरों के नीचे दब कर वह आध्यात्म-स्पन्दन रुक गया तब धर्म के निर्जीव कंकाल में हमें मृत्यु का ठंडा स्पर्श मिलने लगा।

शरीर को चलानेवाली चेतना का अशरीरी गमन तो प्रत्यक्ष नहीं होता, परन्तु उसके अभाव में अचल शरीर का गल-गल कर नष्ट होना प्रत्यक्ष भी रहेगा और वातावरण को दूषित भी करेगा। समन्वयात्मक अध्यात्म कब खो गया यह तो हम न जान सके, परन्तु व्यावहारिक धर्म की विविध विकृतियाँ हमारे जीवन के साथ नहीं। ऐसी स्थिति में काव्य तथा कलाओं की स्वस्थ गतिशीलता असम्भव हो उठी। निर्माणयुग में जो कला-सृष्टि अमृत की संजीवनी देकर ही सफल हो सकती थी वही, पतन युग में मदिरा की उत्तेजनामात्र बन कर विकासशील मानी गई। मदिरा का उपयोग तो स्वयं को भुलाने के लिए है, स्मरण करने के लिए नहीं और जीवन का सृजनात्मक विकास अपनेपन की चेतना में ही सम्भव है। परिणामतः कलाएँ और काव्य जैसे-जैसे हममें विक्षिप्त की चेष्टाएँ भरने लगे वैसे-वैसे हम विकासपथ पर लक्ष्यभ्रष्ट होते गए।

जागरण के प्रथम चरण में हमारी राष्ट्रीयता ने अपनी व्यापकता के लिए जिस अध्यात्म का आह्वान किया, काव्य ने सौन्दर्य-काया में उसी की प्राणप्रतिष्ठा कर दी। कवि ने धर्म के धरातल पर किसी विकृत रूढ़ि को स्वीकार नहीं किया, परन्तु सक्रिय विरोध के साधनों का अभाव-सा रहा।

कुछ ने सम्प्रदायों की संकीर्णता से बाहर रहकर, आदर्श-चरित्रों को नवीन

रूप-रेखा में ढाला और इस प्रकार पुरानी सांस्कृतिक परम्परा और नई लोक-भावना का समन्वय उपस्थित किया। कुछ ने धर्म के मूलगत अध्यात्म को व्यक्तिगत साधना के उस धरातल पर स्थापित कर दिया जहाँ वह हमारे अनेकरूप जीवन की, अरूप एकता का आधार भी बन सका और सौन्दर्य की विविधता की व्यापक पीठिका भी।

कुछ ने उसे स्वीकार ही नहीं किया, परन्तु उसके स्थान में किसी अन्य व्यापक आदर्श की प्रतिष्ठा न होने के कारण यह अस्वीकृति एक उच्छृंखल विरोध-प्रदर्शन मात्र रह गई। नास्तिकता उसी दशा में सृजनात्मक विकास दे सकती है जब ईश्वरता से अधिक सजीव और सामंजस्यपूर्ण आदर्श जीवन के साथ चलता रहे। जहाँ केवल अविश्वास ही उसका सम्बल है वहाँ वह जीवन के प्रति भी अनास्था उत्पन्न किए बिना नहीं रहती। और जीवन के प्रति अविश्वासी व्यक्ति का, सृजन के प्रति भी अनास्थावान हो जाना अनिवार्य है। ऐसी स्थिति का अन्तिम और अवश्यम्भावी परिणाम, जीवन के प्रति व्यर्थता की भावना और निराशा ही होती है। इसी से सच्चा कवि या कलाकार किसी-न-किसी आदर्श के प्रति आस्थावान रहेगा ही।

आज तो कवि धर्म के अक्षयवट और राजदरबार के कल्पवृक्ष की छाया बहुत पीछे छोड़ आया है। परिवर्तनों के कोलाहल में काव्य जब से मुकुट और तिलक से उतर कर मध्य-वर्ग के हृदय का अतिथि हुआ तब से आज तक वहीं है। और सत्य कहें तो कहना होगा कि उस हृदय की साधारणता ने कवि के नेत्रों से वैभव की चकाचौंध दूर कर दी और विषाद ने कवि को धर्मगत संकीर्णताओं के प्रति असहिष्णु बना दिया। छायावाद का कवि धर्म के अध्यात्म से अधिक दर्शन के ब्रह्म का ऋणी है जो मूर्त्त और अमूर्त्त विश्व को मिलाकर पूर्णता पाता है। बुद्धि के सूक्ष्म धरातल पर कवि ने जीवन की अखंडता का भावन किया, हृदय की भावभूमि पर उसने प्रकृति में बिखरी सौन्दर्यसत्ता की रहस्यमयी अनुभूति प्राप्त की और दोनों को मिलाकर एक ऐसी काव्य-सृष्टि उपस्थित कर दी जो प्रकृतिवाद, हृदयवाद, अध्यात्मवाद, रहस्यवाद आदि अनेक नामों का भार सँभाल सकी।

धर्म ने यदि अपने को कूप के समान पत्थरों से बाँध लिया है तो राजनीति ने धरती के ढाल पर पड़े पानी के समान अनेक धाराओं में विभक्त होकर शक्ति को बिखरा डाला है।

पिछले पच्चीस वर्षों में विश्व के राजनीतिक जीवन में जो-जो आदर्श उपस्थित किए गए उनमें से एक को भी अभी तक पूर्ण विकास का अवसर नहीं मिल सका है। पुराना पर स्वार्थी साम्राज्यवाद, नवीन पर क्रूर नात्सीज्म और फ़ासिज़्म, अध्यात्म-प्रधान गांधीवाद, जनसत्तात्मक साम्यवाद, समाजवाद आदि सब रेल के तीसरे दरजे के छोटे डिब्बे में ठसाठस भरे उन यात्रियों-जैसे हो रहे हैं जो एक-दूसरे के सिर पर सवार होकर ही खड़े रहने का अवकाश और विवाद में ही मनोरंजन के

साधन पा सकते हैं। इनमें से मानव-कल्याण पर केन्द्रित विचारधाराओं को भी शताब्दियाँ तो दूर रहीं अभी विकास के लिए पचास वर्ष भी नहीं मिल सके हैं। एक की सीमाएँ स्पष्ट हुए बिना ही दूसरी अपने लिए स्थान बनाने लगती है और इस प्रकार विश्व का राजनीतिक जीवन परस्पर विरोधिनी शक्तियों का मेला मात्र रह गया है।

हमारा राजनीतिक वातावरण भी कुछ कम विषम और छिन्न-भिन्न नहीं। वास्तव में हमारी राष्ट्रीयता जनता की पुत्री के साथ-साथ धर्म और पूँजी की पोष्या पुत्री भी तो है, अत: दोनों ओर के गुण-अवगुण उसे उत्तराधिकार में मिलते रहे हैं। उसकी छाया में धार्मिक विरोध भी पनप सके और आर्थिक वैषम्य से उत्पन्न बौद्धिक मतभेद भी विकास पाते रहे।

इसके अतिरिक्त हमारी राष्ट्रीयता की गतिशीलता के लिए आध्यात्मिक धरातल पर भी एक सैनिक-संगठन अपेक्षित था और सैनिक-संगठन की कुछ अपनी सीमाएँ रहेंगी ही। सेना में सब वीर और जय से विश्वासी ही रहें ऐसी सम्भावना सत्य नहीं हो सकती। पर जो व्यक्ति, स्वार्थ या परार्थ के लिए, विवशता या अन्तर की प्रेरणा से, यथार्थ की असुविधा या आदर्श की चेतना के कारण, सेना की परिधि में आ गए उन सभी को बाह्य वेश-भूषा और गति की दृष्टि से एक-सा रहना पड़ेगा। इस प्रकार सैनिक-संगठन में बाह्य एकता का जो महत्त्व है वह आन्तरिक विशेषता का नहीं, और यह त्रुटि हमारी राष्ट्रीयता में भी अनजाने ही, अपना स्थान बनाने लगी।

यह कुछ संयोग की ही बात नहीं कि इस युग में कोई महान कलाकार राजनीति की कठिन रेखा के भीतर स्वच्छन्दता की साँस न ले सका। जहाँ तक हमारी कविता और कलाओं का प्रश्न है वे अनाथालय के जीवों के समान सब द्वारों पर अपना अनाथपन गाने को स्वतन्त्र रहीं, परन्तु हर द्वार पर उनके गीत के लिए स्वर-ताल निर्दिष्ट और विषय निश्चित थे। जो नीति ने सुनना चाहा वह समाज को नहीं भाया और जो समाज को रुचिकर हुआ वह राष्ट्रीयता की स्वीकृति न पा सका।

ऐसी स्थिति में कलाकार यदि नवीन प्रेरणाओं को, जीवन की व्यापक पीठिका पर प्रतिष्ठित कर सकता तो उसका लक्ष्य स्पष्ट और पथ परिष्कृत हो जाता, परन्तु हमारे समाज की छिन्न-भिन्नता ने यह कार्य सहज नहीं रहने दिया। इस विषम मानव समष्टि में, सौ में चौरानवे मनुष्य तो जड़ और निर्धन श्रमजीवी हैं जिनकी स्थिति का एकमात्र उपयोग शेष छ: के लिए सुविधाएँ जुटाना है। और शेष छ: में, अकर्मण्य धनजीवी, उच्च बुद्धिजीवी, निम्न बुद्धिजीवी श्रमिक आदि इस प्रकार एकत्र हैं कि एक की विकृति से दूसरा गलता-छीजला रहता है।

केवल धनजीवियों में, किसी जाति की स्वस्थ विशेषताओं और व्यापक गुणों

को खोजना व्यर्थ का प्रयास है। उनकी स्थिति तो उस रोग के समान है जो जितना अधिक स्थान घेरता है उतना ही अधिक स्वास्थ्य का अभाव प्रकट करता है और जैसे-जैसे तीव्र होता है वैसे-वैसे जीवन के संकट का विज्ञापन बनता जाता है। नितान्त निर्धन बुद्धिजीवी वर्ग जैसे एक ओर उच्च बनने की आकांक्षा और दूसरी ओर अभाव की शिलाओं से दबकर टूट जाता है उसी प्रकार सर्वथा समृद्ध भी, उच्चताजनित गर्व और सुविधाओं के दृढ़ साँचे में पथराता रहता है।

जिस बुद्धिजीवी वर्ग को इस विराट पर निश्चेष्ट जाति का मस्तिष्क बनने का अधिकार है उसने धनजीवी की सुखलिप्सा और अपने समाज की संकीर्णता के साथ-साथ ही नव जागरण को स्वीकृति दी है। अत: एक शरीर में दो प्रेतात्माओं के समान, उसके जीवन में दो भिन्न प्रवृत्तियाँ उछल-कूद मचाती रहती हैं। विषमताओं से उत्पन्न और संकीर्णता से पोषित स्वभाव को इस युग की विशेषताओं ने ऐसा रूप दे दिया है जिसमें पुराना स्वार्थ घनीभूत है और नवीन ज्ञान पुँजीभूत।

विज्ञान के चरम विकास ने हमारी आधुनिकता को एकांगी बुद्धिवाद में इस तरह सीमित किया कि आज जीवन के किसी भी आदर्श को उसके निरपेक्ष सत्य के लिए स्वीकार करना कठिन है। परिणामत: एक निस्सार बौद्धिक उलझन भी हमारे हृदय की सम्पूर्ण सरल भावनाओं से अधिक सारवती जान पड़े तो आश्चर्य ही क्या है! इस ज्ञान-व्यवसायी युग में बिना स्थायी पूँजी के ही सिद्धान्तों का व्यापार सहज हो गया है, अत: न अब हमें किसी विश्वास का खरापन जाँचने के लिए अपने जीवन को कसौटी बनाना पड़ता है और न किसी आदर्श का मूल्य आँकने के लिए जीवन की विविधता समझने की आवश्यकता होती है। हमारा बिखरा जीवन इतना व्यक्तिप्रधान है कि प्राय: वैयक्तिक भ्रान्तियाँ भी समष्टिगत सत्य का स्थान ले लेती हैं और स्वार्थ-साधन के प्रयास ही व्यापक गतिशीलता के पर्याय बन जाते हैं।

जहाँ तक जीवन का प्रश्न है, उसे सजीवता के वैभव में देखने का न बुद्धिवादी को अवकाश है और न इच्छा। वह तो उसे दर्पण की छाया के समान स्पर्श से दूर रखकर देखने का अभ्यास करते-करते स्वयं इतना निर्लिप्त हो गया है कि उसे ज्ञान का रजिस्टर मात्र कहना चाहिए। जीवन के व्यापक स्पन्दन से वह जितना दूर हटता जाता है उतना ही विकास के मूलतत्वों से अपरिचित बनता जाता है। और अन्त में उसका भारी पर अज्ञानात्मक ज्ञान उसी के जीवन की ऊष्णता को ऐसे दबा देता है जैसे छोटी-सी चिनगारी को राख का ढेर। आज की आवश्यकताओं के अनुसार वह संसार भर के सम्बन्ध में बहुत कुछ ज्ञातव्य जानता है। परन्तु अपनी धरती की अनुभूति के बिना ये ज्ञान-बीज घुनते रहने के लिए ही उसके मस्तिष्क की सारी सीमा घेरे रहते हैं।

हमारे बुद्धिजीवी वर्ग में अधिकांश तो मानसिक हीनता की भावना में ही पलते और बढ़ते हैं। उनका बाह्य जीवन ही, समुद्र पार के कतरे-ब्योंते आच्छादनों से

अपनी नग्नता नहीं छिपाए हैं, अन्तर्जगत को भी वहीं से लोहार की धौंकनी-जैसा स्पन्दन मिल रहा है। उनका पंगु-से-पंगु स्वप्न भी विदेशी पंख लगा लेने पर स्वर्ग का सन्देशवाहक मान लिया जाता है। उनका विरूप-से-विरूप आदर्श भी पश्चिमीय साँचे में ढल कर सुन्दरतम के अतिरिक्त और कोई संज्ञा नहीं पाता। उनका मूल्यहीन-से-मूल्यहीन सिद्धान्त भी दूसरी संस्कृति की छाया का स्पर्श करते ही पारसों का शिरोमणि कहलाने लगता है। उनका दरिद्र-से-दरिद्र विचार भी देशी परिधान में विदेशी पेबन्द लगाकर समस्त विचार-जगत का एकछत्र सम्राट स्वीकार कर लिया जाता है।

ऐसे अव्यवस्थित बुद्धिजीवियों में संस्कृति की रेखाएँ टूटी हुईं और जीवन का चित्र अधूरा ही मिलेगा।

केवल श्रम ही जिसे स्पन्दन देता है उस विशाल मानव समूह की कथा कुछ दूसरी ही है। बुद्धिजीवियों से उनका सम्पर्क छूटे हुए कितना समय बीता होगा, इसका अनुमान, बिन्दु-बिन्दु से समुद्र बने हुए उसके अज्ञान और तिल-तिल करके पहाड़ बने हुए अभावों से लगाया जा सकता है। आज उसकी जड़ता की खाई इतनी गहरी और चौड़ी हो गई है कि बुद्धिजीवी उस ओर झाँकने के विचार मात्र से सभीत हो जाता है, पार करना तो दूर की बात है।

साधारणत: शारीरिक श्रम और बुद्धि-व्यवसाय एक-दूसरे की गति के अवरोधक हैं, इसी से प्राय: विचारों को उलझन से छुटकारा पाने का इच्छुक एक-न-एक श्रम का कार्य आरम्भ कर देता है। इसके अतिरिक्त और भी एक स्पष्ट अन्तर है। बुद्धि जीवन को सूक्ष्मता से स्पर्श करती है, परन्तु उसकी सम्पूर्णता पर एक व्यापक अधिकार बनाए रखना नहीं भूलती। इसके विपरीत, श्रम पूरा भार डालकर ही जीवन को अपना परिचय देता है, परन्तु उसकी सम्पूर्णता को सब ओर से नहीं घेरता। प्राय: बुद्धि-व्यवसाय जितनी शीघ्रता से जीवनीशक्ति का क्षय कर सकता है, उतनी शीघ्रता की क्षमता श्रम में नहीं। इसी से जीवन के व्यावहारिक धरातल पर, बुद्धि-व्यवसायी का कुछ शिथिल और अस्तव्यस्त मिलना जितना सम्भव है श्रमिक का दृढ़ और व्यवस्थित रहना उतना ही निश्चित। नैतिकता की दृष्टि से भी श्रम मनुष्य को नीचे गिरने की इतनी सुविधा नहीं देता जितनी बुद्धि दे सकती है, क्योंकि श्रमिक के श्रम के साथ उसकी आत्मा का बिक जाना सम्भाव्य ही है, परन्तु बुद्धि-विक्रेता की तुला पर उसकी आत्मा का चढ़ जाना अनिवार्य रहता है।

श्रम की स्फूर्तिदायक पवित्रता के कारण ही सब देशों में सब युगों के सन्देशवाहक और साधक उसे महत्व दे सकते हैं। अनेक तो जीवन के आदि से अन्त तक उसी को आजीविका का साधन बनाए रहे। इस प्रकार जहाँ कहीं जीवन की स्वच्छ और स्वाभाविक गति है वहाँ श्रम की किसी-न-किसी रूप में स्थिति

आवश्यक रहती है।

केवल श्रम-ही-श्रम के भार और विश्राम देने वाले साधनों के नितान्त अभाव ने हमारे श्रमजीवी जीवन का समस्त सौन्दर्य नष्ट कर दिया है। यह स्वाभाविक भी था। जिस मिट्टी से घर बनाकर हम आंधी, पानी, धूप आदि से अपनी रक्षा करते हैं वही जब अपनी निश्चित स्थिति को छोड़कर हमारे ऊपर ढह पड़ती है तब वज्रपात से कम संहारक नहीं होती। इस मानव-समष्टि ने ज्ञान के अभाव में रूढ़ियों को अतल गहराई दे दी है यह मिथ्या नहीं और अर्थ वैषम्य ने इसकी दयनीयता को असीम बना डाला है, यह सत्य है, परन्तु सब कुछ कह-सुन चुकने पर इतना तो स्वीकार करना ही होगा कि श्रम का यह उपासक, केवल बुद्धिव्यापारी से अधिक स्वाभाविक मनुष्य भी है और जातीय गुणों का उससे अधिक विश्वासनीय रक्षक भी। इतना ही नहीं, युगों से सूक्ष्म परिष्कार और सीमित विस्तार पाने वाली नृत्य, गीत, चित्र आदि कलाओं के मूल रूप भी वह सँजोए है और उपयोगी शिल्पों की विविध व्यावहारिकता भी सँभाले है। जीवन के संघर्ष में ठहरने की वह जितनी क्षमता रखता है उतनी किसी बुद्धिवादी में सम्भव नहीं। वास्तव में उसके पारस-प्रासाद के लिए बुद्धिजीवी ही विभीषण बन गया, अन्यथा उसके जीवन में, विकृतियों की इतनी बिखरी सेना का प्रवेश, सहज न हो पाता।

हमारे कवि, कलाकार आदि बुद्धिजीवियों के विभिन्न स्तरों में उत्पन्न हुए और वहीं पले हैं। अतः अपने वर्ग के संस्कारों का अंशभागी और गुण-अवगुणों का उत्तराधिकारी होना, उनके लिए स्वाभाविक ही रहेगा। उनके मस्तिष्क ने अपने वातावरण की विषमता का ज्ञान, बहुत विस्तार से संचित किया और उनके हृदय ने व्यक्तिगत सीमा में सुख-दुःखों को बहुत तीव्रता से अनुभव किया। विभिन्न संस्कारों की धूप-छाया, विविधताभरी भावभूमि और चिन्तन की अनेक दिशाओं ने मिलकर उनके जीवन को एक सीमित स्थिति दे दी थी। परन्तु उस एक स्थिति को सम्पूर्ण वातावरण में सार्थकता देने के लिए समष्टि का वही स्पर्श अपेक्षित था जो फूल को समीर से मिलता है-सजीव, निश्चित पर व्यापक। जिस समाज में उनकी स्वाभाविक स्थिति थी वह विषमताओं में बिखर चुका था, उससे ऊँचे वर्ग के अहंकार और कृत्रिमता ने उससे परिचय असम्भव कर दिया था और निम्न में उतरने पर उन्हें आभिजात्य के खो जाने का भय था। फलतः उन्होंने अपने एकाकीपन के शून्य को अपनी ही प्यास की आग और निराशा के पाले से इस तरह भर लिया कि उनका हर स्वप्न मुकुलित होते ही झुलस गया और प्रत्येक आदर्श अंकुरित होते ही ठिठुर चला।

बीज केवल अकेले रहने के लिए, अन्य बीजों की समष्टि नहीं छोड़ता। वह तो नूतन समष्टि सम्भव करने के लिए ही ऐसी पृथक स्थिति स्वीकार करता है। यदि

वही बीज पुरानी धरती और सनातन आकाश की अवज्ञा करके, अपनी असाधारणता बनाए रखने के लिए वायु पर उड़ता ही रहे तो संसार के निकट अपना साधारण परिचय भी खो बैठेगा।

कवि, कलाकार, साहित्यकार सब, समष्टिगत विशेषताओं को नव-नव रूपों में साकार करने के लिए ही उससे कुछ पृथक खड़े जान पड़ते हैं। परन्तु यदि वे अपनी असाधारण स्थिति को जीवन की व्यापकता में साधारण न बना सकें तो आश्चर्य की वस्तु मात्र रह जाएँगे। महान-से-महान कलाकार भी हमारे भीतर कौतुक का भाव न जगाकर एक परिचय भरा अपनापन ही जगाएगा, क्योंकि वह धूमकेतु-सा आकस्मिक और विचित्र नहीं, किन्तु ध्रुव-सा निश्चित और परिचित रहकर ही हमें मार्ग दिखाने में समर्थ है।

आज कलाकार समष्टि का महत्व समझता है, परन्तु इस बोध के साथ भी उसके सम्पूर्ण जीवन की स्वीकृति नहीं है। बौद्धिक धरातल पर चिर उपेक्षित मानवों की प्रतिष्ठा करते समय उसे अपनी विशालता की जितनी चेतना है उतनी अपने देवताओं की नहीं। ऐसी स्थिति बहुत स्पृहणीय नहीं, क्योंकि वह सिद्धान्तों को व्यापार का सहज साधन बन जाने की सुविधा दे देती है। जीवन के स्पन्दन से शून्य होकर सिद्धान्त जब धर्म, समाज, नीति आदि की संकीर्ण पीठिका पर प्रतिष्ठित हो जाते हैं तब वे व्यवसाय-वृत्ति को जैसी स्वीकृति देते हैं वैसी जीवन के विकास को नहीं दे पाते। साहित्य, काव्य आदि के धरातल पर भी इस नियम का अपवाद नहीं मिलेगा।

नवीन साहित्यकार और कवि के बुद्धि-वैभव और अनुभूति की दरिद्रता ने ऐसी क्रियाशीलता को जन्म दे दिया है जो सिद्धान्तों को माँज-धोकर रात-दिन चमकाती रहती है पर जीवन में जंग लग जाने देती है। वे अपने जीवन से बिना कुछ दिए ही एक पक्ष से सब कुछ ले आना चाहते हैं और दूसरे को बहुत मूल्य पर देने की इच्छा रखते हैं। इस बनजारावृत्ति से उन दो पक्षों को लाभ होने की सम्भावना कम रहती है। काव्य में तो जीवन का निरन्तर स्पर्श और उसकी मार्मिक अनुभूति सबसे अधिक अपेक्षित है, अत: यह प्रवृत्ति न उसे गहराई देती है न व्यापकता, यह युग यथार्थवादी है, अत: जीवन के स्पन्दन के बिना उसका यथार्थ इतना शीतल हो उठता है कि अश्लील उत्तेजनाओं से उसमें कृत्रिम उष्णता भरी जाती है।

पिछले स्वप्नयुग के लिए यथार्थ ज्ञान जितना आवश्यक था आज के यथार्थयुग के लिए जीवन का सम्पर्क उससे सहस्रगुण अधिक आवश्यक है। कठोर पाषाण से लेकर सूक्ष्म स्वप्न तक सब में शरीर की जो स्थिति सहज है वह उसकी यथार्थता में सम्भव नहीं। जहाँ वह मांसलता के साथ है वहाँ निर्जीव होते ही, गलने, विकृत होने का ऐसा क्रम आरम्भ हो जाता है जो तब तक नहीं रुकता जब तक शरीर मिट्टी नहीं हो जाता।

पिछली दु:खरागिनी का वायुमंडल और आज की दु:ख-कथा का धरातल भी ध्यान देने योग्य है। बाह्य संसार की कठोर सीमाओं और अन्तर्जगत की असीमता की अनुभूति ने उस दु:ख को एक अन्तर्मुखी स्थिति दे दी थी। ऐसा दु:ख प्राय: जीवन के आन्तरिक सामंजस्य की प्राप्ति का लक्ष्य लेकर चलता है। फलत: उसकी संवेदनीयता में गति की वैसी ही मर्मस्पर्शिता रहती है जिसे कालिदास ने–

*रम्याणि वीक्ष्ण मधुरांश्च निशम्य शब्दा–*
*न्पर्युत्सको भवति यत्ससुखितोऽपि जन्तु...*

आदि के द्वारा व्यक्त किया है और वैसी ही व्यापकता मिलती है जिसकी ओर, भवभूति ने '**एक रसः करुण एवं निमित्तभेदात्**' कह कर संकेत किया है। ऐसी वेदना को दूसरे के निकट संवेदनीय बनाने के लिए अपने हृदय की अतल गहराई की अनुभूति आवश्यक है और उसे व्यापकता देने के लिए जीवन की एकता का भावन।

आज के दु:ख का सम्बन्ध जीवन के स्थूल धरातल की विषमता से रहता है, अत: समष्टि को आर्थिक आधार पर बाह्य सामंजस्य देने का आग्रह इसकी विशेषता है।

इस धरातल पर यह सहज नहीं कि एक की असुविधा की अनुभूति दूसरे में वैसी ही प्रतिध्वनि उत्पन्न कर सके। जिन क्षणों में भोजन की इच्छा नहीं उनमें एक व्यक्ति के लिए अन्य दु:ख, चिन्ता आदि की अनुभूति जैसी सहज है वैसी भूख की व्यथा की नहीं। परन्तु उन्हीं परिस्थितियों में यह अनुभूति तब स्वाभाविक हो जाएगी जब वह दूसरे बुभुक्षित के सच्चा तादात्म्य प्राप्त कर सके।

आँखों से दूर बाहर गानेवाले की करुण रागिनी हम में प्रतिध्वनित होकर एक अव्यक्त वेदना जगा सकती है, परन्तु प्रत्यक्ष ठिठुरते हुए नग्न भिखारी का दु:ख तब तक हमारा न हो सकेगा जब तक हमारा उससे वास्तविक तादात्म्य न हो जाए। व्यावहारिक जीवन में भी हमारे भौतिक अभाव उन्हीं को अधिक स्पर्श करते हैं जो हमारे निकट होते हैं, जो दूरत्व के कारण ऐसे तादात्म्य की शक्ति नहीं रखता उसके निकट हमारी पार्थिव असुविधाओं का विशेष मूल्य नहीं।

लक्ष्यत: एक होने पर भी अन्तर्जगत के नियम को भौतिक जगत नहीं स्वीकार करता। उसमें हमें अपनी गहराई में दूसरों को खोजना पड़ता है और इसमें दूसरों की अनेकता में अपने आपको खो देना। दूसरे की आँखें भर लाने के लिए हमें आँसुओं में डूब जाने की आवश्यकता रहती है, परन्तु दूसरे के डबडबाए हुए नेत्रों की भाषा समझने के लिए हमें अपने सुख की स्थिति को, दूसरे के दु:ख में डुबा देना होगा। जब एक व्यक्ति दूसरे के दु:ख में अपने दु:ख को मिलाकर बोलता है तब उसके कंठ में दो का बल होगा। जब तीसरा, उन दोनों के दु:ख में अपना दु:ख मिला कर

बोलता है तब उसके कंठ में तीन का बल होगा। और इसी क्रम से जो असंख्य व्यक्तियों के दु:ख में अपना दु:ख खोकर बोलता है उसके कंठ में असीम बल रहना अनिवार्य है।

बाह्य विषमताओं में जिन्होंने सामंजस्य स्थापित करने का अथक प्रयत्न किया उन क्रान्ति-साधकों के जीवन भी इसी सत्य का समर्थन करेंगे। उनकी व्यक्तिगत सुविधाएँ-असुविधाएँ समष्टि की सुविधा-असुविधा में इस प्रकार मिल गईं कि लक्ष्य-प्राप्ति के उपरान्त भी वे लेने वालों की पंक्ति में नहीं खड़े हुए। केवल अपने लिए माँगनेवाला भिखारी कहा जा सकता है, परन्तु सबके लिए माँगने वाला, देनेवालों का स्वामी ही रहेगा।

इस कथन का यह तात्पर्य नहीं कि प्रत्येक व्यक्ति को इसी सीमा तक वीतराग होना चाहिए। परन्तु जीवन का कोई महान नियम या सिद्धान्त ऐसा नहीं जो व्यक्ति की क्षुद्रतम सीमा में भी एक-न-एक स्थिति न रख सके।

यथार्थदर्शी कवि यदि अपने ही समाज के जीवन को बहुत सच्चाई से व्यक्त करता तो शुष्क सिद्धान्तवाद के स्थान में सजीवता और स्वाभाविकता रहती। पर उस जीवन के साथ कवि की स्थिति वैसी सी है जैसी नीम के तने से फूट आने वाली पीपल की शाखा की। वह नाम से चाहे पीपल कहलाए, परन्तु अपने पोषण के लिए तो उसी नीम पर आश्रित रहेगी, अत: नीम से भिन्न उसकी स्थिति शून्य के अतिरिक्त और कुछ नहीं। अपने समाज की सृष्टि होने के कारण वह उस जीवन की कृत्रिमता और विषमता के स्पर्श से रहित नहीं और जब अपनी विरूपता का विस्तार या संकोच देखना हो, तो न दर्पण का आकाश विशेष आकर्षण रखता है, न छोटी आरसी।

उपर्युक्त परिस्थितियों में कवि ने जिस चिर उपेक्षित मानव-समष्टि से बल प्राप्त करना चाहा उसके प्रति भी उसके दो कर्तव्य आवश्यक हो उठे-एक तो उस जीवन को इतनी सजीवता से चित्रित करना कि उपेक्षा करने वाले उस ओर देखने पर विवश हों और दूसरे उन मानवों में इतनी चेतना जाग्रत करना कि वे स्वयं अपना महत्व समझें और दूसरों को समझा सकें। दोनों ही लक्ष्यों तक पहुँचने के लिए उस जीवन का निकट परिचय पहली सीढ़ी है।

यदि आज का कवि अपनी बौद्धिक ऊँचाई से उतनी निम्न भूमि पर उतर सकता तो उस धरातल के जीवों के कंठ में वाणी आ जाने की भी सम्भावना थी और इसके कंठ में सत्य का बल आ जाने की भी। उस स्थिति में उस जीवन के चित्र इतने सजीव और बोलते हुए बन जाते कि उपेक्षा करनेवाले न उन्हें अनदेखा कर पाते न अनसुना। यह उससे नहीं हो सका, क्योंकि मनुष्य का अहंकार ऐसा है कि प्रसादों का भिखारी, कुटी का अतिथिदेवता बनना भी स्वीकार नहीं करेगा।

केवल बौद्धिक चेतना के कारण यथार्थोन्मुख कवि ने उस पीड़ित-जीवन के मानचित्र और विकृतियों की रेखागणित लेकर ही कार्य आरम्भ किया था। जैसे-जैसे यह साधन अधिक अपटु और कम सहृदय व्यक्तियों के हाथ में पड़ते जाते हैं वैसे-वैसे अपने संकेत और सार्थकता खोते जाते हैं। दलित जीवन की सुनी-सुनाई शोक-कथा का जैसा प्रदर्शन होता है वह आँसुओं के अभाव और शरीर के व्यायाम से भरे-पूरे स्यापे के निकट आता जा रहा है जिसमें मृतक के गुण गा-गाकर उसकी परोक्ष आत्मा को शोकांजलि दी जाती है। सिद्धान्तों की रक्षा इस प्रकार हो सकती है, परन्तु प्रेरणा सम्बन्धी समस्या का तो यह समाधान नहीं।

इन अधूरे चित्रों का आधार तो उस बलिपशु के समान है जो न देवता का ज्ञान रखता है, न कुमकुम-फूल चढ़ाने वाले को जानता है और न बधिक को पहचानता है।

जहाँ तक उपेक्षा करनेवालों का प्रश्न है वे तो युगों से इन स्पन्दित कंकालों को देखते आ रहे हैं। जब यही उनके हृदय को नहीं छू पाते तब कोरे सिद्धान्त उन्हें कैसे प्रभावित करेंगे। उनके कठोर स्तरों के भीतर एक हृदय होने की सम्भावना है, परन्तु उसे संवेदनशील बनाने के लिए जीवन का बहुत निश्चित और मार्मिक स्पर्श चाहिए, केवल प्रवचन और ब्याजनिन्दा नहीं। इसके अतिरिक्त जीवन-सम्पर्क से शून्य सिद्धान्तवाद ही विकृति की उर्वरा भूमि है। समाज, धर्म, नीति, साहित्य आदि किसी भी क्षेत्र में सिद्धान्त, जीवनव्यापी सत्य का प्रयोग रूप होकर ही उपस्थित हो सकते हैं, अतः उनके प्रयोक्ता जीवन की जितनी गहरी अनुभूति रखते हैं उतना ही व्यापक ज्ञान। उनके परवर्ती आलस्य और प्रमादवश ज्यों-ज्यों जीवन से दूर हटते जाते हैं त्यों-त्यों लीक पीटने की परम्परा गति का पर्याय बनती जाती है।

आज के सिद्धान्त कल्याणोन्मुख होने पर भी यदि जीवन की दूरी में ही जन्म और विकास पा रहे हैं तो उनका भविष्य और भी संदिग्ध हो जाता है। यदि इस अभिशप्त युग का सन्तप्त पर प्रतिनिधि कवि या साहित्यकार ही जीवन के निकट सम्पर्क को नहीं सह सकता तो उसके अनुगामी, इस अनायास मिली परम्परा को छोड़कर जीवन खोजने जा सकेंगे, ऐसा विश्वास कठिन है।

और यह तो निश्चित ही है कि आज का सिद्धान्त यदि जीवन के स्पर्श से निरन्तर नवीनता न पाता रहे तो कल रूढ़ि मात्र रह जाएगा। इसके अतिरिक्त हमारी विकृति के मूल अर्थ के साथ वह जातीयता भी है जो जन्य से ही एक को पवित्र और पूजार्ह और दूसरे को अपवित्र तथा त्याज्य बना देती है। आज जीवन के निकट परिचय के साथ कवि के उस अखंडता का भावन भी अपेक्षित है जो मनुष्य को एक ही धरातल पर समानता दे सके।

यथार्थवाद के पास दलित वर्ग को छोड़कर जो एक और चिरन्तन विषय रह जाता है वह है नारी। पिछला युग इसे बादल, तारे, सन्ध्या के रंग आदि में छिपा

आया था, अतः यथार्थ ने छायाग्राही बनकर उसे धूल में खींच ही नहीं लिया, वरन वह, जीवन के सब स्तर दूर करके उसके कंकाल की नाप-जोख करना चाहता है। इस स्थिति का परिणाम समझने के लिए मानवी को, जीवन की पृष्ठभूमि पर देखना होगा।

नारी केवल मांसपिंड की संज्ञा नहीं है। आदिम काल से आज तक विकास-पथ पर पुरुष का साथ देकर, उसकी यात्रा को सरल बनाकर उसके अभिशापों को स्वयं झेलकर और अपने वरदानों से जीवन में अक्षय शक्ति भरकर, मानवी ने जिस व्यक्तित्व, चेतना और हृदय का विकास किया है, उसी का पर्याय नारी है। किसी भी जीवित जाति ने उसके विविध रूपों और शक्तियों की अवमानना नहीं की, परन्तु किसी भी मरणासन्न जाति ने, अपनी मृत्यु की व्यथा कम करने के लिए उसे मदिरा से अधिक महत्त्व नहीं दिया।

पिछले जागरण युग ने अपने पूर्ववर्ती युग से जो जीव पाया था उसे तो मानवी के स्थान में, सौन्दर्य का ध्वस्त आविष्कार-विभाग कहना उचित होगा। जागृत युग के आदर्शवादी कवि के मलिनता में मिली पुरानी मूर्ति के समान उसे स्वच्छ और परिष्कृत करके ऊँचे सिंहासन पर प्रतिष्ठित तो कर दिया, परन्तु वह उसे गतिशीलता देने में असमर्थ रहा। छायायुग ने उस कठोर अचलता से शापमुक्ति देने के लिए नारी को प्रकृति के समान ही मूर्त्त और अमूर्त्त स्थिति दे डाली। उस स्थिति में सौन्दर्य को एक रहस्यमयी सूक्ष्मता और विविधता प्राप्त हो जाना सहज हो गया, पर जीवन की यथार्थ सीमारेखाएँ धुँधली और अस्पष्ट होती गईं।

आज के यथार्थवादी को उस सौन्दर्य के स्वप्न और शक्ति के आदर्श को सजीव साकारता देनी होगी, अतः उसका कार्य व्यंजनों के आविष्कारक से अधिक महत्वपूर्ण और सूक्ष्मता के उपासक से अधिक कठिन है।

जहाँ तक नारी की स्थिति का प्रश्न है, वह आज इतनी संज्ञाहीन और पंगु नहीं कि पुरुष अकेले ही उसके भविष्य और गति के सम्बन्ध में निश्चय कर ले। हमारे राष्ट्रीय जागरण में उसका सहयोग महत्त्वपूर्ण और बलिदान असंख्य हैं। समाज में वह अपनी स्थिति के प्रति विशेष सजग और सतर्क हो चुकी है। साहित्य को कुछ ही वर्षों में उसकी सजीवता का जैसा परिचय मिल चुका है वह भी उपेक्षणीय नहीं। इसके अतिरिक्त इस संक्रान्ति काल में सभी देशों की नारी अपने कठिन त्यागों से अर्जित गृह, सन्तान तथा जीवन को अरक्षित देखकर और पुरुष की स्वभावगत पुरानी बर्बरता का नया परिचय पाकर, सम्पूर्ण शक्ति के साथ जाग उठती है। भारतीय नारी भी इसका अपवाद नहीं।

ऐसे ही अवसर पर यथार्थवाद ने एक ओर नारी की वैज्ञानिक शवपरीक्षा आरम्भ की है और दूसरी ओर उसे उच्छृंखल विलास का साधन बनाया है।

वैज्ञानिक परीक्षा के सम्बन्ध में यह स्मरण रखना आवश्यक है कि नारी ऐसा यन्त्र मात्र नहीं जिसके सब कल-पुर्जों का प्रदर्शन ही, ज्ञान की पूर्णता, और उनका संयोजन ही क्रियाशीलता हो सके। पुरुष व्यक्ति मात्र है, परन्तु स्त्री उस संस्था से कम नहीं, जिसके प्रभाव की अनेक दिशाएँ हैं और सृजन में रहस्यमयी विविधता रहती है। वास्तव में संसार का कोई भी महत्त्वपूर्ण सृजन बहुत स्पष्ट और निरावरण नहीं होता। धरती के अप्रत्यक्ष हृदय में अंकुर की सृष्टि होती है, अन्धकार की गहनता के भीतर से दिन का आविर्भाव होता है और अन्तर की रहस्यमयी प्रेरणा से जीवन को विकास मिलता है। नारी भी स्थूल-से-स्थूल तक न जाने कितने साधनों से जीवन और जाति के सर्वतोन्मुखी निर्माण में सहायक होती है।

निर्जीव शरीरविज्ञान ही उसके जीवन की सृजनात्मक शक्तियों का परिचय नहीं दे सकता। वास्तव में उसके पूर्ण विकासशील सहयोग को प्राप्त करने के लिए वैज्ञानिक दृष्टि ही नहीं, हृदय का वह संस्कार भी अपेक्षित रहेगा जिसके बिना मनुष्य का कोई सामाजिक मूल्य नहीं ठहरता।

और आज की परिस्थितियों में, अनियन्त्रित वासना का प्रदर्शन स्त्री के प्रति क्रूर व्यंग ही नहीं, जीवन के प्रति विश्वासघात भी है।

नारी-जीवन की अधिकांश विकृतियों के मूल में पुरुष की यही प्रवृत्ति मिलती है, अतः आधुनिक नारी नए नामों और नूतन आवरणों में भी इसे पहचानने में भूल नहीं करेगी। उसके स्वभाव में परिस्थितियों के अनुसार अपने आपको ढाल देने का संस्कार भी शेष है और उसके जीवन में, अनुदिन बढ़ता हुआ विद्रोह भी प्रवाहशील है। यदि वह पुरुष की इस प्रवृत्ति को स्वीकृति देती है तो जीवन को बहुत पीछे लौटा ले जाकर एक श्मशान में छोड़ आती है और यदि उसे अस्वीकार करती है तो समाज को बहुत पीछे छोड़ शून्य में आगे बढ़ जाती है; स्त्री के जीवन के तार-तार को जिसने तोड़कर उलझा डाला है। उसके अणु-अणु को जिसने निर्जीव बना दिया है और उसके सोने के संसार को जो धूल के मोल लेती रही है, पुरुष की वही लालसा, आज की नारी के लिए, विश्वस्त मार्गदर्शिका न बन सकेगी।

छायावाद की छायामयी को आघात पहुँचाने के लिए यह प्रयोग ऐसा ही है जैसा आकाश के रंगों को काटने के लिए दो धार वाली तलवार चलाना, जो एक चलाने वाले के हाथ थकाती रहती है और दूसरे ओर समीपवर्तियों को चोट पहुँचाती है। वे रंग तो मनुष्य की अपनी दृष्टि में घुले-मिले हैं। छाया-युग की नारी, पुरुष के सौन्दर्यबोध, स्वप्न, आदर्श आदि का प्रतीक है। आज पुरुष यदि उस प्रतीक को जीवन की पीठिका पर प्रतिष्ठित करने की क्षमता नहीं रखता तो क्षम्य है। परन्तु अपनी ही अर्चित को पैरों तले कुचलने के लिए यदि वह जीवित नारी को अपनी कुत्सा में समाधि देना चाहे, मधु-सौरभ पर पली हुई अपनी ही सृष्टि को आत्मसात

करने की इच्छा से, नारी के अस्तित्व के लिए क्रव्याद बन जावे तो उसका अपराध अक्षम्य हो उठेगा।

भारतीय पुरुष जीवन में नारी का जितना ऋणी है उतना कृतज्ञ नहीं हो सका। अन्य क्षेत्रों के समान साहित्य में भी उसकी स्वभावगत संकीर्णता का परिचय मिलता रहा है। आज का यथार्थ यदि इस सनातन अकृतज्ञता का ब्योरेवार इतिहास बनाकर तथा पुराने अपकारों की नवीनी आवृत्तियाँ रचकर ही उऋण होना चाहता है तो यह प्रवृत्ति वर्तमान स्थिति में आत्मघात सिद्ध होगी।

विकासशील गति के सम्बन्ध में यह स्मरण रखना आवश्यक है कि वह स्वास्थ्य का लक्षण है व्याधि का नहीं। साधारणतः सन्निपातग्रस्त में स्वस्थ से अधिक अस्थिरता होती है। डाल में लगे सजीव पत्ते से अधिक खरखराहट भरी गति उस सूखे पत्ते में रहती है जो आंधी पर दिशाहीन सरसर उड़ता घूमता है। टूटा हुआ तारा स्थायी तारे से अधिक सीधी तीखी रेखा पर दौड़ता है।

शरीर से सबल, बुद्धि से निश्चित और हृदय से विश्वासी पथिक वही है जो कहीं पर्वत के समान अडिग रहकर बवंडर को आगे जाने देता है और कहीं प्रवाह के समान चंचल होकर शिलाओं को पीछे छोड़ आता है।

इस दिशा में आलोचक का कर्त्तव्य जितना महत्त्वपूर्ण था उतने उत्तरदायित्व के साथ उसका निर्वाह न हो सका।

छायावाद को तो शैशव में कोई सहृदय आलोचक ही नहीं मिल सका। द्विवेदीयुग के संस्कार लेकर जो आलोचना चल रही थी उसने नवीन कवियों को विक्षिप्त प्रमाणित करने में सारी शक्ति लगा दी और नए कवियों ने अपने कठिन-हृदय आलोचकों को प्राचीनता का भग्नावशेष कह कर सन्तोष कर लिया। जब यह कवि अपने विकास के मध्याह्न में पहुँच गए तब उन्हें भक्त मिलना ही स्वाभाविक हो गया।

छायावाद एक प्रकार से अज्ञात कुलशील बालक रहा, जिसे सामाजिकता का अधिकार ही नहीं मिल सका। फलतः उसने आकाश, तारे, फूल, निर्झर आदि से आत्मीयता का सम्बन्ध जोड़ा और उसी सम्बन्ध को अपना परिचय बनाकर मनुष्य के हृदय तक पहुँचने का प्रयत्न किया। आज का यथार्थवाद, बुद्धि और साम्यवाद का ऐसा पुत्र है जिसके आविर्भाव के साथ ही, आलोचक जन्म-कुंडली बना-बनाकर उसके चक्रवर्तित्व की घोषणा में व्यस्त हो गए। स्वयं उसके जीवन और विकास के लिए कैसे वायुमंडल, कैसी धूपछाया और कितने नीर-क्षीर की आवश्यकता होगी इसकी उन्हें चिन्ता नहीं।

आज के कवि और आलोचक की परिस्थितियों में विशेष अन्तर है। कवियों में एक-दो अपवाद छोड़कर शेष ऐसी अनिश्चित स्थिति में रहे और रहते आ रहे हैं जिसमें न लिखने का अनिवार्य परिणाम, उपवास-चिकित्सा है। इसके विपरीत

आलोचकों में दो-एक अपवाद छोड़ कर शेष की स्थिति इतनी निश्चित है कि लिखना अध्यापन और स्वाध्याय का आवश्यक फल हो जाता है। वे अपने से उच्च वर्ग की गृह-परिग्रह-जीवन सम्बन्धी सुविधाएँ देखकर खिन्न होते हैं, अवश्य, पर यह खिन्नता जीवन की विशेष गहराई से सम्बन्ध नहीं रखती, अत: उनका कार्य प्रस्ताव के अनुमोदन से अधिक महत्व नहीं रखता।

एक दीर्घकाल से हमारा बुद्धिजीवी वर्ग जीवन के स्वाभाविक और सजीव स्पर्श से दूर रहने का अभ्यस्त हो चुका है। परिणामत: एक ओर उनका मस्तिष्क विचारों की व्यायामशाला बन जाता है और दूसरी ओर हृदय, निर्जीव चित्रों का संग्रहालय मात्र रह जाता है। आलोचक भी इसी वर्ग का प्रतिनिधि होने के कारण मानसिक पूँजीवाद और जीवन का दारिद्रय साथ लाए बिना न रह सका। जीवन की ओर लौटने की पुकार उसकी ओर से नहीं आती, क्योंकि ऐसी पुकार स्वयं उसी के जीवन को विरोधाभास बना देगी। व्यावहारिक धरातल पर भी वह, एक अथक विवादैषणा के अतिरिक्त कोई निश्चित कसौटी नहीं दे सका जिस पर साहित्य और काव्य का खरा-खोटापन विश्वास के साथ परखा जा सके।

समाज के विभिन्न स्तरों से उसका सम्पर्क इतना कम और पीड़ित वर्ग से उसका परिचय इतना बौद्धिक है कि व्यक्तिगत सिद्धान्तप्रियता, समष्टिगत जीवन की उपेक्षा बन जाती है। पीड़ितवर्ग की पूँजी से चाहे जितना व्यक्तिगत व्यापार चले उसका हृदय नहीं कसकता; गति के बहाने चाहे जीवन ही कुचल दिया जाए पर उसका आसन नहीं डोलता; यथार्थ के नाम पर नारी का क्रूर चीर हरण होता रहे पर वह धृतराष्ट्र की भूमिका नहीं छोड़ सकता।

उसका कर्तव्य वैसा ही निश्चित और एकरस है जैसा अस्त्र रखने का लाइसेंस देने वाले का होता है। लेने वाला यदि निश्चिंत नियमों की परिधि में आ जाता है तो वह अस्त्र पाने का अधिकारी है, चाहे वह उसे चींटी पर चलावे, चाहे तारे पर और चाहे मारने के लिए कुछ न रहने पर आत्मघात करे। देने वाले पर इसका लेशमात्र भी उत्तरदायित्व नहीं। ज्यों-ज्यों आलोचक में महाजन का तकाजे भरा आत्मविश्वास बढ़ता जाता है त्यों-त्यों कवि में ऋणी का बहानेभर दैन्य गहरा होता जा रहा है। नया कवि अपने अनेक वाणी में बोलने वाले नए आलोचक से उतना ही आतंकित है जितना दरबारी कवि, राजा के षड्यंत्रकारी मन्त्री से हो सकता था।

किशोरता जीवन का वह वर्षाकाल है जो हर गढ़े को भर कर धरती को तरल समता देना चाहता है, हर बीज को उगा कर धूल को हरा-भरा कर देने के लिए आतुर हो उठता है। पर वह जड़ों को गहराई देने के लिए नहीं रुकता, तट बनाने को नहीं ठहरता। इसके विपरीत प्रौढ़ता उस शरद-जैसी रहेगी जो जल को तट देती है, पर सुखाकर रेत भी कर सकती है, अच्छे अंकुरों को स्थायित्व देती है, पर

विषैली जड़ों को भी गहराई दे सकती है। साधारणत: किशोर अवस्था में स्नेह के स्वप्न कोमल और जीवन के आदर्श सुन्दर ही रहते हैं–उनमें न वासना की उत्कट गन्ध स्वाभाविक है और न विकृत मनोवृत्तियों की पंकिलता।

कवि कोई स्वप्न न देखे ऐसा नियम आलोचक नहीं बना पाया पर वह कुरूप स्वप्न ही देखे ऐसा नियन्त्रण उसके अधिकार में है। फलत: कवि दंड की परिधि से बाहर, अपनी स्वाभाविक प्रवृत्तियों को एक सौन्दर्यलोक में घुमाता रहता है और दंड की परिधि में, उन्हें संसार भर की कुत्सित वेश-भूषा में उपस्थित कर देता है। एक कंकाल की रेखाएँ खींचकर वह तीन सौन्दर्य-दृश्य आँक लेता है, एक मजदूरनी की शव-परीक्षा करके वह पाँच रहस्यमय स्नेहगीत गा लेता है और इस प्रकार अपने गृद्ध दृष्टि आलोचक में दृष्टिभ्रम उत्पन्न करता रहता है।

प्रौढ़ मस्तिष्क की कथा दूसरी है, क्योंकि इस अवस्था में बद्ध-मूल संस्कार ही विशेष महत्व रखते हैं। यदि उसके स्वभावगत संस्कार स्वस्थ और अविकृत हैं तो वह जीवन की कुत्सा के भीतर मिले सत्य को भी स्पर्श मात्र से सुन्दर कर लेता है। और यदि अपने युग की विकृतियाँ और अस्वस्थ प्यास ही उसकी पूँजी है तो वह उसे बढ़ाने के लिए विकृत-से-विकृततर हो जाता है।

इस प्रकार आज का गतिशील साहित्य एक वृत्त के भीतर गतिशील है। इस संकीर्ण वृत्त में धर्म का वह विद्वेष भी उपस्थित है जो मानव को मील का पत्थर और तिलक-छाप को चरम लक्ष्य मानता है और राजनीति का वह विरोध भी मिलता है जो अपनी रेखा के भीतर कंकड़-पत्थर को देवता कहता है और उससे बाहर खड़े मनुष्य को कीट-पतंग की संज्ञा देता है।

आज की सभी विकृतियों और संकीर्णताओं का एकमात्र उपाय जीवन में घुल-मिल जाना है। अपनी त्रुटि के सम्बन्ध में जो यह कहता है कि आज अवकाश नहीं वह मानो उस त्रुटि को फैलने के लिए जीवन भर का अवकाश दे देता है।

नष्ट करने योग्य वस्तुओं में जीवन की विरूप छाया ही है जो उस दिन स्वयं बदल जाएगी जिस दिन यथार्थदर्शी, सत्य का द्रष्टा होकर जीवन को सौन्दर्य से अभिषिक्त कर देगा।

अपने युग का शिव बनने का इच्छुक कवि हलाहल पान के लिए संसार भर से निमन्त्रण की याचना करके अपने ही शिवत्व को सन्दिग्ध बना रहा है।

## 4

दीपशिखा में मेरी कुछ ऐसी रचनाएँ संग्रहीत हैं जिन्हें मैंने रंगरेखा की धुँधली पृष्ठभूमि देने का प्रयास किया हैं। सभी रचनाओं को ऐसी पीठिका देना न सम्भव

होता है और न रुचिकर, अतः रचनाक्रम की दृष्टि से यह चित्रगीत बहुत बिखरे हुए ही रहेंगे। शैशव ही से मैं गीतों के संस्कार में पली हूँ। माँ की भावभरी गीतांजलियाँ, घर में जन्म, विवाह आदि शुभ अवसरों पर गाई जाने वाली गीत-कथाएँ, परिचारकों के ऋतु, पर्व आदि से सम्बन्ध रखने वाले लोकगीत, कलाविदों का ध्वनि-संगीत, प्राचीन ज्ञान और सौन्दर्य द्रष्टाओं के वेद-छन्द, माधुर्य भरे संस्कृत और प्राकृत पद और पिछले अनेक वर्षों में सुने सहज ग्रामगीत सभी के प्रति मेरा स्वाभाविक आकर्षण रहा है। इस गीत-परम्परा के सम्बन्ध में कभी विस्तार से कहने की इच्छा है। इस समय तो इतना ही पर्याप्त होगा कि मेरे गीत अध्यात्म के अमूर्त्त आकाश के नीचे लोक-गीतों की धरती पर पले हैं।

काव्य की ऊँची-ऊँची हिमालय-श्रेणियों के बीच में गीतिमुक्तक एक सजल, कोमल मेघ-खंड है जो न उनसे दबकर टूटता है और न बँध कर रुकता है, प्रत्युत हर किरण से रंगस्नान होकर उन्नत चोटियों का शृंगार कर आता है और हर झोंके पर उड़-उड़कर उस विशालता के कोने-कोने में अपना स्पन्दन पहुँचाता है।

साधारणतः गीत वैयक्तिक अनुभूति पर इतना आश्रित है कि कथा-गीत और नीति-पद तक अपनी संवेदनीयता के लिए व्यक्ति की भावभूमि की अपेक्षा रखते हैं। अलौकिक आत्मसमर्पण हो या लौकिक स्नेहनिवेदन, तात्कालिक उल्लास-विषाद हो या शाश्वत सुख-दुःखों का अभिव्यंजन, प्रकृति का सौन्दर्य-दर्शन हो या उस सौन्दर्य में चैतन्य का अभिनन्दन, सब में गेयता के लिए हृदय अपनी वाणी में संसार-कथा कहता चलता है। संसार के मुख से हृदय की कथा, इतिहास अधिक है गीत कम।

आज हम ऐसे बौद्धिक युग में जा रहे हैं जो हृदय को मांसल यन्त्र और उसकी कथा को वैज्ञानिक आविष्कारों की पद्धति मात्र समझता है; फलतः गीत की स्थिति कठिन-से-कठिनतर होती जा रही है।

गेयता में ज्ञान का क्या स्थान है, यह भी प्रश्न है। बुद्धि के तर्कक्रम से जिस ज्ञान की उपलब्धि हो सकती है उसका भार गीत नहीं सँभाल सकता; पर तर्क से परे इन्द्रियों की सहायता के बिना भी हमारी आत्मा अनायास ही जिस सत्य का ज्ञान प्राप्त कर लेती है उसकी अभिव्यक्ति में गेय स्वर सामंजस्य का विशेष महत्व रहा है। वेदगीतों के विश्वचिन्तन से सन्तों के जीवनदर्शन तक फैली हुई हमारी गीति-परम्परा इस आत्मानुभूत ज्ञान की आभारी है। पर यह आत्मानुभूत ज्ञान आत्मा के संस्कार और व्यक्तिगत साधना पर इतना निर्भर है कि इसकी पूर्ण प्राप्ति और सफल अभिव्यक्ति सबके लिए सहज नहीं। इसी कारण वेदकालीन मनीषियों का आत्मानुभूत ज्ञान और उसकी सामंजस्यपूर्ण अभिव्यक्ति सब युगों में सम्भव न हो सकी।

रहस्य-गीतों का मूलाधार भी आत्मानुभूत अखंड चेतन है पर वह, साधक की मिलन-विरह की मार्मिक अनुभूतियों में इस प्रकार घुल-मिल सका कि उसकी लौकिक स्थिति भी लोक-सामान्य हो गई। भावों के अनन्त वैभव के साथ ज्ञान की अखंड व्यापकता की स्थिति वैसी ही है जैसी, कहीं रंगीन, कहीं सघन, कहीं हल्के, कहीं चाँदनीधौत और कहीं अश्रुस्नात बादलों से छाए आकाश की होती है। व्यक्ति अपनी दृष्टि को उस अनन्त रूपात्मकता के किसी भी खंड पर ठहरा कर आकाश पर भी ठहरा लेता है। अतः आनन्द और विषाद की मर्मानुभूति के साथ-साथ उसे एक अव्यक्त और व्यापक चेतन का स्पर्श भी मिलता रहता है। पर ऐसे गीतों में निर्गुण ज्ञान और सगुण अनुभूति का जैसा सन्तुलन अपेक्षित है वैसा अन्य गीतों में आवश्यक नहीं, क्योंकि आधार यदि बहुत प्रत्यक्ष हो उठे तो बुद्धि उसे अपनी परिधि से बाहर न जाने देगी और भाव, यदि अव्यक्त सूक्ष्म हो जाए तो हृदय उसे अपनी सीमा में न रख सकेगा। रहस्य-गीतों में आनन्द की अभिव्यक्ति के सहारे ही हम चित् और सत् तक पहुँचते हैं।

सगुणोन्मुख गीतों में सत्चित् की रूपप्रतिष्ठा के द्वारा ही आनन्द की अभिव्यक्ति सम्भव हो सकती है, इसी से कवि को बहुत अन्तर्मुख नहीं होना पड़ता। वह रूपाधार के परिचय द्वारा हृदय के मर्म तक पहुँचने का सहज मार्ग पा लेता है। सगुण-गायक अनेक रंग लेकर एक सीमित चित्रफलक को रँगता है, अतः वह उस निर्गुण-गायक से भिन्न रहेगा जिसके पास रंग एक और चित्रपट शून्य असीम है। एक की निपुणता रंगों के अभिनव चटकीलेपन पर निर्भर है और दूसरे की, रेखाओं की चिर नवीन अनन्तता पर। भक्त यदि जीवनदर्शी है तो उसके गीत की सीमित लौकिकता से असीम अलौकिकता वैसे ही बँधी रहेगी जैसे दीप की लौ से आलोक मंडल और यदि रहस्यद्रष्टा तन्मय आत्मनिवेदक है तो उसके गीत की अलौकिक असीमता से, लौकिक सीमाएँ वैसे ही फूटती रहेंगी जैसे अनन्त समुद्र में हिलोरें।

वास्तव में सगुणगीत में जीवन की विस्तृत कथात्मकता के लिए भी इतना स्थान है कि वह लोकगीत के निकट आ जाता है, लोकगीत की सुलभ इतिवृत्तात्मकता का इसे कम भय है और भावों की अति साधारणता का खटका भी अधिक नहीं, पर उसकी सरल संवेदनीयता की सब सीमाओं तक इसकी पहुँच रहती है।

हमारी गीति-परम्परा विविधरूपी है, पर उसका वही रूप पूर्णतम है जो भावभूमि का सच्चा स्पर्श पा सकता है। गीत का चिरन्तन विषय रागात्मिकता वृत्ति से सम्बन्ध रखने वाली सुख-दुःखात्मक अनुभूति ही रहेगी। पर अनुभूति मात्र गीत नहीं, क्योंकि गेयता तो अभिव्यक्ति सापेक्ष है। साधारणतः गीत व्यक्तिगत सीमा में तीव्र सुख-दुखात्मक अनुभूति का वह शब्द रूप है जो अपनी ध्वन्यात्मकता में गेय हो सके।

कलाओं में चित्र ही काव्य का अधिक विश्वस्त सहयोगी होने की क्षमता रखता

है। मूर्ति कठिनतम सीमाओं में बँधी होने के अतिरिक्त रंगों की पृष्ठभूमि असम्भव कर देती है। उसमें एक ही भाव को मूर्तिमत्ता दी जा सकती है और वह भी रंगहीन।

नृत्य भी शरीर की चेष्टाओं पर आश्रित होने के कारण मूर्ति के बंधनों से सर्वथा मुक्त नहीं। वह एक प्रकार का अभिनीत गीत है। भौतिक आधार अर्थात स्थूल माध्यम से स्वतन्त्र संगीत काव्य के अधिक निकट है, परन्तु अपनी ध्वनि-सापेक्षता के कारण वह काव्य को दृष्टि का विषय बनाने में समर्थ नहीं।

माध्यम की दृष्टि से चित्र, सूक्ष्म और स्थूल के मध्य में स्थिति रखता है। देश-सीमा के बन्धन रहते हुए भी वह रंगों की विविधता और रेखाओं की अनेकता के सहारे काव्य को रंगरूपात्मक साकारता दे सकता है। अमूर्त्त भावों का जितना मूर्त्त वैभव चित्रकला में सुरक्षित रह सकता है उतना किसी अन्य कला में सहज नहीं, इसी से हमारे प्राचीन चित्र जीवन की स्थूलता को जितनी दृढ़ता से सम्भाले हैं, जीवन की सूक्ष्मता को भी उतनी ही व्यापकता में बाँधे हुए हैं।

व्यक्तिगत रूप से मुझे मूर्तिकला विशेष आकर्षित करती है, क्योंकि उसमें कलाकार के अन्तर्जगत का वैभव ही नहीं, बाह्य आयास भी अपेक्षित रहता है। दुर्भाग्यवश उसे सीखने का मुझे कभी अवकाश ही नहीं मिल सका, अत: मिट्टी की मूर्तियाँ गढ़-गढ़कर, मैं कुम्भकारों को दीक्षा देने की पात्रता प्राप्त करती रही हूँ।

चित्रकला में भी बहुत छोटे-से ज्ञानबीज पर मैंने रंग-रेखा की शाखाएँ फैला दी हैं। ललितकला हो या उपयोगी शिल्प, सभी को कुछ शीघ्र ही ग्रहण कर लेने की मुझमें सहज शक्ति है, इसी से चित्र बनाने से लेकर कपड़ा बुनने तक सब कुछ मैं अनायास ही कर लेती हूँ। परन्तु यह सत्य है कि कपड़ा बुन कर वह तृप्ति नहीं प्राप्त होती जो चित्र अंकित कर लेने पर स्वाभाविक है। और कविता लिखने के समय तो मेरे मन, बुद्धि, हृदय, सब एक ऐसी सामंजस्यपूर्ण तन्मय स्थिति में रहते हैं कि मैं उसे कलाशिल्प की परिधि से बाहर रखना चाहूँगी; दोनों में उतना ही अन्तर है जितना देवता के सामने पुजारी की एकान्त अर्चना और उसके प्रसाद वितरण में रहता है।

मेरे गीत और चित्र दोनों के मूल में एक ही भाव रहना जितना अनिवार्य है उनकी अभिव्यक्तियों में अन्तर उतना ही स्वाभाविक। गीत में विविध रूप, रंग, भाव, ध्वनि, सब एकत्र हैं, पर चित्र में इन सब के लिए स्थान नहीं रहता। उसमें प्राय: रंगों की विविधता और रेखाओं के बाहुल्य में भी एक ही भाव अंकित हो पाता है, इसी से मेरा चित्र गीत को एक मूर्त्त पीठिका मात्र दे सकता है, उसकी सम्पूर्णता बाँध लेने की क्षमता नहीं रखता।

कुछ अजन्ता के चित्रों पर विशेष अनुराग के कारण और कुछ मूर्तिकला के आकर्षण से, चित्रों में यत्र-तत्र मूर्ति की छाया आ गई है। यह गुण है या दोष यह

तो मैं नहीं बता सकती पर इस चित्र-मूर्ति-सम्मिश्रण ने मेरे गीत को भार से नहीं दबा डाला है, ऐसा मेरा विश्वास है। रंगों की दृष्टि से मैं बहुत थोड़े और विशेषत: नीले, सफेद से ही काम चला लेती हूँ। जहाँ कई को मिलाना आवश्यक होता है वहाँ ऐसे मिलाना अच्छा लगता है कि किसी की स्वतन्त्र सत्ता न रह सके। दीपशिखा के चित्र तो एक ही रंग में बने थे, अत: उनके भाव-अंकन में आयास भी अधिक हुआ और इस अभाव-युग में उनके मूलरूपों की सन्तोषजनक प्रतिकृति देना भी असम्भव हो गया।

प्रकृति का शान्त रूप जैसे मेरे हृदय को एक चंचल लय से भर देता है उसका रौद्र रूप वैसे ही आत्मा को प्रशान्त स्थिरता देता है। अस्थिर रौद्रता की प्रतिक्रिया ही सम्भवत: मेरी एकाग्रता का कारण रहती है। मेरे अन्तर्मुखी गीतों में तो यह एकाग्रता ही व्यक्त हो सकती है, परन्तु चित्र में उनका बाह्य वातावरण भी चित्रित हो सका है। मेरे निकट आंधी, तूफान, बादल, समुद्र आदि कुछ ऐसे विषय हैं जिन पर चित्र बनाना अनायास और बना लेने पर आनन्द स्थायी होता है।

जीवन की दृष्टि से मैं बहुबन्धी हूँ, अत: एकान्त काव्य-साधना का प्रश्न उठाना ही व्यर्थ होगा।

साधारणत: मुझे भाव-विचार और कर्म का सौन्दर्य समान रूप से आकर्षित करता है, इसी से किसी एक में जीवन की पूर्णता पा लेना मेरे लिए सहज नहीं। भाव और विचारजगत की सब सीमाएँ न छू सकने पर भी मेरे कर्मक्षेत्र की विविधता कम सारवती नहीं।

विशाल साहित्यिक परिवार के हर्ष-शोक मेरे अपने हैं, परन्तु उससे बाहर खड़े व्यक्तियों की सुख-दु:ख-कथा भी मुझे पराई नहीं लगती। अपने सुशिक्षित, सुसंस्कृत विद्यार्थियों से साहित्यालोचन करके मुझे प्रसन्नता होती है, परन्तु अपने मलिन दुर्बल जिज्ञासुओं को वर्णमाला पढ़ाने में भी मुझे कम सुख नहीं मिलता।

जहाँ तक मेरा प्रश्न है मैंने उस उपेक्षित संसार में बहुत कुछ भव्य पाया है, अन्यथा सभ्य समाज से इतनी दूरी असह्य हो जाती।

अनेक बार उनके लोकगीत सुनकर ऐसा भी लगा है कि यह भाव मेरे गीत में होता। ''एक कदम की डार बसैं दो पेखियाँ'' गानेवाली मेरी ग्रामीण सखी इस गीत को अपने जीवन की अन्योक्ति बनाकर गाती है। साधारण शाब्दिक अर्थ में यह गीत दो विहगों के करुण बिछोह की कथा है। परन्तु उसे अलौकिक अर्थ में ग्रहण कर लेने में मुझे कोई कठिनाई नहीं होती। अपने छोटे से घर के द्वार पर टेढ़ा-मेढ़ा स्वस्तिक बनाकर उसके दोनों ओर हाथ की छाप लगानेवाली सरल गृहिणी की कल्याण-कामना चाहे बहुत स्पष्ट न हो, पर मूलत: यह मेरी उस भावना से भिन्न नहीं जिसके कारण मैं शून्य भित्ति पर बुद्ध का चित्र बना देना चाहती हूँ।

इस साभ्य का और भी कारण है। हमारे इस उपेक्षित वर्ग ने भारतीय नारी की आत्मा पाई है–विश्वासी, सहनशील और अश्रुस्नात, इसी से उस ओर के जीवन से मेरा नितान्त अपरिचय सम्भव नहीं।

काव्य इतना मूल्यवान क्यों हो कि सब तक न पहुँच सके यह भी समस्या है। एक बहुत बड़े मानव–समूह को हमने ऐसी दुर्दशा में रख छोड़ा है जहाँ साहित्य का प्रवेश कल्पना की वस्तु है। वह समाज, हृदय की बात समझता है पर व्यक्ति के माध्यम से। धर्म के माध्यम से उसने जो प्राचीन पद–साहित्य ग्रहण कर लिया है वह भी काव्य की दृष्टि से कभी पढ़ा–समझा नहीं जाता। उस धरातल पर अर्थ का प्रश्न कैसा सर्वग्रासी बन चुका है यह कहने की आवश्यकता नहीं। ऐसे समाज में काव्य पहुँचाने से अधिक महत्व का प्रश्न मनुष्य पहुँचाना है जो अपनी सहज संवेदना से उनके हृदय तक पहुँच कर बुद्धि की खोज–ख़बर ले सके।

इन दुर्भाग्यग्रस्त प्राणियों में ऐसे व्यक्ति कम नहीं जो या तो परिश्रम के योग्य नहीं या परिश्रम करके भी जीने की सुविधा नहीं पाते। जब तक मैं अन्य कार्य करने में समर्थ हूँ मेरे साहित्य के अर्थ–पक्ष पर केवल उन्हीं का अधिकार है।

जिनके पास ऐसी कृतियाँ पहुँच सकती हैं उनकी स्थिति कुछ दूसरी है। हमारे यहाँ लेखक ही विशिष्ट पाठक हैं और वे परस्पर आदान–प्रदान में ही एक–दूसरे की कृतियाँ पढ़ते–सुनते हैं। उच्च बुद्धिजीवियों के पुस्तकालय ऐसे हैं जहाँ अखंड पुण्यफल से ही हिन्दी की रचना प्रवेश पा सकती है और पा लेने पर भी वह विदेशीय पवित्रात्माओं के बीच में कोई स्थान नहीं बना पाती। साधारण बुद्धिजीवी का जीवन कृत्रिमता के भार से इतना दब गया है कि अब वह हँसने, रोने का भी अवकाश नहीं पाता। अपनी कृत्रिमता के अनावश्यक अंश को भी वह जितना मूल्यवान समझता है, उतना किसी श्रेष्ठतम कृति को नहीं मानता। जहाँ तक विशिष्ट विद्यार्थीवर्ग का प्रश्न है उसकी इतिहास, राजनीति आदि से सम्बन्ध रखने वाली विदेशीय पुस्तक भी हिन्दी की असाधारण कृति से अधिक मूल्य रखती है। इतना ही नहीं दरिद्रतम विद्यार्थी भी ऐसी पुस्तकें क्रय करने पर बाध्य है जिन्हें वह जीवन भर साथ रखना चाहता और परीक्षा के अन्त में पुरातन पुस्तकों के चिकित्सालय को सौंप आता है।

कलाकार सब तक पहुँच सके यह एक उजले भविष्य का सुन्दर स्वप्न है। इस अन्धकार के युग में तो सब अपने–अपने पथ पर अकेले ही चल रहे हैं, अतः अपने चलने की सीमा नापने के लिए स्मृति–चिह्न छोड़ना आवश्यक हो जाता है।

हमारा युग दुर्बलताओं और ध्वंस का युग है और दुर्बलता तथा ध्वंस जितने प्रसारगामी होते हैं, शक्ति और निर्माण उतने नहीं हो सकते। शक्ति और गुण मनुष्य को असाधारणता देते हैं, अतः उन्हें दूसरे तक अनायास पहुँचा देना सम्भव नहीं।

दूसरे व्यक्ति यदि इस असाधारणता के प्रति श्रद्धालु हैं तो यह पूजा की वस्तुमात्र रह जाएगी और यदि ईर्ष्यालु हैं तो यहाँ इसका विकृत कायाकल्प हो जाएगा।

दुर्बलता और अवगुण मनुष्य को अति साधारणता दे देते हैं, अतः पूजा या ईर्ष्या दोनों के लिए इसमें स्थान नहीं। कुछ स्वाभाविक प्रवृत्ति के कारण और कुछ दूसरों की शक्ति के प्रति ईर्ष्यालु होने के कारण मनुष्य अपनी दुर्बलता और अवगुण अन्य व्यक्तियों में पहुँचाने के लिए विशेष क्रियाशील रहता है।

हमारा युग स्वान्तः सुखाय की सात्विकता पर चाहे विश्वास न करे, पर स्वस्वार्थाय की व्यावहारिकता पर उसकी निष्ठा अपूर्व है।

एक निष्क्रिय बुद्धिवाद और हृदयशून्य सक्रियता भी उसका अभिशाप है। ऐसी स्थिति में अपनी विरूपताओं को संक्रामक बनाने का जितना भय है, उतना शक्ति पहुँचाने की इच्छा का विश्वास नहीं।

व्यक्तिगत रूप से स्वान्तःसुखाय की मंगल-भावना पर भी मेरा विश्वास है और उसके लिए आवश्यक आत्मनिरीक्षण पर भी। क्षण भर में बीज को वृक्ष दिखा देने वाले ऐन्द्रजालिक का वैभव मेरे साथ नहीं और अपनी विकलांगता के बल पर याचना करनेवाले भिक्षुक को दरिद्रता भी मेरे पास नहीं। मैं तो विश्वास के साथ तिल-तिल मिट कर कण-कण बनाती हूँ, अतः मेरे निकट बिना मूल्य मिली जय से वह पराजय अधिक मूल्यवान ठहरेगी जो जीवन की पूर्ण शक्ति-परीक्षा ले सके।

आज के युग में मुझे नामसिद्ध जातक के उस पापक का स्मरण हो आता है जो अपने अमांगलिक नाम से दुःखी होकर गुरु-आज्ञा से उपयुक्त नाम ढूँढ़ने निकला; पर जीवक हो मृत, धनपाली को निर्धन और पंथक को मार्ग भूला हुआ देखने के उपरान्त नाम को प्रज्ञप्ति मात्र समझ कर अपने ही नाम से सन्तुष्ट हो गया। केवल नाम तो कोई अर्थसिद्ध नहीं और प्रज्ञप्तिमात्र मेरा कोई लक्ष्य नहीं।

दीप-शिखा में अविश्वास का कोई कम्पन नहीं है। नवीन प्रभात के वैतालिकों के स्वर के साथ इसका स्थान रहे, ऐसी कामना नहीं, पर रात की सघनता को इसकी लौ झेल सके, यह इच्छा तो स्वाभाविक ही रहेगी।

# अपनी बात (बंग-दर्शन)

आपत्तियों का अभ्यस्त हो जाना उनसे छुटकारा पाने का मार्ग रुद्ध कर लेना है, यह सत्य हमारे जातीय जीवन में बार-बार परीक्षित हो चुका है।

जिस प्रकार हम दासता, अपमान, अभाव, रूढ़ि आदि के अभ्यस्त हो चुके हैं, उसी प्रकार दुर्भिक्ष के भी अभ्यस्त हो सकते हैं। साधारणत: कोई आपत्ति, कोई दुर्दशा या कोई अधोगति हमारे मर्म को इस प्रकार नहीं मथ डालती कि हम उससे मुक्ति पाने के लिए जीवन की बाजी लगा सकें। परिणामत: हम सभी प्रकार की परिस्थितियों से समझौता करके अपने आपको बचा लेने के प्रयत्न में लगे रहते हैं।

सामान्य रूप से भारत के कई प्रान्तों में फैले हुए तथा विशेष रूप से बंगाल की शस्यश्यामल धरती को एक विराट श्मशान बना देने वाले अकाल की चर्चा का स्वर यदि मन्द पड़ने लगा है तो उसका कारण अकाल निर्मायक परिस्थितियों का अभाव न होकर उनकी उपस्थिति का अभ्यस्त हमारा स्वभाव ही कहा जाएगा।

जनसंख्या तथा प्राकृतिक वैभव में यूरोप के किसी अच्छे देश से अधिक सम्पन्न इस प्रान्त को अकारण जो अग्निपथ पार करना पड़ा है उसका कारण सोचने पर मन विषाद से भर आता है। प्रत्येक सहृदय के मन में बार-बार एक ही प्रश्न जाग उठता है—इस अभूतपूर्व आपत्ति का कारण क्या है? इस नर-संहार का उत्तरदायी किसे माना जाए?

बंगभूमि की छ: करोड़ जनसंख्या में केवल पचास लाख ही नगरवासी हैं। शेष का जीवन आदि से अन्त तक ग्रामों की हरीभरी धरती पर ही बीतता है। इस विराट हरीतिमा में जड़े हुए नब्बे हजार ग्रामों पर ही अकाल का सबसे क्रूर प्रहार हुआ है इसी कारण बंगभूमि का मेरुदंड ही टूट गया जान पड़ता है।

आज ढाई करोड़ दरिद्र किसान और खेतों में काम करने वाले श्रमिकों का, वर्ग है भिक्षुक, आजीविका है भिक्षाटन, विनोद है व्याधि और लक्ष्य है मृत्यु। अपने उदर की पूर्ति करने में भी असमर्थ यह धरती के पुत्र जलने के लिए दौड़ आने वाले पतिंगों के समान नगरों की ओर दौड़ पड़े। यहीं से मानो उनकी श्मशान यात्रा आरम्भ हो जाती है। जब इन ग्रामीणों के हृदय में धरती से मिली स्वर्ण राशि का उल्लास था,

आँखों में आत्म-विश्वास के चित्र थे, पैरों में कर्तव्य की दृढ़ता थी और हाथों में वरदान का बल था तब भी नगरों ने उन्हें कभी हाथ भर छाया नहीं दी। फिर आज तो अट्टालिकाओं ने इन्हें, डगमगाते पैरों, काँपते हाथों, सभीत आँखों और टूटे हृदयों के साथ उन भिक्षुओं की पंक्ति में बैठते देखा जो अपनी विकलांगता का प्रदर्शन करके ही जीविका प्राप्त करते हुए फुटपाथ के रंगमंच पर ही जन्म-मृत्यु का अभिनय करते हैं।

किसान का भिखारी होना कितना कठिन है यह वही जान सकता है जो कभी उसके द्वार पर पहुँचकर उसके अयाचित आतिथ्य से परिचित हो सका है। अपने श्रम का उचित मूल्य न पाने वाले मजदूर का भीख के लिए हाथ फैलाना कितना दयनीय है, यह वही बता सकता है जिसने उसे किसी की दुःखगाथा से प्रभावित होकर दिन भर की कमाई देकर भूखा सोते देखा है। यही उदारहृदय नगर की विशाल अट्टालिकाओं के चरणों में बैठकर भूखे मरने तथा उस दुःख से बचने के लिए भीख भी न पाने पर अपने बच्चों को बेचने लगे, युवतियों और बालिकाओं के जीवन को व्यवसाय की सामग्री बनाने लगे।

नगरों में भिक्षुक समुद्र से जैसे क्षुधार्तों का नद मिल गया क्योंकि नित्य कुआँ खोदने और नित्य पानी पीने की कहावत चरितार्थ करने वाले दरिद्र कुली मज़दूर ही नहीं निम्न-मध्य वर्ग के लिए भी अन्न दुर्लभ हो चुका था।

और तब जो इस देश के इतिहास में कभी घटित नहीं हुआ, नरक की कल्पना करने वाले के मस्तिष्क में भी नहीं समाया, जिसकी ज्वाला ने सभ्यता को मानो मुखाग्नि दे डाली तथा जिसकी अविश्वसनीय भीषणता को स्वप्न मानने के लिए भी आगामी पीढ़ी प्रस्तुत न होगी, उसी दुर्भिक्ष का ताण्डव आरम्भ हुआ। मृत्यु की जड़ता से उसकी तुलना नहीं हो सकती। युद्ध की भीषणता को उसकी उपमा नहीं दी जा सकती। मृत्यु में मनुष्य, सृजन के नियम की रक्षा के लिए मनुष्यत्व के गौरव के साथ मरण को स्वीकार करता है। युद्ध में सैनिक मानवता द्वारा स्थापित आदर्शों को जीवित रखने के लिए जीने के अधिकार के साथ जीवन देता है।

यह गौरव, यह अधिकार दुर्भिक्ष के लिए अदेय है। भूख की ज्वाला में तिल-तिल जला कर यह मनुष्य को पशु से कीटाणुकीट की हीनता तक पहुँचाते हुए इस प्रकार समाप्त करता है कि अन्त में कोई उसके निर्माण में मानव का चिह्न तक नहीं खोज सकता।

मनुष्य-और उस मनुष्य ने जो पृथ्वी की समस्त उर्वरता को अपने श्रम से खरीद सकता था, उच्छिष्ठ खाया, घूर के ढेर खोद कर उसमें मिली मलिनता से उदर भरना चाहा, परन्तु तब भी जीवन की समस्या हल न हो सकी। उसकी मृत्यु भी जीवन के समान ही हीनता की भेंट लेकर आई। इन अभिशप्त प्राणियों के शव धूप-वर्षा

में पड़े हुए अन्त्येष्टि के लिए सियारों से कृपा की भीख माँगते रहे, गृद्धों को भोज का निमन्त्रण देते रहे।

और सब से अधिक आश्चर्य की बात तो यह है कि इनके सुख-सुविधा के लिए उत्तरदायी वर्ग इतना भी नहीं बता सका कि उसकी भूलों का प्रायश्चित करने वालों की संख्या कितनी है। मरने वालों का जीवन मानो रेशम के कीड़ों का जीवन है, जिन्हें अपने जीवन का उत्कृष्ट फल देने के लिए ही भोजन मिलता है और उस रेशम को सुरक्षित पाने के लिए पानेवाले उन्हें गर्म भाप की उष्णता दे देकर मार डालते हैं। अपने लाभ का परिणाम सब बता सकते हैं किन्तु, उस लाभ की नींव बनने वाली दूसरों की हानि का लेखा-जोखा रखना तो लाभ का मार्ग ही रोक देना है!

किसी अन्य देश में ऐसी घटना घटित होती तो क्या होता इसकी कल्पना की जा सकती है। परन्तु हमारा देश यदि इसे अदृष्ट का लेखा मानकर स्वीकार कर ले तो स्वाभाविक ही कहा जाएगा। फिर भी प्रत्येक विचारक जानता है कि यह आकस्मिक वज्रपात नहीं है जिसका कारण दुर्दैव या संयोग को मानकर जिज्ञासा विराम पा सके। यह तो मनुष्य के स्वार्थ की शिला पर उसके प्रयत्न और बुद्धि द्वारा निर्मित नरक है अत: इसका कारण ढूँढ़ने दूर न जाना होगा। आपत्ति की सूचना के पहले हमारे विदेशीय शासक ही नहीं स्वदेशीय मन्त्रिमंडल भी आश्वस्त था।

सुना कि 1941-42 की फसल अच्छी हुई। ज्ञात हुआ कि केवल 14 प्रतिशत कमी की सम्भावना हो सकती है। बताया गया कि बाहर से 2 करोड़ 20 लाख मन के लगभग अन्न आया। सब सुन लेने के उपरान्त श्रोता विस्मित भाव से पूछ बैठेगा 'तब इतना भीषण दुर्भिक्ष क्यों?'

युद्ध के पूर्ण वेग के बीच में भी अन्य देशों ने ऐसी स्थिति नहीं उत्पन्न होने दी तब हमारे देश पर ही यह अभिशाप क्यों। विशेषत: बंग देश तो भारतीय मोरचे का शिरोभाग है। उसकी जनता को दुर्बल कर देने का तात्पर्य सम्पूर्ण संगठन को शिथिल कर देना है।

परन्तु यह सत्य है कि हमारे शासकों ने युद्ध के लिए आवश्यक मनुष्यों के अतिरिक्त शेष को आवश्यकता की सीमा में रखकर देखा ही नहीं।

जीवन के लिए जीवित जनता, मृत्यु के लिए जीवित सैनिकों के लिए रक्तवाही शिराजाल के समान है, इसी से प्रत्येक देश उसके सुख-सुविधा के लिए विशेष चिन्ताशील रहता है।

हमारा मन्त्रिमंडल भी जनता का सच्चा प्रतिनिधित्व न कर सका अन्यथा स्थिति के इस सीमा तक पहुँचने में अवश्य ही बाधा पड़ती।

दोनों ही कारणों ने मिलकर एक तीसरे लाभव्यवसायी दल को पनपने की

विशेष सुविधा दे डाली। वह कभी एक पक्ष और कभी दूसरे का समर्थक होकर अन्न के प्रत्येक कण को सोना बना लेने का उपाय करने लगा। इस प्रकार 'ग्रह गृहीत पुनि वातवश तेहि पुनि बीछी मार' की कथा हो गई।

आज बवंडर की तरह बह जाने वाले दुर्भिक्ष का प्रथम वेग कुछ शिथिल पड़ रहा है, किन्तु असमय आश्वस्त हो बैठने पर फिर पिछली भूलों को दोहराना होगा जहाँ तक अन्न के सुलभ होने की समस्या है वह तो आज भी ऐसे समाधान तक नहीं पहुँची जो हमें निश्चिन्त कर सके। अब तक न अन्न का भाव गिरा और न मूल्यनियन्त्रण की समस्या का कोई हल निकला। आज भी न अन्न के चोर हमारे दंड की सीमा में हैं और न यातायात पर हमारा कोई वश है।

दुर्भिक्ष की रात में ही नहीं उसके सवेरे भी कंकालों से बसी हुई धरती देखकर अधिकारियों ने कोई नई व्यवस्था नहीं खोज निकाली। अनेक तटस्थ विचारक दुर्भिक्ष के प्रत्यावर्तन की सम्भावना की ओर संकेत कर रहे हैं, परन्तु वे संकेत अरण्य-रोदन मात्र बन जाते हैं।

इस समय तो दुर्भिक्ष पीड़ितों में से अधिकांश मज़दूरी के काम में लग गए हैं, किन्तु ज्येष्ठ मास में जब वे अपनी पूर्ववत निर्बन्ध स्थिति में पहुँच जाएँगे तब समस्या का उग्रतर हो उठना अनिवार्य है।

दूसरी समस्या उन दरिद्र किसानों की है जिनके घर, खेत छिन गए हैं। उनका सामाजिक ढाँचा ही खंड-खंड होकर बिखर चुका है। अत: किसी अंशत: सहायता से उनके जीवन का पुनर्निर्माण कठिन होगा। जिन सम्पन्न महाजन और किसानों के हृदय उनकी विपन्नावस्था से लाभ उठाने में नहीं काँपे वे अप्रत्याशित भाव से मिली हुई धरती को सहज ही लौटाने की न्यायबुद्धि कहाँ से पा सकेंगे! जब तक उस दिशा में जनमत का संगठन न किया जाए बंगाल के दरिद्र किसान के पास भिखारियों की संख्या बढ़ाने के अतिरिक्त और कोई उपाय शेष नहीं और जब तक यह किसान निःस्व रहेगा तब तक बंगाल का पुनर्निर्माण कल्पनामात्र है।

तीसरी समस्या उन बच्चों से सम्बन्ध रखती है जो अपने माता-पिता तथा परिवार को खोकर सत्य अर्थ में केवल देश की सम्पत्ति बन चुके हैं। यही बंगाल के भावी नागरिक होंगे; अत: यदि आज इनके निर्माण के सम्बन्ध में बंगाल सतर्क न होगा तो फिर वह अपने भविष्य के निर्माण में भी असफल रहेगा।

इन अनाथों ने जीवन की जिस विभीषिका को प्रत्यक्ष देखा है, अभाव की जिस व्यथा का प्रतिक्षण अनुभव किया है वह इन्हें मानव के प्रति अधिक संवेदनशील भी बना सकती है और अधिक कठोर भी। इन्हें यदि स्वस्थ विकास के उपयुक्त वातावरण न मिले तो सद्यप्राप्त संस्कारों की कारा में घुट-घुट कर इनका अस्वस्थ हो उठना निश्चित है। हमारा देश यदि स्वतन्त्र होता तो उन्हें सनाथ बनाने का प्रश्न

ही न उठता क्योंकि अपने इतने विराट देश के रहते कोई बालक अनाथ नहीं कहा जा सकता, परन्तु आज की परिस्थिति में, जन्म देने वाले माता-पिता के अभाव में बालक का उत्तरदायित्व किसी पर नहीं रहता। वह शेष समाज से दूर रहकर किन्तु प्रत्येक द्वार से भीख लेकर जीता हुआ जहाँ अपने लिए हाथ भर छाया पाता है उस स्थान को अनाथालय ही कहते हैं। इन खैराती घरों का वातावरण प्राय: ऐसा नहीं रहता जिसमें अबोध बालक आत्मसम्मान सीख सकें और बिना उसके नागरिकता का प्रश्न ही नहीं उठता। बंगाल की इस निरपराध सन्तति को अपने समुचित विकास के लिए सुन्दर और संस्कृत वातावरण किस प्रकार मिल सकेगा यह प्रश्न भी उत्तर चाहता है।

अनाथ बालकों के प्रश्न से भी उग्रतर प्रश्न बालिकाओं और युवतियों का है। भूख की दारुण ज्वाला ने न जाने कितने जीवनों का भविष्य राख कर दिया है। माताओं ने कभी अपने और कभी अपनी बालिकाओं के जीवन की रक्षा के लिए उन्हें लज्जाजनक व्यवसाय के व्यवसायियों को सौंप दिया। ऐसे अनेक उदाहरण हैं, जहाँ एक परिवार की पाँच-पाँच बालिकाएँ केवल इसलिए बेच दी गईं कि उनके परिवार को एक समय भोजन मिल सके। अनुमानत: चौंतीस हजार से कुछ अधिक ही स्त्रियाँ ऐसी दयनीय स्थिति में पड़ी हैं। हमारे समाज की नैतिकता एक ओर इतनी क्षीण है कि वह दूसरों की विपन्नावस्था में भी अपनी पाशविकता को बन्धन में नहीं रख पाता और दूसरी ओर उसका धर्माडम्बर इतना प्रबल है कि निर्दोष व्यक्तियों की विवशता जनित भूलों को भी क्षमा करनें में असमर्थ है। जीवन का लज्जाजनक क्रयविक्रय बंगाल में पहले भी उपस्थित था। फिर आज तो उन हृदयहीन व्यापारियों को उपकारक की भूमिका भी प्राप्त हो गई है।

इसके अतिरिक्त रोगों की समस्या भी उग्र से उग्रतर होती जा रही है। भूख से पीड़ित व्यक्ति में व्याधि से संघर्ष करने की शक्ति नहीं रहती। युद्ध के कारण औषधियों का दुष्काल भी विस्तार पा रहा है अत: बंगाल में बहुत बड़ी संख्या उन व्यक्तियों की है जिन्हें भोजन के अभाव से व्याधि ग्रस्त तथा औषधि के अभाव से मरना होगा। उनके लिए औषधि तथा वस्त्रों का प्रबन्ध भी आज की आवश्यकता है जिसकी पूर्ति का प्रयत्न अन्य प्रान्त कर सकते हैं।

बंगाल की इन विविधरूपी आपत्तियों के निराकरण के जो वास्तविक उपचार हैं वे यदि हमारे लिए अप्राप्य न होते तो यह स्वर्णभूमि अब तक अगनी अग्नि-परीक्षा पार कर चुकी होती।

बंगाल का दु:ख जिस महापुरुष को सबसे अधिक स्पर्श कर सकता है और जो सम्पूर्ण देश की शक्तियों को बंगाल के प्रश्न पर केन्द्रित करने में समर्थ है वह इस कार्य के लिए स्वतन्त्र नहीं। देश पर जिनका प्रभाव व्यापक है उन नेताओं की मुक्ति

दुर्भिक्षमुक्ति में सहायक होगी।

बंगाल के विभिन्न राजनीतिक दलों का परस्पर विरोध भी अवस्था में सुधार नहीं होने देता है, क्योंकि एक पक्ष दूसरे के दोष गिनाने से ही अवकाश नहीं पाता। दुर्भिक्ष यदि दूसरों की भूल का विज्ञापन है तो उनके निकट दुर्भिक्ष के प्रश्न से अधिक महत्व का प्रश्न दूसरों की भूल की चर्चा है। ऐसी स्थिति में संगठित उद्योग का दुर्लभ हो उठना ही स्वाभाविक है। सब दलों के प्रतिनिधि मन्त्रिमंडल की उपस्थिति ही इस विषम स्थिति में परिवर्तन ला सकती है।

जब तक दूसरे परिवर्तन न हो सकें तब तक हम क्या करें यह प्रश्न भी स्वाभाविक है। सामाजिक दृष्टि से ऐसी आपत्ति के दो ही परिणाम सब के लिए हितकर हो सकते हैं। एक तो सामूहिक संगठन जो आपत्ति ग्रस्तों तथा उनके सहायकों को एक सूत्र में बाँध कर आपत्ति से संघर्ष करने की शक्ति देता है और दूसरी वह नैतिक चेतना जो सहानुभूतिजनित भ्रातृभाव में परिणित होकर मनुष्य को मनुष्य के निकट ला सकती है। एक का प्रभाव बहिर्मुखी होकर भी परिणामतः अन्तर्मुखी है और दूसरे की प्रेरणा अन्तर्मुखी होकर भी फलतः बहिर्मुखी है। कुछ व्यक्ति यदि सामूहिक संगठन तथा बन्धु-भाव को दृढ़ करने के कार्य में लग सकें तो इस प्रकार की आपत्तियों की पुनरावृत्ति रोकी जा सकती है। जनता में बन्धु-भावना उनके सुख-दुःखों को व्यापकता देती है और जनमत का संगठन उनकी माँग को शक्ति देता है।

बंगाल का पुनर्निर्माण प्रत्येक व्यक्ति का सहयोग चाहता है। परन्तु कलाकार तथा लेखकों के निकट तो यह उनके आत्मनिर्माण की परीक्षा है। राजनीतिक दलों के वादविवाद के कोलाहल से दूर होने के कारण वे इस विशाल मानवता की आर्त्त वाणी को स्पष्ट सुन सकते हैं। संकीर्ण स्वार्थों से शून्य होने के कारण वे इसकी व्यथा को सम्पूर्णता में अनुभव कर सकते हैं। क्रौंच पक्षी की व्यथा ने हमारे ऋषि कवि को प्रथम छन्द देकर हमें आदि काव्य दिया है। एक मनुष्य की पीड़ा ने सिद्धार्थ को प्रबुद्ध बनने का मार्ग दिखाया है।

आज के विराट मानव की व्यथा का समुद्र आज के लेखक को, जीवन का कोई महान तथ्य, कोई अमूल्य सत्य न दे सकेगा ऐसा विश्वास कठिन है। इस दुर्भिक्ष की ज्वाला का स्पर्श करके हमारे कलाकारों की लेखनी-तूली यदि स्वर्ण न बन सकी तो उसे राख हो जाना पड़ेगा। किन्तु ऐसी कल्पना करना भी सच्चे कलाकार का अपमान करना है। यदि वह आधुनिक युगीन हिंसा के ज्वार में स्थिर रह सके। आज की भेद-बुद्धि का बादल उसकी चेतना को न ढक सके, और वर्तमान सामाजिक विकृति तथा साम्प्रदायिक संकीर्णता की धूल उसकी दृष्टि को धुँधला न कर सके तो वह कल्याण पथ का पंथी न भ्रान्त होगा न विचलित।

जो कलाकार के आत्मनिर्माण की परीक्षा है वह आज के विद्यार्थी के लिए आत्मनिर्माण का साधन है। हमारे शास्त्र में विद्यार्थी का कोई वर्ण नहीं, कोई सम्प्रदाय नहीं क्योंकि हमारे विचारक उसे सार्वभौम ज्ञान का जिज्ञासु मानते थे। उससे आशा की जाती थी कि वह स्वार्जित ज्ञान से जीवन के नूतन निर्माण में भाग लेने से पहले भेद-बुद्धि से अपनी शक्तियों को संकीर्ण न बना डालेगा। आज के विद्यार्थियों के लिए भी वही भावना श्रेयस्कर कही जाएगी जो उसे जीवन को अखंड रूप में ग्रहण करने की प्रेरणा दे सके। यदि वह अपने आपको सम्प्रदाय, मत, प्रान्त या दल विशेष की कठिन भित्तियों से घेर लेगा तो भविष्य में इन्हीं संकीर्ण भावनाओं का पिष्टप्रेषण करता चलेगा। बंगाल का प्रश्न समस्त भारत का प्रश्न होने के कारण उससे पूर्ण सहयोग पाने का अधिकारी है।

आज के पुण्यदिवस के सम्बन्ध में भी दो शब्द उचित हैं। बंगाल दिवस का यह लक्ष्य नहीं है कि हम एक दिन उत्सव मना कर दूसरे दिन उसे अतीत की घटना मात्र बना डालें। दुर्भिक्ष के आरम्भ में तो हमारी सहायता का रूप बंगाल की जन-सेवा-समितियों को अपना कार्य-क्रम चलाते रहने के लिए आर्थिक सहायता देना था। आज दुर्भिक्ष ने करवट बदली है। उसके ध्वंस में हमें निर्माण के उपकरण खोज निकालने हैं। पहले केवल आवेश से काम चल सकता था, परन्तु आज शान्त भाव से विचार विनिमय के उपरान्त ही हम इस पुनर्निर्माण में सहायक हो सकेंगे। अत: बंगाल दिवस हमारे इस ओर के प्रयत्न का पहला दिन है क्रान्ति में समाप्त होने वाला उत्सव मात्र नहीं। बंगाल की निराशय नारियों तथा अनाथ बच्चों की समस्या महिला विद्यापीठ के कर्तव्य की सीमा में है। उनकी समस्याओं पर विचार करने, उनके पक्ष में जनमत संगठित करने, उनकी स्थिति से परिचित होने के लिए समय-समय पर अपने सदस्य भेजने तथा आवश्यकता होने पर उनके आश्रय तथा शिक्षा-दीक्षा का प्रबन्ध करने के लिए जो सहायक समिति बनी है वह सब के सहयोग का पाथेय लेकर ही अपने गन्तव्य तक पहुँच सकेगी।

प्रस्तुत चित्रकाव्य संकलन बंगाल को हमारी श्रद्धांजलि मात्र है। उसमें जिन साहित्यिक बन्धुओं ने अपना फूल चन्दन मिला दिया वे सभी बंगभूमि की व्यथा से पूत हैं। बंगाल पर अनेक रचनाएँ प्रकाशित हो चुकी हैं। अप्रकाशित कविताएँ संकलित करने के लक्ष्य के कारण हम उन्हें प्रस्तुत संग्रह में स्थान न दे सके।

यह सत्य है कि अनन्त सौन्दर्यमयी अजस्र शक्तिमती असीम जीवनमयी यह धरती हमारी सहायता की भिक्षुक नहीं। जिसकी तन्मयता के ताल पर आज भी मानो समुद्र झूमता और जाह्नवी गाती है उस चैतन्य ने इसी से गति सीखी है। जिसकी स्वर लहरी क्षितिज से क्षितिज तक छू कर विश्व की पुलक का कारण बन सकी उस कवीन्द्र ने भी इसी के निकट स्वर-साधना की है जिस शरद की कथा ने आधुनिक

युग के कोलाहल में पैठकर आज के व्यापारी मानव के हाथ की तुला थाम ली उसकी कहानी का प्रत्येक अध्याय इसी के वात्सल्य का इतिहास है। जिसका व्यंग हमारे उपहास से भरे जीवन के कोने-कोने में आज भी मुस्कराता रहता है वह बंकिम भी इसी की भृकुटिभंगिमा की छाया में पला था। जिसके गम्भीर घोष ने पश्चिम को विस्मित कर दिया उस विवेकानन्द की दार्शनिकता भी इसी की उज्ज्वल दृष्टि का वरदान थी। जिस बंगभूमि के पुत्र भारतीय ज्ञान-विज्ञान यथा संस्कृति के प्रहरी रहे वह तो हमारे आदर्शों की सजीव प्रतिमा है। उसे जिस व्यवस्था के कारण इतना असहाय होना पड़ा है उसके प्रति हमारा जितना सक्रिय विरोध हो थोड़ा है। बंग की जो सन्तति इस दुर्भिक्ष की बलि हो गई उसकी स्मृति हमारे भविष्य का आलोक रहेगी। उसकी जो सन्तान आज विपन्न है उसके प्रति हमारा स्नेह स्थायी और सहयोग निश्चित है।

# अपनी बात (सप्तपर्णा)

एक विशेष भू-खंड में जन्म और विकास पाने वाले मानव को अपनी धरती से पार्थिव अस्तित्व ही नहीं प्राप्त होता, उसे अपने परिवेश से विशेष बौद्धिक तथा रागात्मक सत्ता का दाय भी अनायास उपलब्ध हो जाता है। वह स्थूल-सूक्ष्म, बाह्य-आन्तरिक तथा प्रत्यक्ष-अगोचर ऐसी विशेषताओं का सहज ही उत्तराधिकारी बन जाता है जिनके कारण मानव-समष्टि में सामान्य रहते हुए भी सबसे भिन्न पहचाना जा सकता है। यह सामान्यता में विशेषता न उसे मानव-समष्टि के निकट इतना अपरिचित होने देती है कि उसे आश्चर्य समझा जा सके और न इतना परिचित बना देती है कि उसके सम्बन्ध में जिज्ञासा ही समाप्त हो जाए।

इस प्रकार प्रत्येक भू-खंड का मानव दूसरों को जानता भी है और अधिक जानना भी चाहता है।

मनुष्य की स्थूल पार्थिव सत्ता उसकी रंग-रूपमयी आकृति में व्यक्त होती है। उसके बौद्धिक संगठन से, जीवन और जगत सम्बन्धी अनेक जिज्ञासाएँ, उनके तत्व की शोध और समाधान के प्रयास, चिन्तन की दिशा आदि संचालित और संयमित होते हैं। उसकी रागात्मक वृत्तियों का संघात उसके सौन्दर्य-संवेदन, जीवन और जगत के प्रति आकर्षण-विकर्षण, उन्हें अनुकूल और मधुर बनाने की इच्छा, उसे अन्य मानवों की इच्छा से सम्पृक्त कर अधिक विस्तार देने की कामना और उसकी कर्म-परिणति आदि का सर्जक है।

मानव-जाति की इन मूल प्रवृत्तियों के लिए वही सत्य है जो भवभूति ने करुण रस के सम्बन्ध में कहा है–

*एको रसः करुण एव निमित्त भेदा–*
*दभिन्नः पृथक् पृथगिवाश्रयते विवर्त्तान्।*
*आवर्तबुद्‌बुद् तरंगमयान् विकारा–*
*नम्भो यथा सलिलमेव तु तत्समग्रम्॥*

एक करुण रस ही निमित्त भेद से भिन्न-भिन्न मनोविकारों में परिवर्तित हो जाता है, जिस प्रकार आवर्त, बुद्‌बुद्, तरंग आदि में परिवर्तित जल, जल ही रहता है।

यह निमित्त भेद अर्थात देश, काल, परिवेश आदि से उत्पन्न विभिन्नताएँ, एक मानव या मानव–समूह को दूसरों से सर्वथा भिन्न नहीं कर देतीं, प्रत्युत् वे उसे पार्थिव, बौद्धिक और रागात्मक दृष्टि से विशेष व्यक्तित्व देकर ही मानव सामान्य सत्य के लिए प्रमाण प्रस्तुत करती हैं।

किसी मानव–समूह को, उसके समस्त परिवेश के साथ तत्वत: जानने के लिए जितने माध्यम उपलब्ध हैं उनमें सबसे पूर्ण और मधुर उसका साहित्य की कहा जाएगा। साहित्य में मनुष्य का असीम, अत: अपरिचित और दुर्बोध जान पड़ने वाला अन्तर्जगत बाह्य जगत में अवतरित होकर निश्चित परिधि तथा सरल स्पष्टता में बँध जाता है तथा सीमित, अत: चिर–परिचय के कारण पुराना लगने वाला बाह्य जगत अन्तर्जगत के विस्तार में मुक्त होकर चिर नवीन रहस्यमयता पा लेता है। इस प्रकार हमें सीमा में असीम की और असीम में सम्भावित सीमा की अनुभूति युगपद् होने लगती है। दूसरे शब्दों में, हम कुछ क्षणों में असंख्य अनुभूतियों और विराट ज्ञान के साथ जीवित रहते हैं, जो स्थिति हमारे सन्त जीवन को अनन्त जीवन से एकाकार कर उसे विशेष सार्थकता और सामान्य गन्तव्य देने की क्षमता रखती है। प्रवाह में बनने मिटने वाली लहर नव–नव रूप पाती हुई लक्ष्य की ओर बढ़ती रहती है, परन्तु प्रवाह से भटक कर, अकेले तट से टकराने और बिखर जाने वाली तरंग की यात्रा वहीं बालू मिट्टी में समाप्त हो जाती है। साहित्य हमारे जीवन को, ऐसे एकाकी अन्त से बचा कर उसे जीवन के निरन्तर गतिशील प्रवाह में मिलने का सम्बल देता है।

जहाँ तक परिवर्तन का प्रश्न है, मनुष्य के पार्थिव परिवेश में भी निरन्तर परिवर्तन हो रहा है और उसके जीवन में भी। जहाँ किसी युग में ऊँचे पर्वत थे वहाँ आज गहरा समुद्र है और जहाँ आज अथाह सागर लहरा रहा है वहाँ किसी भावी युग में दुर्लंघ्य पर्वत सिर उठा कर खड़ा हो सकता है। इसी प्रकार मनुष्य के जीवन ने भी सफल–असफल संघर्षों के बीच जाग कर, सोकर, चलकर, बैठकर, यात्रा के असंख्य आयाम पार किए हैं। पर न किसी भौगोलिक परिवर्तन से धरती की पार्थिव एकसूत्रता खंडित हुई है, न परिवेश और जीवन की चिर नवीन स्थितियों में मनुष्य अतीत बसेरों की स्मृति भूला है।

अपने विराट और निरन्तर परिवर्तनशील परिवेश तथा अनदेखे अतीत और केवल कल्पना में स्थिति रखने वाले भविष्य के प्रति मनुष्य की आस्था इतनी विशाल और गुरु है कि उसे सम्भालने के लिए उसने एक विराट, अखंड और सर्वज्ञ सत्ता को खोज लिया है जो हर अप्रत्यावर्तित अतीत की साक्षी और हर अनागत भविष्य से प्रतिश्रुत है।

हमारा विशाल देश, असंख्य परिवर्तन सम्भालने वाली अखंड भौगोलिक

पीठिका की दृष्टि से विशेष व्यक्तित्व रखता है। इसके अतिरिक्त मनुष्य जाति के बौद्धिक और रागात्मक विकास ने उस पर जो अमिट चरणचिह्न छोड़े हैं उन्होंने इसके सब ओर महिमा की विशेष परिधि खींच दी है। यह उसका दाय भी है और न्यास भी।

जिस प्रकार ऊँचे पर्वत शिखर पर जल, हिम बन कर शिला-खंडों के साथ पाषाण रूप में अनन्त काल तक स्थिर भी रह सकता है और अपनी तरलता के साथ प्रपात और प्रपात से नदी बन कर निरन्तर प्रवाहित भी होता रह सकता है, इसी प्रकार मानव-संस्कृति को विकास के एक बिन्दु पर चिर निस्पन्दता भी प्राप्त हो सकती है और अनवरत प्रवाहशीलता भी। एक में एकरस ऊँचाई है और दूसरी स्थिति में समतल पाने के लिए भी पहले उसका निम्नगा होना अनिवार्य ही रहेगा।

धरती के प्रत्येक कोने और काल के प्रत्येक प्रहर में मनुष्य का हृदय किसी उन्नत स्थिति के भी पाषाणीकरण को अभिशाप मानता रहा है। इस स्थिति से बचने के उसने जितने प्रयत्न किए हैं उनमें साहित्य उसका निरन्तर साक्षी रहा है।

दर्शन पूर्ण होने का दावा कर सकता है, धर्म अपने निर्भ्रान्त होने की घोषणा कर सकता है, परन्तु साहित्य मनुष्य की शक्ति-दुर्बलता, जय-पराजय, हास-अश्रु और जीवन-मृत्यु की कथा है। वह मनुष्य रूप में अवतरित होने पर स्वयं ईश्वर को भी पूर्ण मानना अस्वीकार कर देता है।

पर इस स्वेच्छा स्वीकृत अपूर्णता या परिवर्तनशीलता से जीवन और उसके विकास की एकता का सूत्र भंग नहीं होता।

नदी के एक होने का कारण उसका पुरातन जल नहीं, नवीन तरंगभंगिमा है। देश-विशेष के साहित्य के लिए भी यही सत्य है। प्रत्येक युग के साहित्य में नवीन तरंगाकुलता उसे मूल प्रवाहिनी से विच्छिन्न नहीं करती, वरन उन्हीं नवीन तरंग-भंगिमाओं की अनन्त आवृत्तियों के कारण मूल प्रवाहिनी अपने लक्ष्य तक पहुँचने की शक्ति पाती है।

इस दृष्टि से यदि हम भारतीय साहित्य की परीक्षा करें तो काल, स्थिति, जीवन, समाज, भाषा, धर्म आदि से सम्बन्ध रखनेवाले अनन्त परिवर्तनों की भीड़ में भी उसमें एक ऐसी तारतम्यता प्राप्त होगी जिसके अभाव में किसी परिवर्तन की स्थिति सम्भव नहीं रहती। समुद्र की वेला में जो धरती व्यक्त है, उसी की अव्यक्त सत्ता तल बन कर समुद्र की अथाह जलराशि को सम्भालती है। हमें समुद्र के जल का व्यवधान पार करने के लिए तट की धरती चाहिए और समुद्र को जल का व्यवधान बने रहने के लिए तल की धरती चाहिए। साहित्य के पुरातन और नूतन के अविच्छिन्न सम्बन्ध के मूल में भी जीवन की ऐसी ही धरती है।

संस्कृति मनुष्य के, बुद्धि और हृदय के जिस परिष्कार और जीवन में उसके

व्यक्तिकरण का पर्याय है, उसका दाय विभिन्न भू खंडों में बसे हुए मानव-मात्र को प्राप्त है, परन्तु संस्कृति की साहित्य में प्राचीनतम अभिव्यक्ति वेद-साहित्य के अतिरिक्त अन्य नहीं है।

वस्तुत: देश काल की सीमा से परे उक्त साहित्य मानव-जाति के विकास की आदिम गाथा है।

सहस्रों वर्षों के व्यवधान के उपरान्त भी भारतीय चिन्तन, अनुभूति, सौन्दर्य-बोध, आस्था आदि में उसके चिह्न अमिट हैं। यह तथ्य तब और भी अधिक विस्मयकारक बन जाता है जब हम समय के कुहरे के अनन्त स्तर और अपनी दृष्टि की व्यर्थता का अनुभव करते हैं। पर प्रकृति के जिस नियम से मनुष्य के शरीर को पैतृक दाय के रूप में शक्ति, दुर्बलता, व्याधि विशेष के कीटाणु, रोग विशेष के प्रतिरोध की क्षमता आदि अनजाने ही प्राप्त हो जाते हैं, उसी नियम से उसके मानसिक गठन का प्रभावित होना भी स्वाभाविक कहा जाएगा।

जीवन की दृष्टि से वेद-साहित्य इतना अधिक विविध है कि उसके लिए, महाभारत की विशालता व्यक्त करने वाली उक्ति 'यन्नभारते तन्नभारते' ही चरितार्थ होती है।

दाशराज्ञ युद्ध जैसे सर्वसंहारी संघर्ष में महाभारत का पूर्वरंग है। अनेक नाटकीय संवादों में नाट्यशास्त्र की भूमिका है। विभिन्न विचारों के प्रतिपादन में दर्शन की अनेक आस्तिक-नास्तिक सारणियों की उदार स्वीकृति है। जल, स्थल, अन्तरिक्ष, आकाश आदि में व्याप्त शक्तियों की रूपात्मक अनुभूति और उनके रागात्मक अभिनन्दन में काव्य और कलाओं के विकास इंगित हैं। व्यक्ति और समष्टि की कल्याण कामनाओं में जीवन के नैतिक मूल्यों के निर्देश हैं। कर्म के विस्तृत विवेचन में कर्तव्य की रेखाएँ आँकी गई हैं। व्यापक कोमल कल्पना के छायालोक में, जीवन के कठोर सीमित यथार्थ चित्रों ने धरती के निकट रहने का संकेत दिया है।

भारतीय जीवन में स्थूल कर्म से लेकर सूक्ष्म बौद्धिक प्रक्रिया और गम्भीर रागात्मकता तक जो विशेषताएँ हैं, उनका तत्वत: अनुसन्धान हमें किसी न किसी पथ से इस वृहत जीवन-कोष के समीप पहुँचाए बिना नहीं रहता।

इसका तात्पर्य यह नहीं कि वर्तमान अतीत की अनुकृति मात्र है। पर हम यदि मानव जीवन की निरन्तर और किसी सामान्य लक्ष्योन्मुख गतिशीलता को स्वीकृति देते हैं तो उसकी यात्रा के आरम्भ का कोई बिन्दु स्वीकार करना ही होगा, जो गन्तव्य के चरम और अन्तिम बिन्दु से अदृष्ट रहकर भी उससे विच्छिन्न नहीं हो सकता। विकास पथ का एक होना, यात्रियों की विभिन्नता, उनकी शक्तियों की विषमता, पाथेय की विविधता और गति की अनेकता को अस्वीकार नहीं करता। इतना ही नहीं वह चलने वालों की बौद्धिक और रागात्मक वृत्तियों की मुक्तावस्था को भी

किसी संकीर्ण क्षितिज से नहीं घेरता।

धर्मग्रन्थों के लिए मनुष्य की एकांगी दृष्टि ऐसा अँधेरा बन्दीगृह बन जाती है जिसमें उनकी उज्ज्वल रेखाएँ भी धूमिल हो जाती हैं। एक ओर धर्म विशेष के प्रति आस्थावान तत्सम्बन्धी ग्रन्थों के चतुर्दिक अपने अन्धविश्वास और रूढ़िवादिता की अग्निरेखा खींच देते हैं और दूसरी ओर भिन्न धर्मपद्धति के अनुयायी अपने चारों ओर उपेक्षा की इतनी ऊँची दीवारें खड़ी कर लेते हैं, जिन्हें अन्य दिशा से आने वाली वायु के पंख भी नहीं छू पाते। ऐसी स्थिति में धर्मग्रन्थ, अनजान कृपण की रत्नमंजूषा बन जाते हैं जिसके यथार्थ मूल्यांकन में एक ओर मोहान्धता बाधक है और दूसरी ओर अपरिचयजनित उपेक्षा।

यह स्वाभाविक ही है कि धर्मग्रन्थों की सीमा के भीतर रहकर अपना परिचय देने वाले साहित्य को भी इस भ्रान्त परिचय और अपरिचय का अभिशाप झेलना पड़ा। ऐसे धर्मग्रन्थों की संख्या अधिक है जो अपने कथ्य की मर्मस्पर्शी सामान्यता, शैली की मधुर स्पष्टता और भाषा के सहज सात्विक प्रवाह के कारण साहित्य की कोटि में स्थिति रखते हैं, परन्तु उनके लिए साहित्य की देश-काल-सम्प्रदायातीत मुक्ति दुर्लभ ही रहेगी।

वेद साहित्य संकीर्ण अर्थ में धर्म विशेष का परिचायक ग्रन्थ-समूह नहीं है। उसमें न किसी धर्म विशेष के संस्थापक के प्रवचनों का संग्रह है और न किसी एक धर्म की आचार-पद्धति या मतवाद का प्रतिष्ठापन या प्रतिपादन है। वस्तुतः वह अनेक युगों के अनेक तत्वचिन्तक ज्ञानियों और क्रान्तदृष्टा कवियों की स्वानुभूतियों का संघात है। मनुष्य की प्रज्ञा की जैसी विविधता और उसके हृदय की जैसी रागात्मक समृद्धि वेद साहित्य में प्राप्त है, वह मनुष्य को न एकांगी दृष्टि दे सकती है न अन्धविश्वास।

आकाश के अखंड विस्तार में केन्द्रित दृष्टि के लिए घट की सीमा में प्रतिबिम्बित आकाश ही अन्तिम सत्य कैसे हो सकता है!

वेदमनीषा नेति नेति कह कर जिसकी अनन्तता स्वीकार करती है उसी की सीमा निश्चित करने की भूल उससे सम्भव नहीं। पर वह ज्ञान-राशि ऐसा समुद्र है, जिसके तट पर बालकों को शंख घोंघे मिल सकते हैं, तैरना न जानने वाले को छिछला जल सुलभ है, गहराई में पहुँचकर आँखें खोलने वाले को मोती प्राप्त हो सकता है और अपने भार से डूबने वाले विशालकाय जहाजों का चिह्नशेष नहीं रहता। पर न घोंघे की उपलब्धि से समुद्र मूल्यरहित हो जाता है और न मोती से महार्घ। न तट पर गहराई का अभाव उसे तुच्छ प्रमाणित कर सकता है और न मँझधार के अतल जल पर ही उसकी महत्ता निर्भर है। वस्तुतः इन विविधताओं को एक अखंड पीठिका देने वाली क्षमता ही उसकी महिमा का कारण है।

अवश्य ही हमारे और इस वृहत् जीवन-कोष के बीच समय का पाट इतना चौड़ा और गहरा हो गया है कि उस तट के एक स्वर, एक संकेत को भी हम तक पहुँचने के क्रम में अनेक भूमिकाएँ पार करनी पड़ी हैं।

वेद-साहित्य के निर्माण काल के सम्बन्ध में इतना अधिक मतभेद है कि जिज्ञासु का किंकर्तव्यविमूढ़ हो जाना ही स्वाभाविक है। विविध मतवादियों ने, मानव-मनीषा की इस आश्चर्य-कथा का रचनाकाल दो हजार वर्ष ईसा पूर्व से लेकर पन्द्रह हजार वर्ष ईसा पूर्व तक फैला दिया है और वे अपने-अपने मत के समर्थन में जो तर्क उपस्थित करते हैं वे उन वर्षों की संख्या से भी अधिक हैं।

हमारे शोध के मापदंड इतिहास के हैं, अत: इतिहास की सीमा से अनन्त दूरी रखने वाले युग यदि उनकी सीमा के बाहर हों तो आश्चर्य नहीं।

आलोक को सूर्य से पृथ्वी तक आने में कितना समय लगता है, अन्तरिक्ष के एक छोर से दूसरे छोर तक ध्वनि की यात्रा किस क्रम से कितने समय में पूर्ण होती है, यह जानने में समर्थ विज्ञान भी इस जिज्ञासा का समाधान नहीं कर सका है कि मानवीय विचार और संवेदन का, एक युग से दूसरे में संक्रमण किस क्रम और कितने समय की अपेक्षा रखता है। पर वर्षों की संख्या और इतिहास की ऊहापोह के अभाव में भी हमारे हर चिन्तन, हर कल्पना, हर भावना में मानो 'तत्त्वमसि' तुम वही हो, का, कभी स्पष्ट कभी अस्पष्ट स्वर गूँजता रहता है जो प्रमाणित करता है कि हमारी बुद्धि और हृदय के तारों में कोई दूरागत झंकार भी है। जिसके सम्बन्ध में तर्क के निकट असंख्य उलझने हैं उसके सम्बन्ध में हमारा हृदय कोई प्रश्न नहीं करता, क्योंकि हमारी अन्तश्चेतना उसे अपना स्वीकार कर लेती है।

इतना तो निश्चित है कि वेद-साहित्य जिस रूप में हमें उपलब्ध है उस तक पहुँचने में वेदकालीन मनीषा को विशाल समय सागर पार करना पड़ा होगा, भाषा, छन्द, चित्रात्मक भाव, गहन विचार-सरणि आदि से यह किसी प्रकार सिद्ध नहीं होता कि वह जीवन का तुतला उपक्रम है।

वह तो मानवता के तारुण्य का ऐसा उच्छल प्रपात है जो अपने दुर्वार वेग को रोकने वाली शिलाओं पर निर्मम आघात करता और मार्ग देने वाली कोमल धरती को स्नेह से भेंटता हुआ आगे बढ़ता है। उस तारुण्य के पास अदम्य शक्ति, अडिग विश्वास, और अपने सुन्दर परिवेश के लिए अम्लान भावसुमन हैं। वह जीवन से विरक्त नहीं होता, संघर्ष से पराजय नहीं मानता, प्रतिकूल परिस्थितियों से परांगमुख नहीं होता और कर्म को किसी कल्पित स्वर्ग नरक का प्रवेशपत्र नहीं बनाता।

ऐसे तारुण्य की कथा अपनी सरल स्पष्टता में भी रहस्यमयी हो सकती है, क्योंकि उसमें प्रवृत्तियाँ, दीर्घ अभ्यास से स्थिर एकरसता नहीं पा लेतीं, प्रत्युत उनके विकास की अनेक अपरिचित दिशाएँ और अतर्कित परिणाम सम्भव हैं। उदाहरण

के लिए हम वैदिक चिन्तन को ले सकते हैं जो मानव-सुलभ जिज्ञासा और उसके सम्भावित समाधानों का संघात होने के कारण सबके लिए सामान्य है। परन्तु उसकी षड्दर्शनों में परिणति जब छ: विशेष चिन्तन पद्धतियों में स्थिर हो गई तब प्रत्येक पद्धति के सावधान समर्थक और सतर्क विरोधी उत्पन्न हो गए, क्योंकि ज्ञान जब मतवाद की कठिन रेखाओं में सीमित होकर अपना परिचय देता है तब विवादैषणा उसका सहजात परिणाम है। वैदिक चिन्तन के मूल में ऋत या उस सनातन नियम का बोध था, जिससे सृष्टि का समग्र जड़-चेतन-व्यापार नियमित और संचालित होता है और इस रूप में चिन्तन की सामान्यता निर्विवाद ही रहती है।

वैदिक साहित्य चारों वेद, ब्राह्मण ग्रन्थ, आरण्यक और उपनिषदों तक फैला हुआ है, परन्तु उसका चेतना-केन्द्र वेद-संहिताएँ और उनमें भी ऋग्वेद ही कहा जाएगा, जिससे मानव-बुद्धि और उसका हृदय, विविध विचार और भावनाओं को जीवन-रस पहुँचाता रहा है।

ऋग्वेद ऋक् या छन्दस् का संग्रह है जिसके दस मंडलों में 1017 के लगभग सूक्त और 10600 के लगभग मन्त्र उपलब्ध हैं, जो कथ्य की मौलिकता की दृष्टि से तो महार्घ हैं ही, भाषा, शैली, छन्द और चमत्कारिक उक्तियों के कारण भी मानव-जाति का महत्वपूर्ण उत्तराधिकार हैं।

यजुष् में मन्त्र और ब्राह्मण अंश अर्थात छन्द और गद्य यज्ञविषयक कर्म विधान को दृष्टि में रखकर संग्रहीत किए गए हैं। अत: इसके 40 अध्यायों और 1990 के लगभग मन्त्र संख्या में विविध यज्ञ-अनुष्ठान में प्रयुक्त होने वाले मन्त्रों और उनकी सफलता के लिए निश्चित विधि-विधान ही समाविष्ट है।

साम, जिसका पर्याय प्रीतिकर भी होता है, गेय मन्त्र-समूह है, जिसके 1649 मन्त्रों में से 78 नवीन मन्त्रों के अतिरिक्त शेष मन्त्र ऋग्वेदीय ही हैं। गेय ऋक् का गान ही साम है।

प्रथम यही त्रयी वेद अभिधान के अन्तर्गत आती रही, पर अन्त में अथर्व ने वेद संज्ञा से अभिहित होकर वेद संहिताओं को चतुर्मुखी कर दिया।

अथर्व में ऋग्वेद के कुछ ऋक् अवश्य् हैं, परन्तु उसके गद्यपद्यों में संग्रहीत विषय, अपनी नूतनता के कारण अन्य वेद-संहिताओं में संग्रहीत सामग्री से भिन्न हैं। तत्व-चिन्तन की ऊँचाई से तन्त्र-मन्त्र-अभिचार के गर्त तक सब कुछ उसमें सहज प्राप्त है, मानो मनुष्य के ज्ञान और अन्धविश्वास में स्थायी सन्धि हो गई हो। जीवन के व्यावहारिक और अलौकिक पक्ष, वनस्पति, औषधि, धरती, अन्तरिक्ष, राष्ट्र समष्टि, व्यष्टि आदि से सम्बन्ध रखने वाला इतना विविध ज्ञान-विज्ञान उसमें संग्रहीत है कि उसका तत्वत: परीक्षण और मूल्यांकन, युगों का अवकाश और पीढ़ियों का आयास चाहता है।

ऋक् का मंडलों, अनुवादकों, सूक्तों और मन्त्रों में विभाजन, तत्कालीन चिन्तकों की दूरदृष्टि और सत्य को अक्षुण्ण रखने के संकल्प का परिचायक है।

सत्य निर्मित नहीं किया जाता, उसे साधना से उपलब्ध किया जाता है, यह आज भी प्रमाणित है। वैदिक ऋषि भी अपनी अन्तश्चेतना में जीवन के रहस्यमय सत्य की अनुभूति प्राप्त करता है और उसे शब्दायित करके दूसरों तक पहुँचाता है। यह सत्य उसके तर्क-वितर्क का परिणाम नहीं है, न वह इसका कर्तृत्व स्वीकार कर सकता है। जो नियम सृष्टि को संचालित करते हैं, ऋषि उनका दृष्टा मात्र है। जीवन के अव्यक्त रहस्यों के सृजन का तो प्रश्न ही क्या, जब जगत के भौतिक तत्वों की खोज करने वाला आज का वैज्ञानिक भी यह कहने का साहस नहीं करता कि वह भौतिक तत्वों का सृष्टा है।

कवि या कलाकार को भी जीवन के किसी अन्तर्निहित सामंजस्य और सत्य की प्रतीति इसी क्रम से होती है, चाहे भाषा, छन्द और अभिव्यक्ति पद्धति उसकी व्यक्तिगत हो। जल की एकता के कारण ही जैसे उसके एक अंश में उत्पन्न कम्पन दूसरी ओर तक पहुँच जाती है, अन्तरिक्ष का विस्तार ही जैसे एक ओर की ध्वनि को दूसरी ओर तक संक्रमित कर देता है, वैसे ही चेतना की अखंड व्याप्ति, अपने ऋत् रूप सत्य को भिन्न चेतना-खंडों के लिए सहज सम्भव कर देती है।

वाणी मनुष्य का सबसे मौलिक और चमत्कारी आविष्कार है। प्रकृति ने मनुष्य के साथ पशु जगत को भी अपने सुख-दुःख व्यक्त करने के लिए कुछ ध्वनियाँ दी हैं। इतना ही नहीं जड़ प्रकृति में भी आकर्षण-विकर्षण के नियम से कुछ स्वर उत्पन्न और विलीन होते रहते हैं। पर मनुष्य को प्राप्त ध्वनि-समूह की जैसी अक्षर-परिणति हो सकी है, वैसी न पशु-पक्षियों को प्राप्त ध्वनियों के लिए सम्भव थी न प्रकृति की निस्तब्धता भंग करने वाले स्वर-संघात के लिए, क्योंकि वे प्रकृति के परिवर्तन या अपनी आवश्यकताएँ व्यक्त करने में उनका उतना ही प्रयोग करते हैं जितना प्रकृति को अभीष्ट है।

मनुष्य ने प्राकृतिक दाय को स्वीकार करके भी उसे अपना नियामक नहीं बनने दिया, परिणामतः प्रकृतिदत्त उत्तराधिकार में अपनी सृजनात्मक चेतना मिलाकर उसने उसमें जीवन के रहस्य का समाधान पा लिया।

पशु कालान्तर में विशालकाय से लघुकाय होकर भी पशु ही रह गया, पक्षि-कुल शून्य में उड़ान भर कर भी प्रकृति का बन्दी बना रह गया। केवल मनुष्य ही ने प्रकृति के दान को निरुपायता में स्वीकार नहीं किया और वह आदिम युग से अब तक पशु से देवता तक न जाने कितनी भूमिकाओं में अवतीर्ण होता आया है। किस लक्ष्य तक पहुँचकर उसकी चेतना से और आगे बढ़ने का संकल्प मिट सकेगा, गति की विद्युत् बुझ सकेगी, इसे कोई अज्ञातनामा अनागत युग ही बता सकेगा।

भाषा को भी उसके अथक प्रयासों ने नव-नव अवतार दिए हैं। उसने अशरीरी ध्वनि को शब्द की सार्थकता में साकारता ही नहीं दी, प्रत्युत उसे ब्रह्म या विराट् अखंड चेतना का पर्याय भी बना दिया।

मनुष्य की कल्पनाशील सृजनशक्ति का जैसा परिचय वेद में मिलता है वैसा कदाचित् ही अन्यत्र मिल सकेगा। प्रत्येक ऋक् छन्दगठित शब्द-समूह है, जिसका उद्भावक ऋषि है। इस शब्दगठन द्वारा जिस शक्ति का आवाहन और अभिनन्दन होता है वही उसका देवता है।

अपने शब्द संकेत के प्रति, प्रत्येक उद्गाता इतना सतर्क है कि वह किसी निरर्थक ध्वनि के प्रवेश के लिए कोई रन्ध्र नहीं छोड़ता। लिपि के आविर्भाव के पूर्व रचित यह साहित्य कंठ से कंठ में संक्रमण करता हुआ अपना श्रुति नाम सार्थक करता रहा। लिखित शब्द का पाठक उसके उच्चारण में जितनी भूलें कर सकता है, उतनी उच्चरित शब्द ध्वनि का, अपने कंठ से अनुकरण करनेवाला श्रोता नहीं करता। स्वरों को, आरोह-अवरोह की दृष्टि से, उदात्त, अनुदात्त और स्वरित् के क्रमों में बाँधा गया है। पद पाठ, क्रम पाठ, जटा पाठ, घन पाठ आदि पठन-विधियों का उद्देश्य, प्रत्येक शब्द की अनेक आवृत्तियों द्वारा उसे ध्वनि और तत्त्व की दृष्टि से शुद्ध रखना है। तत्त्व ज्ञान की उपलब्धि साधना से साध्य हो सकती है, किन्तु ज्ञान की ऐसी रक्षा और उसे दूसरों तक तत्वतः और मूलतः पहुँचाने की ऐसी चिन्ता तथा इतने पूर्ण माध्यम दुर्लभ ही रहेंगे। समय के निर्मम प्रवाह से संघर्ष करते-करते वर्ण, शब्द आदि में जो परिवर्तन अनिवार्यतः आ गए हैं, उनसे उक्त प्रयत्न-परम्परा की महत्ता में अन्तर नहीं आता।

सामान्यतः जिन अनेक दृष्टियों से वेद का अर्थ ग्रहण होता है उनमें तीन विशेष कही जाएँगी-आधिभौतिक, आधिदैवत और आध्यात्मिक, जो ऊपरी तल पर एक दूसरी से भिन्न जान पड़ने पर भी गहराई में एक हो जाती हैं। पर समय के असंख्य आवरण भेद कर दृष्टि का उस गहराई तक पहुँचना कठिन है। वेदों के निघण्टु या शब्दकोश के लिए यास्क का महत्वपूर्ण निरुक्त है जिसमें शब्दों की व्युत्पत्तिमूलक व्याख्या मिल सकती है। वेदार्थ के लिए ख्यातिनामा सायण के अतिरिक्त, असंख्य ज्ञातनामा अज्ञातनामा भाष्य-टीकाकार प्राप्त हैं। देश में वेद का नाम मानो घट-घटवासी हो गया है। विदेशी विद्वानों ने बार-बार मुक्त कंठ से वेद साहित्य को मानवता का अमूल्य दाय स्वीकार किया है। किन्तु वह मानव-प्रज्ञा का अक्षय कोश हमारे लिए दुर्गम से दुर्गमतर होता आ रहा है। समय उसके मूल्य से अधिक हमारा उससे अपरिचय बढ़ाता है।

इस स्थिति का एक कारण धर्मग्रन्थ के रूप में इसकी युग युगान्तर-व्यापिनी गोपनीयता है, जिसे भंग करना नास्तिकता का पर्याय बन जाता है और दूसरा कारण

पाठक के मन के उस पूर्व ग्रह में मिलेगा जो वेद को विविध देव विषयक स्तुतिपरक मन्त्र-जाल से अधिक नहीं समझना चाहता, जिसका उपयोग आधुनिक युग में सम्भव नहीं।

बुद्धि और हृदय के नियम भिन्न हैं। बुद्धि का आकर्षण अज्ञात के प्रति अधिक होता है, क्योंकि उसके लिए अति परिचित में जानने योग्य कुछ नहीं रह जाता। पर हृदय की गति ज्ञात की ओर अनायास होती है। जो सुख-दुःख, जय-पराजय, जीवन-मृत्यु में हमारे समान है, उसी से हमारा तादात्म्य सहज है और इस तादात्म्य में हृदय की संवेदनशीलता का विस्तार है। इसी से विज्ञान बुद्धि की खोज है और साहित्य हृदय की प्राप्ति। यदि वेद-साहित्य केवल बुद्धि का विषय है और हृदय के तादात्म्य के लिए उसमें कुछ नहीं मिलता तो वह संग्रहालय की कुतूहलवर्धक सामग्री से भिन्न नहीं। पर यह मान कर हम सहस्त्रों वर्षों के महाकाश में फैले हुए मानव-संवेदनों को अस्वीकार करेंगे, जो अतीत से अधिक वर्तमान की निर्धनता की घोषणा है।

वेदकालीन जीवन से अपना बौद्धिक और रागात्मक सम्बन्ध स्थापित करने के लिए हमें, ज्ञान के उन्नत शिखरों पर ही दृष्टि केन्द्रित न करके उसके चरण-तल में फैली सजल श्यामल धरती का स्पर्श भी पाना होगा। समय के दूसरे छोर पर खड़े हुए मानव के सौन्दर्य-बोध, उसके राग-विराग, हर्ष-विषाद, संघर्ष-विश्रान्ति आदि की गाथा से परिचित होने पर ही उससे हमारा ऐसा तादात्म्य सम्भव है जो देशकाल की दूरी अस्वीकार कर मानव-हृदय की समानता प्रमाणित कर सकता है।

किसी मानव-समूह को दूसरों से भिन्न विशेषता उसके सौन्दर्य-बोध से प्राप्त होती है। सौन्दर्य-बोध जीवन की सहजात वृत्ति होने के कारण उसी के समान सामान्य और अपने परिवेश में विशेष रहती है। व्यापक अर्थ में वह जीवन के सभी क्षेत्रों में व्यक्त होकर उन्हें प्रभावित करती रहती है। परन्तु सौन्दर्य की अनुभूति जितनी सहज है उसकी परिभाषा उतनी ही कठिन हो जाती है। सामान्यत: वह ऐसी सुखद अनुभूति है, जो वस्तुओं, रंगों, रेखाओं आदि की विशेष सामंजस्यपूर्ण स्थिति में अनायास उत्पन्न हो जाती है। किसी सीमा तक यह सुख की स्थिति पशु-पक्षियों की अवचेतना का सहज चेतना में भी स्वाभाविक है। मंजरित, पल्लवित और सुरभित समीर से स्पन्दित परिवेश में पक्षियों का कलरव, मधुपों का गुंजन विस्तार पाता है, पशु हर्षोन्माद से चंचल हो उठते हैं। मेघ-गर्जन के ताल पर मयूर नाचते हैं, चातक पुकारते हैं, बगुले उड़ते हैं। पर ग्रीष्म से झुलसे वातावरण में यह हर्षाकुलता, यह संगीत-नृत्य समाप्त हो जाता है।

मनुष्य के पास बाह्य जगत के समान एक सचेतन अन्तर्जगत भी है, अत: उसका सौन्दर्य-बोध दोहरा और अधिक रहस्यमय हो जाता है। वह केवल परिवेश

के सामंजस्य पर प्रसन्न नहीं होता, वरन विचार, भाव और उनसे प्रेरित कर्म की सामंजस्यपूर्ण स्थिति पर भी मुग्ध होता है। उसके अन्तर्जगत का सामंजस्य बाह्य जगत में अपनी अभिव्यक्ति चाहता है और बाह्य जगत का सामंजस्य अन्तर्जगत में अपनी प्रतिच्छवि आँकना चाहता है।

वेद काल का मानव भौतिक जीवन का भावुक कलाकार ही नहीं, आत्मा का अथक शिल्पी भी है। प्रकृति में उसका सौन्दर्य-दर्शन केवल कोमल मधुर तत्वों तक ही सीमित नहीं है, वरन् वह उग्र और रुद्र रूपों में भी आकर्षण का अनुभव करता है। जिस तूलिका से वह अपने पार्थिव परिवेश को उज्ज्वल रेखाओं और इन्द्रधनुषी रंगों में चित्रमयता देता है, उसी से अपने अन्तर्जगत में मंगल संकल्पों को अजर मूर्तिमत्ता प्रदान करता है। उसकी जिस तुला पर ज्ञान की गरिमा तुलती है, उसी पर कर्म-पथ पर पड़े प्रत्येक पग का मूल्य निश्चित होता है। उषा की दीप्त छवि अंकित करने में जिस कुशलता का उपयोग हुआ है, वही नासदीय सूक्त में जिज्ञासाओं को सार्थक वाणी दे सकी है। जिस भक्तिजनित तन्मयता से वह ऋत् के रक्षक वरुण की वन्दना करता है, उसी के साथ इन्द्र के वज्र-निर्घोष के आह्वान में प्रवृत्त होता है। अपने आपको 'पृथिवीपुत्र' की संज्ञा देकर वह धरती के वरदानों को जैसा आदर देता है, 'आत्मा का विनाश नहीं होता' स्वीकार कर वह अखंड चेतना के प्रति भी वैसा ही विश्वास प्रकट करता है। किसी अन्य युग के काव्य में जिन्हें स्थान मिलना कठिन है, उन विषयों को भी छन्दायित करने में ऋषि की प्रतिभा कुंठित नहीं हुई। उलूक, दादुर, ऊखल, श्वान आदि ऐसे ही विषय हैं।

जीवन को सब ओर से स्पर्श करने वाली दृष्टि मूलतः और लक्ष्यतः सामंजस्यवादिनी ही होती है। वेद साहित्य में आकाश, अन्तरिक्ष और पृथ्वी में व्याप्त शक्तियों को जो देवत्व प्राप्त हुआ है उसमें भी एक विशेष तारतम्यता का सौन्दर्य मिलता है।

सूर्य, उषा, वरुण आदि आकाश में सबसे ऊँची स्थिति रखने के कारण सृष्टि का नियमन और संचालन करते हैं। वायु-मंडल में स्थिति रखने वाले इन्द्र, मरुत आदि उथल-पुथल उत्पन्न करके भी जल-वृष्टि से पृथ्वी को उर्वर बनाते हैं। अग्नि और सोम की पृथ्वी पर इतनी उपयोगी स्थिति थी कि वे पृथ्वी के ही देव मान लिए गए।

यह देवताओं की अनेकता धीरे-धीरे एक केन्द्र-बिन्दु में समाहित हो गई, परन्तु वेदकालीन चिन्तक की जिज्ञासा किसी एक व्यक्तिगत देव तक पहुँचकर रुकनेवाली नहीं थी। अतः इस अनेकता का विलय एक अखंड व्यापक चेतना में उसी प्रकार हो गया जैसे विभिन्न तरंग, बुद्बुद् आदि समुद्र में बनकर उसी में विलीन हो जाते हैं।

इन देवताओं और प्रकृति पर आरोपित चेतना खंडों की कल्पना को, वैदिक कवि ने सौन्दर्य की जिन रेखाओं में बाँधा है वे तत्वतः भारतीय हैं। उनका अपने परिवेश से अविच्छिन्न सम्बन्ध ही उनकी सर्वमान्यता का कारण है। खंड सौन्दर्य को विराट की पीठिका पर रखकर देखने का संस्कार गहरा है, अतः देवत्व से अभिषिक्त न होने पर भी वे खंड अपनी स्वतः दीप्ति से दीपित हो उठते हैं। पृथ्वी, नदी, अरण्य आदि अपनी सत्ता विशेष के कारण ही जीवन के सहचर और किसी व्यापक अखंड के अंश भूत रहकर सार्थकता पाते हैं। वैदिक चिन्तक की तत्व-स्पर्शी दृष्टि, सृष्टि की असीम विविधता को पार कर एक तत्वगत सूत्र खोज लेती है।

*एतावानस्य महिमाऽतो ज्यायांश्च पूरुषः।*
*पादोऽस्य विश्वभूतानि त्रिपादस्यामृतं दिवि॥*

(पुरुष सूक्त)

यह सब उसकी महिमा है, पुरुष इससे बड़ा है। विश्वभूत इसका एक पाद (अंश) है, इसके अमृत त्रिपात (तीन अंश) दिव्य लोक में अवस्थित हैं।

पर यह सूक्ष्म दृष्टि उसकी हार्दिकता को नहीं भेदती, इसी से वह अरण्य को ममता से सम्बोधित करता है–

*अरण्यान्यरण्यान्यसौ या प्रेव नश्यसि।*
*कथं ग्रामं पृच्छसि न त्वा भीरिव विन्दतिम्॥*

(अरण्यानी सूक्त)

हे अरण्यानी (वन) तुम देखते-देखते अन्तर्हित होकर इतनी दूर चली जाती हो कि दृष्टिगत नहीं होतीं। तुम क्यों ग्राम में जाने का पथ पूछती हो? क्या एकाकीपन से तुम सभीत नहीं होतीं?

*आञ्जगन्धि सुरभिं वहवन्नामकृषीवलाम्।*
*प्राहं मृगाणां मातरमरण्यानिमशंसिषम्॥*

मृगनाभि के समान अरण्यानी का सौरभ है। वहाँ आहार है, पर कृषि का अभाव है। वह मृगों के लिए माता है। इस प्रकार मैं अरण्यानी का स्तवन करता हूँ।

नासदीय सूक्त में जिज्ञासा, जीवन की विविध रूपात्मकता के सौन्दर्य पर दृष्टि-निक्षेप न करके प्रश्नों और अनुमानों की गम्भीरता में व्यक्त होती है–

*नासदासीन्नो सदासत्तदानीं नासीद्रजो नो व्योमा परो यत।*
*किमावरीषः कुहकस्य शर्मन्नम्भः किमासीद् गहनं गभरम्॥*

उस समय न असत् था न सत् था। पृथ्वी भी नहीं थी और आकाश भी नहीं था। तब इस आवरण (जगत) की स्थिति कहाँ थी? किसकी कहाँ स्थिति थी? क्या

तब केवल गहन गम्भीर जल था?

*न मृत्युरासीदमृतं न तर्हि न रात्र्या अह्न आसीत् प्रकेतः।*
*आसीदवातं स्वधया तदेकं तस्माद्धान्यत्र परः किञ्चनास॥*

उस समय न मृत्यु थी न अमरता। रात और दिन का भेद भी अज्ञात था। वायु के अभाव में अपने आत्मावलम्बन से श्वास प्रश्वास लेता हुआ केवल एक तत्व (ब्रह्म) था, उसके अतिरिक्त कुछ नहीं था।

पर यही वीतरागता दिवस के आगमन की सूचना देने वाली किरणों को रागारुण कर उन्हें चेतन व्यक्तित्व और सौन्दर्य का परिधान देकर मुग्ध भाव में परिवर्तित हो जाती है–

*वयश्चित्ते पतत्रिणो द्विपच्चतुष्पदर्जुनि।*
*उषः प्रारन्नृतूंरनु दिवोऽन्तेभ्यस्परि॥*

हे उज्ज्वलवर्णा! हे उषा! तुम्हारे आगमन के साथ ही सब द्विपद, चतुष्पद और पंख वाले खग आकाश मंडल के नीचे अपने-अपने कार्य में लग जाते हैं।

*एता उत्या उषसः केतुमक्रत पूर्वे अर्धे रजसो भानुमञ्जते।*
*निष्कृण्वाना आयुधानीव धृष्णवः प्रति गावोऽरुषीयन्ति मातरः॥*

उषाओं ने आलोक फैला दिया है। वे प्रथम पूर्व दिशाकाश को आलोकित करती हैं। वीर जैसे अपने आयुधों का परिमार्जन कर उन्हें उज्ज्वल बनाते हैं उसी प्रकार अपने तेज से संसार का परिमार्जन कर गतिशील और तेजोमयी उषा माताएँ प्रतिदिन चली जाती हैं।

वेद साहित्य की चिन्तन-पद्धति ने यदि भारतीय चिन्तन को दिशा ज्ञान दिया है तो उसकी रागात्मक अनुभूति ने भावी युगों की काव्य-कलाओं में स्पन्दन जगाया है। प्रकृति से रागात्मक सम्बन्ध, उस पर चेतन व्यक्तित्व का आरोप, रहस्य को व्यक्त करनेवाली जटिल उक्तियाँ, भक्तिजनित आत्म-निवेदन आदि बिना कोई संस्कार छोड़े हुए अन्तर्हित हो गए, यह समझना मानव-चेतना की संश्लिष्टता पर अविश्वास करना होगा।

यह अनुभव-सिद्ध है कि भाषा की परम्परा और पुस्तकीय ज्ञान का क्रम टूट जाने पर भी मनुष्य की बुद्धि और उसका हृदय, पूर्व संस्कारों का दाय सुरक्षित रखने में समर्थ है। संस्कृति इसी रक्षा का पर्याय है और इसी कारण लिखित शास्त्रीय ज्ञान से अपरिचित भारतीय ग्रामीण, नागरिक से अधिक संस्कृत कहा जाएगा। वैदिक कालीन संस्कार निधि भी इसी प्रकार सुरक्षित रही हो तो आश्चर्य नहीं।

वेद काल के पट परिवर्तन में हमारी दृष्टि जिस कवि मनीषी और उसकी कृति पर पड़ती है उन्हें भारतीय प्रतिभा ने आदि कवि और आदि काव्य की सार्थक संज्ञाएँ दी हैं। आर्ष वाणी का अनुगमन करनेवाली, व्याकरण नियमों से संयमित होकर भी

स्वच्छन्द संस्कृत भाषा का प्रथम काव्य तो वह है ही, पर कथ्य की दृष्टि से भी उसकी विशेषता मौलिक कही जाएगी। उसमें प्रथम वार मानव ने देवताओं को सिंहासनच्युत कर दिया है। अब मानव अपने संकट काल में देवताओं का आह्वान न करके अस्त्र उठाता है और देवों के सख्य की उपेक्षा कर अपने पराक्रम और कर्तव्य को जीवन-संगी का आदर देता है।

ऐसी मानव गाथा का उद्‌गाता कवि अपने विद्रोह में भी पहला कहा जाएगा। उसके हृदय में कथा की प्रेरणा, किसी समाधि-स्थिति से नहीं उद्‌भूत हुई, वरन् वह एक लघुकाय, अल्पप्राण पक्षी की वेदना से निःसृत हुई है।

हमारे नरमेध, गोमेध, अश्वमेध आदि के महारव से भरे हुए कर्णरन्ध्रों में जब क्षुद्र क्रौंच की दीन क्रन्दन ध्वनि प्रवेश पा लेती है तब हम चौंक उठते हैं। कैसे इस लघु आँसू की बूँद को दुःख के महासागर की समानता करने का साहस हुआ? पर जब हम क्षणिक क्रन्दन के इसी अस्फुट स्वर से किसी वीतराग ऋषि की प्रतिभा को जागते और अमर सृजन करते देखते हैं, तब हमारा हृदय उक्त घटना की अभूतपूर्वता निर्विवाद स्वीकार कर लेता है। क्रौंच के शोक से तादात्म्य करके ऋषि को आदि कवि की पदवी और श्लोक की छन्दमयता ही नहीं प्राप्त हुई उससे उन्हें मानव-जीवन के महागीत के लिए स्वर, लय और ताल खोजने की प्रेरणा भी मिली।

रामायणकाल तक कर्म-परम्परा, नियतिवाद, स्वर्ग-नरक आदि की रेखाएँ निश्चित और कठिन हो चुकी थीं। वेदकालीन देव सृष्टि में कई प्रलय आ चुके थे। कुछ देव शक्तियाँ लुप्त हो चुकी थीं, कुछ देवों के रूप परिवर्तन हो चुके थे, कुछ आर्य देवता अनार्य देवताओं से एकाकार होकर तीसरे रूप में अवतीर्ण हो चुके थे। सारांश यह कि जीवन का रंगमंच एक प्रकार से शून्य था। आदि कवि ने इस पर मनुष्य को अवतीर्ण ही नहीं किया, उसे ऐसी भूमिका में अवतीर्ण किया, जिसने लोक हृदय से देवताओं का मोह ही समाप्त कर दिया। और तब उन स्वर्ग निवासियों का उपयोग, मनुष्य की पार्श्वच्छवि के रूप में ही रह गया।

परन्तु इसका यह अर्थ नहीं कि आदि कवि ने सब दृष्टियों से पूर्णतम अतिमानव की कल्पना की है। रामायण के नायक राम का व्यक्तित्व सुन्दर, शील लोकोत्तर, कर्म लोक-मंगल विधायक और पराक्रम अजेय है, परन्तु उनकी मानव सुलभ अपूर्णताएँ और दुर्बलताएँ भी कवि के दृष्टिपथ में रहती हैं। न वे राम के अनन्य भक्त कहे जा सकते हैं और न उनके काव्य का लक्ष्य इष्ट की अर्चना वन्दना मात्र है। उनकी यथार्थवादिनी मर्मभेदिनी दृष्टि वेदकालीन ऋषि की दृष्टि से भी भिन्न है और मध्ययुगीन भक्त की दृष्टि से भी, क्योंकि सामान्यतः एक में जीवन के विविध अभावों की पूर्ति के लिए देव या देव समूह की प्रसन्नता की अपेक्षा रहती है और दूसरी में भवसागर-संतरण के लिए इष्ट के अनुग्रह की याचना। वाल्मीकि

की चेतना मनुष्य की विजय-घोषणा के लिए एक ऐसे श्रेष्ठ मानव की उद्भावना करती है, जिससे अपने लिए उसे किसी लौकिक या पारलौकिक दान की न अपेक्षा है न आवश्यकता।

यह सत्य है कि इस अमर कृति के बाल और उत्तर कांडों में राम में विष्णु के अवतरित होने के संकेत स्पष्ट हैं, परन्तु उन अंशों को रामायण का मौलिक अंश मानने के मार्ग में अनेक कठिनाइयाँ हैं। रामायण के रूप में राम-गाथा मूलतः कुशीलवों या सूतों द्वारा गाई जाती थी, अतः दीर्घकाल तक उसका कंठ से कंठ में संचरण होता रहा। यज्ञ विधान या देवाह्वान उसका लक्ष्य न होने के कारण, वेद मन्त्रों के समान, उसके वर्ण, ध्वनि, पाठ आदि की सुरक्षा और शुद्धता भी सम्भव नहीं थी। लोक हृदय के अनुरंजन का लक्ष्य रखने वाली इस श्रेष्ठ मानव-कथा से लोक की ऐसी आत्मीयता स्वाभाविक कही जाएगी, जिसके कारण वह कवि की रचना को अपनी भी कृति समझ लेता है और उस पर अपनी भावना का रंग चढ़ाने में संकोच नहीं करता। आज भी अनेक लोक प्रचलित गाथाएँ इस सत्य का प्रमाण हैं। लिपिबद्ध होने तक रामायण में कुछ प्रक्षिप्तांश सम्मिलित हो गए हों तो आश्चर्य नहीं।

जिन दो कांडों में अवतार का उल्लेख है वे शेष रचना से, वर्णन, शैली आदि की दृष्टि से कुछ भिन्न हैं। इसके अतिरिक्त समस्त रचना में व्याप्त कवि के अभिप्राय से भी यही सिद्ध होता है कि वे राम कथा से मनुष्य की श्रेष्ठता और महत्ता को वाणी देना चाहते हैं।

जिसने वेद-छन्दों की अतुल सम्पत्ति का उपयोग न करके नवीन छन्द का आविष्कार किया, असंख्य दिव्य आख्यानों की उपस्थिति में मनुष्य के जीवन-संघर्ष को अपना विषय बनाया, उसकी मौलिकता, मनुष्य को अपने विवेक और पराक्रम से ही पूर्णता का अधिकार दिलाने में है।

इस विद्रोही आदि कवि का जीवनवृत्त और रचनाकाल अन्य प्राचीन स्रष्टाओं के जीवन और सृजनकाल के समान ही अनुमान-क्षेत्र तक सीमित है। किंवदन्तियाँ ऋषि कवि को प्रारम्भिक जीवन में, भीमकर्मा और निष्ठुर व्याध या दस्यु के रूप में चित्रित करती हैं, जिसने नारद के उपदेश से परिवर्तित होकर ऐसा कठिन तप किया कि उसके शरीर पर दीमकों ने वाल्मीक बना लिए। तपश्चरण के अन्त में एक स्थिति से निकलने पर उन्हें वाल्मीकि का नाम मिला जो आदि कवि की उपाधि के समान ही उनकी संघर्ष-शक्ति का परिचायक है। इस लोक-कथा में कल्पना और सत्य का जो सम्मिश्रण है उससे इतना निष्कर्ष तो निकल ही सकता है कि वे वैदिक ऋषियों के समान कुल-परम्परा से ऋषि नहीं थे, पर उनके दृढ़ संकल्प और उसके अनुरूप कठोर साधना ने ही उन्हें ऋषित्व उपलब्ध करा दिया। उनके चरित्र में

कठोरता और कोमलता का जो स्थायी सन्धिपत्र है उसका मूल्य समझने के लिए हमें उनकी कठोर साधना और क्षुद्र क्रौञ्च की व्यथा से विगलित हृदय की भावुकता को एक साथ रखकर देखना होगा। इतना तो स्पष्ट है कि राम का चरित्र जिस धातु से बना है उसी से राम-कथा के कवि का भी निर्माण हुआ होगा।

वेद-साहित्य में अनेक आख्यानों की स्थिति है, जो देवताओं के क्रम से चलते-चलते वीर-गाथाओं तक पहुँच जाते हैं। ये वीर-आख्यान ही 'नाराशंसी' संज्ञा पाते हैं और इन्हीं नाराशंसी गाथाओं में रामायण और महाभारत जैसे, भारतीय संस्कृति की विविधता के अजर परिचायक महाकाव्यों के अंकुर हैं। वेदकालीन ऋषि राम, दशरथ, उनके पूर्वज तथा अन्य पराक्रमी राजाओं के नाम से परिचित हैं और इनकी शौर्यगाथाओं की मौलिक परम्परा भी रही होगी। आदि कवि को अपनी रचना के लिए मूल प्रेरणा सूत्र ऐसी ही किसी शौर्यगाथा में मिला होगा, परन्तु उसे जीवन का उद्‌गीथ बना देना स्वयं उन्हीं की सृजनात्मक प्रतिभा से सम्भव हो सका।

महाभारत में महर्षि वाल्मीकि और रामायण के उल्लेख हैं, किन्तु रामायण में महाभारत के किसी वीर या घटना का संकेत न मिलना यह प्रमाणित करता है कि आदिकाव्य की रचना उससे पूर्व हो चुकी थी। पाणिनि ने भारत सम्बन्धी निर्देश दिए हैं, किन्तु रामायण के विषय में वे मौन हैं। आदि कवि ने भी शब्दों के कुछ ऐसे प्रयोग किए हैं, जो वेद भाषा के निकट, पर पाणिनि के व्याकरण-सम्मत प्रयोग से दूर हैं। इसके अतिरिक्त समाज, संस्कृति, धर्म, राजा, नीति आदि की दृष्टि से भी रामायण-काल, महाभारत-काल से भिन्न और संस्कार की दृष्टि से उसका पूर्वज कहा जाएगा। पर समय के सम्बन्ध में हमारी जिज्ञासा को ग्यारहवीं शताब्दी ई.पू. से तीसरी शताब्दी ई.पू. तक लम्बी यात्रा करके भी किसी बिन्दु पर विश्राम नहीं मिलता।

महाभारत में अनेक कृतियों का कृतित्व शताब्दियों में सम्पादित हुआ है और रामायण में एक कवि की रचना अनेक कंठ-परम्परा पार कर दीर्घ काल के उपरान्त लिपिबद्धता पा सकी है। एक का प्राप्त कलेवर सम्पादित है, दूसरी का रचित। महाभारत मानो विशाल और विस्तृत पट है, जिस पर अनेक चितेरों ने अपनी-अपनी रुचि के अनुसार रेखाएँ खींच कर रंग भर दिए हैं और इस प्रकार वह अनेक कल्पनाओं का सम्मिलित अंकन है। इसके विपरीत रामायण के सीमित और छोटे चित्रफलक पर एक ही चितेरे की तूलिका चली है, अत: उसके रंगों और रेखाओं में वही अंकित होता है, जो उस एकाकी चित्रकार की कल्पना में अंकित है। प्रक्षिप्त अंशों से भी यह संश्लिष्टता भंग नहीं होती, क्योंकि उनकी स्थिति दर्शकों द्वारा लगाए गए चिह्नों जैसी है, जो मूलभाव को स्पष्टतर करके देखने की प्रेरणा देते हैं।

आदि कवि की मानव-गाथा मानो कर्तव्य का अचल पर्वत और उससे निकली करुणा की चिर चंचल स्रोतस्विनी है। ज्यों-ज्यों स्रोतस्विनी दूर प्रवाहित होती है,

अपनी गतिशीलता के लिए ही नहीं अस्तित्व के लिए भी वह पर्वत की अचलता पर अधिक निर्भर होती जाती है।

परिवेश की विराट विविधता में मनुष्य की रहस्यमय मानसिक वृत्तियों का ऐसा सूक्ष्म निरीक्षण कर आदि कवि ने अपने पात्रों के व्यक्तित्व का निर्माण किया है कि सहस्रों वर्षों की यात्रा के उपरान्त और अनेक कवियों की प्रतिभा से प्रसाधित किए जाने पर भी वे वाल्मीकि द्वारा की गई प्राण-प्रतिष्ठा से ही स्पन्दित हैं। उनके राम, सीता, भरत आदि में ही नहीं, सुग्रीव, बालि, रावण, विभीषण आदि में भी तत्वतः कोई परिवर्तन सम्भव नहीं हो सका। मानो ऋषि के कमंडलु-जल से अभिषेक ने उन्हें ऐसी अजरता दे दी हो, जिसे मरणशील सौन्दर्य छू नहीं पाता।

इतना ही नहीं, ऋषि कवि की करुणार्द्र दृष्टि के आकर्षण से, उषा, मरुत् आदि के दिव्य रूपों में आकाशचारिणी प्रकृति अपने धूलि के देश और तृणों के कुटीर में लौट आई। जिस प्रकार मानव अपनी मानवता में महान है, उसी प्रकार तृण अपनी तृणता में महान है। प्रकृति के कठोर और कोमल, सुन्दर और विरूप, लघु और विशाल सब रूपों से आदि कवि की जैसी आत्मीयता है, उसका यथार्थ मूल्य समझने के लिए उनके परवर्ती संस्कृत काव्य की दीर्घ परम्परा की शक्ति और दुर्बलता से परिचित होना आवश्यक है। महाकाव्य में प्रकृति-वर्णन, ऋतु-वर्णन आदि की अनिवार्यता के मूल में आदि काव्य का प्रकृति और ऋतु वर्णन ही रहा होगा, परन्तु ऐसे महाकवियों की संख्या कम है, जिनमें आदि कवि की दृष्टि की सूक्ष्म मर्मस्पर्शिता और प्रकृति के सब रूपों के प्रति सहज हार्दिकता हो। सूक्ष्म दृष्टि और हार्दिकता के अभाव में एक स्थिति तक पहुँच कर संस्कृत काव्यों के प्राकृतिक वर्णन अप्राकृतिक और विचित्रताओं के कौतुकागार हो गए।

वाल्मीकि की प्रकृति अपने लघुतम रूप में भी स्पन्दित व्यक्तित्व रखती है। कवि यदि उसके वसन्त वैभव पर मुग्ध होता है तो उसके हिम कुहरावृत्त रूप में भी आकर्षण पाता है।

*मत्त कोकिल सन्नादैर्नर्तयन्निव पादपान्।*
*शैलकन्दर निष्क्रान्तः प्रगीत इव चानिलः॥*
*तेन विक्षिपतात्यर्थ पवनेन समन्ततः।*
*अमी संसक्तशाखाग्राः ग्रथिता इव पादपाः॥*
*सुपुष्पितांस्तु पश्यैतान् कर्णिकारान् समन्ततः।*
*हाटक प्रतिसंछन्नान् नरान् पीताम्बरानिव॥*

गिरि कन्दराओं से निकलता हुआ ध्वनि युक्त पवन मानो मत्त कोकिल की कूक के ताल पर गाता हुआ वृक्षों को नचा रहा है।

उस पवन से प्रकम्पित वृक्ष एक-दूसरे की शाखाओं से शाखाओं के उलझ जाने

के कारण परस्पर गुथे हुए से दिखाई देते हैं।

इन पुष्पित कर्णिकार (कनेर) वृक्षों को देखो जो स्वर्णाभरणों से युक्त और पीताम्बर पहने हुए पुरुष जैसे लगते हैं।

*वाष्पच्छन्नान्यरण्यानि यव गोधूम वन्ति च।*
*शोभन्तेऽभ्युदिते सूर्ये नदद्‌भिः क्रौञ्चसारसे॥*
*अवश्याय निपातेन किञ्चित्प्रक्लिन्नशाद्वला।*
*वनानां शोभते भूमिः निविष्टतरुणातपा॥*
*स्पृशन् सुविपुलं शीतमुदकं द्विरदः सुखम्।*
*अत्यन्त तृषितो वन्यः प्रति संहरते करम्॥*
*एते हि समुपासीना विहगा जलचारिणः।*
*नावगाहन्ति सलिलमप्रगल्भा इवाहवम्॥*

कोहरे से ढके हुए वन, जिनमें जौ और गेहूँ के खेत हैं, सूर्योदय के समय बोलते हुए क्रौञ्च और सारस पक्षियों से शोभित हो रहे हैं।

ओस से गीली घास से युक्त वनभूमि जिस पर सूर्योदय की धूप फैली हुई है, शोभित होती है।

अत्यन्त तृषित वन्य गज अत्यन्त ठंडे जल का स्पर्श करता है, फिर जल्दी से सूँड़ को हटा लेता है।

ये बैठे हुए जलचर पक्षी शीत से ठंडे जल में वैसे ही प्रवेश नहीं कर रहे हैं जैसे कायर युद्ध में प्रवेश नहीं करते।

जिस मनोयोग से कवि ने वर्षा में प्रकृति की सजल श्यामलता को चित्रमयता दी है, उसी एकाग्रता से उसने शरद की उज्ज्वल रेखाएँ अंकित की हैं।

*क्वचित्प्रकाशं क्वचिदप्रकाशं नभः प्रकीर्णाम्बुधरं विभाति।*
*क्वचित्क्वचित्पर्वतसंनिरुद्धं रूपं यथा शान्तमहार्णवस्य॥*
*व्यामिश्रितं सर्जकदम्बपुष्पैः नवं जलं पर्वतधातुताम्रम्।*
*मयूरकेकाभिरनुप्रयातं शैलापगा : शीघ्रतरं वहन्ति॥*
*रसाकुलं षट्पद सन्निकाशं प्रभुज्यते जम्बुफलं प्रकामम्।*
*अनेक वर्ण पवनावधूतं भूमौ पतत्याम्रफलं विपक्वम्॥*
*बालेन्द्रगोपान्तर चित्रितेन विभाति भूमिर्नवशाद्वलेन।*
*गात्रानुपृक्तेन शुक प्रभेण नारीव लाक्षोक्षित कम्बलेन॥*

कहीं प्रकाशयुक्त कहीं अन्धकारयुक्त मेघों से भरा आकाश ऐसी शोभा पा रहा है मानो शान्त महासमुद्र हो जिसका दृश्य कहीं-कहीं पर्वतों से अवरुद्ध हो गया है।

जिनका नया जल सर्ज और कदम्ब के फूलों से मिश्रित और पर्वत से बहकर

आती हुई गेरू से लाल है तथा जिनके आसपास मयूर बोल रहे हैं, वे पर्वतीय नदियाँ तीव्र वेग से बह रही हैं।

रस से पूर्ण और भ्रमर के समान काले जामुन फल खाए जा रहे हैं और पवन से हिलाए हुए अनेक वर्ण के पके रसाल धरती पर गिर रहे हैं।

बीच-बीच में छोटी वीर वधूटियों से चित्रित नई घास के मैदानों से युक्त पृथ्वी, ऐसी शोभा पा रही है मानो शुक के समान हरे रंग वाले और बीच-बीच में लाख से लाल बिन्दुओं में चित्रित दुकूल को शरीर से लपेटे हुए कोई नारी हो।

*व्यक्तं नभ: शस्त्रविधौतवर्णं कृशप्रवाहानि नदी जलानि।*
*काल्हार शीता: पवना: प्रवान्ति तमो विमुक्ताश्च दिश: प्रकाशा:॥*
*विपक्वशालिप्रसवानि भुक्त्वा प्रहर्षिता सारस चारु पंक्ति:।*
*नभ: समाक्रामति शीघ्रवेगा वातावधूता ग्रथितेव माला॥*
*नवैर्नदीनां कुसुम प्रहासैर्व्याधूयमानैर्मृदु मारुतेन।*
*धौतामल क्षौमपटप्रकाशै: कूलानि काशैरुप शोभितानि॥*

शस्त्र या असि के समान स्वच्छ वर्ण आकाश अब स्पष्ट है, नदियों के जल का प्रवाह क्षीण हो गया है; कमलों के स्पर्श से शीतल पवन बह रहा है तथा अन्धकार से मुक्त दिशाएँ प्रकाशित हो रही हैं।

पके हुए धान के दानों को चुग कर प्रसन्न हो जाने वाले सारसों की पंक्ति जब वेग से आकाश में उड़ चलती है, तब वायु से, वह किसी गुथी हुई माला के समान अस्तव्यस्त हो जाती है।

जिनके फूलों को वायु धीरे-धीरे हिलाती है और जो धुले हुए स्वच्छ रेशमी वस्त्र के समान प्रभा वाले हैं, ऐसे नए कांसों के समूह से नदियों के तट शोभित हैं।

आदि काव्य में प्रकृति का सहज रूप अनेक बार 'अरण्यानी' के गायक का स्मरण करा देता है। मानव अपने प्रकृति-परिवेश के बिना कितना अकेला है और उसके चिन्तन और संवेदन इस स्पन्दित सचेतन पृष्ठभूमि के बिना कितने पंगु हो सकते हैं, इसकी कल्पना-मात्र हमें अजस्र अभावों की अनुभूति करा देती है।

काव्य की दृष्टि से आदिकवि के उत्तराधिकारियों में प्रमुख अश्वघोष और कालिदास कहे जाएँगे, परन्तु आदि काव्य और उक्त महाकवियों की रचनाओं के बीच में बौद्धधर्म विषयक पालि वांङ्मय का इतना विस्तार है, जिसे पार किए बिना हम उन तक नहीं पहुँच सकते। इस वांङ्मय ने जब धर्म विशेष के वाहक-मात्र के रूप में अपना परिचय दिया तब उसका उपयोग सीमित हो गया और उसे वेद-साहित्य के समान एक ओर अन्ध-विश्वास और दूसरी ओर उपेक्षा से घिर कर अपनी स्थिति की रक्षा करनी पड़ी। पर जहाँ वह साहित्य की वाणी में बोला है, वहाँ हृदय की बात को हृदय तक पहुँचने से रोकने में धर्म, सम्प्रदाय, दर्शन आदि की कोई

भित्ति समर्थ नहीं हो सकी।

भाषा, धर्म-सिद्धान्त आदि की दृष्टि से भिन्न होने पर भी वह वांङ्मय, अपनी आत्मा में भारतीय होने के कारण, भारतीय साहित्य-यात्रा का एक महत्वपूर्ण आयाम है। विशेषत: जातक कथाओं में, जो बुद्धत्व प्राप्त करने के पहले बोधिसत्व की पूर्व-जन्म-कथाएँ हैं, हमारा इतना विशाल आख्यान-साहित्य समाहित है कि उसे अस्वीकृति देना अपने साहित्य को निर्धन बनाना है।

त्रिपिटक में बुद्ध धर्म सम्बन्धी साहित्य की विषय क्रमानुसार तीन मँजूषाएँ संगृहीत हैं–विनयपिटक, सुत्तपिटक और अभिधम्मपिटक। विनयपिटक में बुद्ध के अनुशासन, भिक्षुओं के संघ-जीवन आदि की व्याख्या है और अभिधम्मपिटक बौद्ध दर्शन तथा धर्म का शास्त्रीय परिचय देता है। साहित्य की दृष्टि से सुत्तपिटक ही सर्वसाधारण के लिए महत्वपूर्ण माना जाएगा, क्योंकि उसमें धम्मपद, जातक कथाएँ, थेर-थेरी गाथाएँ जैसी कृतियाँ संगृहीत हैं, जिनके अभाव में हमारे साहित्य का इतिहास अधूरा रह जाता है।

बुद्ध-धर्म के अपने देश से विदा हो जाने के कारण उन साहित्य-कृतियों की ओर हमारा ध्यान कम गया और कालान्तर में हम यह भी भूल गए कि साहित्य सम्प्रदाय में जन्म लेकर भी उससे सीमित नहीं होता। फूल-मिट्टी से जन्म पाकर भी उससे भिन्न होता है और सौरभ फूल में उत्पन्न होकर भी उसकी सीमा में नहीं बँध सकता। जीवन की मूलभूत प्रवृत्तियों से सम्बद्ध होने के कारण साहित्य सबका होकर ही सार्थकता पाता है।

हमारा साहित्य गीत की दृष्टि से विशेष समृद्ध रहा है। ज्ञान, आस्था, दर्शन, नीति, अनुभूति आदि को अपने प्रसार के लिए ही नहीं स्थायित्व के लिए भी, गीत के रूप में आना पड़ा है। ऐसी स्थिति में बौद्ध साहित्य में गीत का अभाव सम्भव नहीं था।

वीतराग भिक्षु-भिक्षुणियों के गीत हमारी अटूट गीत-परम्परा की उज्ज्वल कड़ियाँ है। यह सत्य है कि बौद्ध साहित्य में विशाल विविधता है, पर धर्म की सीमाहीन विशालता में व्यक्ति उसी प्रकार खो जाता है जैसे समुद्र के विस्तार में तरंग। सम्पूर्ण समुद्र तरंग के बनने मिटने के लिए हो सकता है, पर रहेगा तो वह समुद्र ही। बुद्ध के प्रवचन, बौद्ध संघ, बौद्ध धर्म, बौद्ध दर्शन आदि की विशाल परिधि में एक व्यक्ति के हर्ष-विषाद की कथा रह कर भी दृष्टि को नहीं खींच पाती। उस विराट भाव में मनुष्य का लघु मन कब और कैसे अपने अभाव की आशंका में मुखर हो उठा, यह कहना कठिन है, परन्तु उस मुखरता से ही हमें कुछ करुणमधुर गीतों की उपलब्धि हुई है। और ये मुखर हो उठने वाले हृदय कितने विविध हैं! कोई राजकुमार है कोई दासीपुत्र, कोई ब्राह्मण है कोई शूद्र, कोई साध्वी

है कोई नगरवधू, कोई महिषी है कोई क्रीत सेविका। कोई प्रिय पत्नी से वियुक्त है, कोई माता–पिता से। कोई स्वयं समाज की उपेक्षा कर आया है, कोई समाज द्वारा निष्कासित है। कोई विलास–वैभव की एकरसता से थक कर आया है, कोई कठोर परिश्रम की विविध चोटों से आहत होकर। सारांश यह कि विविध वर्ण, परिवार और परिस्थितियों के भुक्तभोगी इन छन्दों में अपनी कथाएँ गूँथते हैं।

यह अनुमान सहज है कि आरम्भ में इन गाथाओं की संख्या कम रही होगी और इनका लक्ष्य प्रवचन–मात्र रहा होगा। यह भी सम्भव है कि मूल रचयिताओं के अतिरिक्त अन्य भिक्षु–भिक्षुणियों ने इन्हें दोहराया तिहराया हो और अनेक आवृत्तियों के क्रम में इनमें नए स्वर जुड़ गए हों। पर ऐसी सम्भावनाएँ रहने पर भी ये गाथाएँ भिक्षु–भिक्षुणियों के अन्तर्जगत, सुख–दुःख, आनन्द–विषाद, बन्धन–मुक्ति आदि के ऐसे मार्मिक और विश्वसनीय चित्र देती हैं कि इनके रचयिताओं को खोज लेना सहज हो जाता है।

जो राज्य–सुख छोड़कर आया है वह अपरिग्रह को अधिक महत्व देता है, जो कठोर श्रम करके आया है वह श्रमिक जीवन की वेदना के विषय में अधिक कहता है। जो उच्च वर्ण से सम्बद्ध है वह ज्ञान और तप की विशेषता की चर्चा अधिक करता है, जो शूद्र कुल से आया है वह समानता को अधिक महत्वपूर्ण मानता है। जो दास रह चुका है वह मुक्ति की अधिक प्रशस्ति करता है, जो स्वामी रह चुका है वह पर–पीड़न की अधिक निन्दा करता है। इस प्रकार इन गाथाओं में हमें तत्कालीन सामाजिक और सांस्कृतिक पृष्ठभूमि का जैसा परिचय और उसमें पोषित मानव–जीवन का जैसा चित्र प्राप्त होता है, वैसा अन्यत्र नहीं मिलता।

जिन भिक्षु–भिक्षुणियों के गीत उपलब्ध हैं, उनकी संख्या क्रमशः 264 और 73 के लगभग है।

स्तुतिपरक और दिव्यज्ञानसम्भूत वेद–गीतों से ये भिन्न कहे जाएँगे, परन्तु ज्ञान की महिमा, जीवन की यथार्थ पृष्ठभूमि के संगीत तथा प्रकृति के प्रति रागात्मकता के कारण ये तत्वतः वेदगीतों के निकट पहुँचते हैं।

जीवन और मृत्यु के प्रति वीतरागता तथा संयम में निष्ठा तो उनके अपरिग्रही स्वभाव की शपथ है–

*मरणे मे भयं नत्थि निकन्ती नत्थि जीविते।*
*सन्देहं निक्खिपिस्सामि समाजानो पतिस्सतो 'ति॥*

न मुझे मृत्यु से भय है न जीवन से। मैं इस पंचतत्व के संघात को, संयमित चेतना में जाग्रत अन्तःकरण के साथ त्याग सकता हूँ।

*उदकं नयन्ति नेत्तका उसुकारा नमयन्ति तेजनं,*
*दारु नमयन्ति तच्छका आत्तानं दयमन्ति सुब्बतानि।*

नहर बनानेवाला जल का मार्ग बनाता है। बाण बनानेवाला बाण को अनुरूप गढ़ता है। तक्षक लकड़ी के तख्तों को मिलाता है और सुव्रत अपनी आत्मा को संयमित करता है।

इन भावनाओं के साथ कहीं-कहीं अभिव्यक्ति की वैसी ही जटिलता है, जो वेदगीतों से कबीर की उलटवाँसियों तक चली आई है–

*पंच छिदे पंच जहे पंच चुत्तरि भावये।*
*पंच संघातिगो भिक्खु ओघतिण्णो ति वुच्चति।*

पाँच को काट दो, पाँच को त्याग दो, आगे के पाँच पर ध्यान दो। जो पंच संघात को पार कर लेता है, वह समुद्र को पार कर लेता है।

भिक्षुओं में हर वर्ण और हर परिस्थिति से आए हुए व्यक्ति हैं, अतः उनके उद्‌गारों में विविधता स्वाभाविक है। कुछ भिक्षुओं के जीवन की कथा उनके उद्‌गारों से इस प्रकार बँधी हुई है कि एक को बिना जाने दूसरे का मर्म हृदय तक नहीं पहुँचता। उदाहरण के लिए सुमंगल थेर की कथा और उसकी गाथा को लिया जा सकता है।

भिक्षु होने के पहले सुमंगल श्रावस्ती के निकटवर्ती ग्राम का दरिद्र कृषक था। एक बार जब कौशलनरेश बुद्ध और भिक्षु संघ का स्वागत कर रहे थे, तब वह अपने अन्य साथियों के साथ लकड़ी, दूध आदि पहुँचाने आया और भिक्षु-भिक्षुणियों का सम्मान देखकर उसने भिक्षु होने का निश्चय किया। प्रव्रजित होने पर उसे वन में साधना करने भेजा गया, पर वहाँ वह अपने गाँव की चिन्ता करते-करते इतना अस्थिर हो गया कि गाँव लौट आया। उस समय अपने कृषक साथियों को कड़ी धूप, धूल और गर्म हवा में मलिन वस्त्र पहने कठिन परिश्रम करते देखकर ही उसे कृषक और भिक्षु के जीवन का अन्तर जान पड़ा और उसके कंठ से यह गाथा फूट निकली–

*सुमुत्तिको सुमेत्तिको साहु सुमुत्तिकोम्ह तीह खुज्जकेहि।*
*असितातु मया नंगलासु मया खुद्‌द कुद्‌दलासु मया।*
*यदि पि इधमेव इधमेव अथवा पि अलमेव अलमेव,*
*झाय सुमंगल झाय सुमंगल*
*अप्पमत्तो विहर सुमंगलाति।*

मैं मुक्त हो गया, भला मुक्त हो गया, इन तीन वक्र कार्यों से। हँसिए से खेत काटने से मुक्त हो गया। हल के पीछे घसिटने से मुक्त हो गया। मेरी पीठ इन छोटे फावड़ों पर झुके रहने से मुक्त हो गई। ये यहाँ हैं, चाहे सदैव के लिए यहाँ हैं, पर मेरे लिए अलम हैं। हे सुमंगल ध्यान कर, अप्रमत्त ध्यान में निमग्न रह।

इसी प्रकार दायक थेर की कथा है, जो अनाथपिंडक श्रेष्ठी का दासपुत्र और

उसके आदेश से विहार का द्वार रक्षक नियुक्त था। उसके अच्छे आचरण से संतुष्ट होकर स्वामी ने उसे दासता से मुक्त कर दिया और उसने प्रव्रज्या ग्रहण की।

दास जीवन की व्यस्तता के उपरान्त कुछ विश्राम का अवसर पाते ही वह भोजनोपरान्त सोने लगा और उपदेश के अवसर पर ऊँघने लगा। बुद्ध ने उसे आलस्य विरत करने के लिए जो उपदेश दिया था उसी को उसने अपनी गाथा का आधार बनाया है–

*मिद्धी यदा होति महाग्घसो च*
*निद्दायिता सम्परिवत्तसायी,*
*महावराहो व निवापपुट्ठो*
*पुनप्पुनो गब्भमुपेति मन्दो' ति।*

जो एक तुष्ट महा शूकर के समान अधिक भोजन कर सोता, करवटें लेता और आलस्य में पड़ा रहता है उसे जन्म के बन्धन में फिर-फिर आना पड़ता है।

सोपाक थेर अनाथ था। उसकी दरिद्र और पीड़ामूर्च्छित माता को लोग मृत समझकर श्मशान ले गए, जहाँ एक बालक को जन्म देने के उपरान्त वह सचमुच मृत हो गई। श्मशान में उत्पन्न होने के कारण ही उसे यह नाम मिला। भगवान बुद्ध की कृपा से प्रव्रजित हो जाने पर उसने उनकी करुणा और मैत्री भावना का मर्म समझ कर गाया–

*यथापि एक पुतस्मि कुसली सिया,*
*एवं सब्बेसु पाणेसु सब्बत्थ कुसलो सिया'ति॥*

जिस प्रकार माता अपने एकमात्र पुत्र के लिए स्नेह-भाव रखती है उसी प्रकार तुम सर्वत्र सबके प्रति स्नेह भाव रखो।

ऐसे भिक्षु भी कम नहीं हैं जो किसी प्रियजन के वियोग से सन्तप्त होकर संघ में प्रविष्ट हुए।

हारित थेर प्रव्रजित होने से पहले एक सम्पन्न ब्राह्मण कुल का वंशधर था। उसकी सुन्दरी और प्रियतमा पत्नी जब नाग से दंशित होकर परलोकवासिनी हुई तब अपने असह्य वियोग दुःख से त्राण पाने के लिए वह प्रव्रजित हुआ। बाण बनानेवाले को एक बाण सीधा करते देख उसके हृदय में जो भाव उठा उसी को उसने गाथाबद्ध कर दिया–

*समुन्नमयमत्तानं उसुकारो व तेजनं*
*चित्तं उजुंकरित्वान अविज्जं छिन्द हारिता'ति।*

बाण बनानेवाला जैसे बाण को सीधा करता है उसी प्रकार हे हारित तुम अपने चित्त को सीधा करो और अविद्या को छिन्न कर दो।

सब भिक्षु-भिक्षुणियों की प्रव्रज्या के मूल में तथागत के समान सत्य की अदम्य

जिज्ञासा और खोज सम्भव नहीं है। उनके संघ-प्रवेश के कारणों में सामाजिक स्थितियाँ, जीवन के व्यापक सुख-दु:ख तथा शास्ता के व्यक्तित्व का अमोघ आकर्षण रहना स्वाभाविक है। अत: वेश, संघ-विधान, आचार आदि की सामान्यता के भीतर जो स्पन्दित हृदय है, वह अपनी विशेषता में भिन्न है और उसकी कथा भी विशेष रहेगी।

प्रतिभा सामान्य नहीं होती। जिस कारण अश्वघोष कई नहीं हो सके, उसी कारण गाथाओं के गायक भिक्षु-भिक्षुणी भी एक-दूसरे की अनुकृति-मात्र नहीं हैं।

भारतीय प्रतिभा प्रकृति के प्रति सनातन रागमयी है, इसका निश्चित प्रमाण इन वीतराग भिक्षुओं की गाथाएँ हैं। वेदकालीन कवि ऋषि तो प्रकृति के प्रति साधिकार राग रखता है, क्योंकि वह उसे माया या भ्रान्ति नहीं मानता। जीवन के दु:खमय दर्शन की न उसने खोज की है और न उस दु:ख से मुक्ति की कामना उसकी जानी-पहचानी है।

इसके विपरीत बौद्ध भिक्षु सौन्दर्य को नश्वर और भ्रान्ति मानता है। उसके निकट जीवन दु:ख का दूसरा नाम है। न वह मधुर संगीत पर मुग्ध होने का अधिकार रखता है, न सुन्दर चित्र की रंगरेखाओं में स्वयं को भुला सकता है। परन्तु प्रकृति ने उसकी समस्त साधना पर विजय पा ली है-सम्भवत: उसके अनजाने ही-

*नीलब्भवण्णा रुचिरा सीतवारी सुचिन्धरा,*
*गोपइन्दक सन्छन्ना ते सेला रमयन्ति मन्ति।*

(महागवच्छो थेरो)

नीलाभवर्णी, सुन्दर, शीतल, स्वच्छ जल के निर्झरों से युक्त और इन्द्र-वधूटियों से आच्छन्न शैल मेरे मन को भाते हैं।

*नीला सुगीवा सिखिनो मोराकारं वियंअभिनन्दन्ति,*
*ते सीत वात कलिता सुत्तं झायं निवोधेन्ती ति।*

(निग्रोधत्थेरा)

नीली सुन्दर ग्रीवावाले मयूर कांरविय (वन) में बोलते हैं। उनकी केकाध्वनि शीतल समीर से मधुर होकर सुप्त ध्यानी को जगा देती है।

*सुनीला सुसिखा सुपेखुणा*
*सचित्र पत्रच्छदना विहंगमा,*
*सुमञ्जुघोसत्थ निताभिगज्जिनो*
*ते तं रमिस्सन्ति वनम्हि झायिनं।*

(तञ्जास निपातो)

जब तुम वन में ध्यानस्थ बैठे होगे तब गहरी नीली ग्रीवा वाले सुन्दर शिखा-शोभी तथा शोभन चित्रित पंखों से युक्त आकाशचारी विहंग अपने सुमधुर कलरव

द्वारा घोष भरे मेघ का अभिनन्दन करते हुए तुम्हें आनन्द देंगे।

*यदा बलाका सुपिंडरच्छदा*
*कालस्स मेघस्स भयेन तज्जिता*
*पलेहिंति आलयमालयेसिनी तदा*
*नदी अजकरणी रमेति मं।*
*कन्नु तत्थ न रमेन्ति जम्बुयो उभतो तहिं*
*सोभेन्ति आपगा कूलं महालेनस्स पच्छतो।*

(धम्मिको थेरो)

जब ऊपर आकाश में श्याम घटा से सभीत बगुलों की पाँत अपने उज्ज्वल श्वेत पंख फैला कर आश्रय खोजती हुई बसेरे की ओर उड़ चलती है तब (नीचे उनका प्रतिबिम्ब लेकर प्रवाहित) अजकरणी नदी मेरे हृदय में प्रसन्नता भर देती है।

मेरी गुफा के पीछे और नदी के दोनों तटों पर लगे सघन जामुन वृक्ष किसके मन को आकर्षित नहीं करते!

अपनी यात्रा का मुहूर्त भी भिक्षु वसन्त के आगमन में देखते हैं–

*अंगारिनो दानि द्रुमा भदन्ते*
*फलेसिनी छदनं विप्पहाय,*
*ते अच्चिमन्तो व पभासयन्ति,*
*समयो महावीर भगीरसानं*
*दुमानि फुल्लानि मनोरमानि*
*समन्ततो सब्बदिसा पवन्ति,*
*पत्तं पहाय फलमाससाना*
*कालो इतो पक्कमनाय वीर।*

(दस निपात)

नई कोंपलों से अंगारारुण वृक्षों ने साध से, जीर्ण शीर्ण पल्लव परिधान त्याग दिया है। अब वे लौ से युक्त (अर्चिष्मान) जैसे उद्भासित हो रहे हैं। हे वीरश्रेष्ठ! यह समय आशा से स्पन्दित है।

द्रुमाली फूलों के भार से लदी है, सब दिशाएँ सौरभ से उच्छवसित हो उठी हैं और फलों को स्थान देने के लिए पल्लव झड़ रहे हैं। हे वीर यह हमारी यात्रा का मुहूर्त है।

प्रकृति का ऐसा सूक्ष्म निरीक्षण, उसके विविध रूपों के साथ मन का ऐसा लगाव और उसकी ऐसी सहज रागमयी अभिव्यक्ति, इन गाथाओं को हमारे हृदय के निकट ले आती है। जिस धरती के जीवन से मुक्त होने की साधना है, वही अपने विविध रूपात्मक सौन्दर्य से ऐसी साधना की शक्ति देती है। धरती की ऐसी

आसक्ति अन्यत्र दुर्लभ हो तो आश्चर्य नहीं। विरक्ति सहज है, परन्तु आसक्ति द्वारा विरक्ति की साधना, प्रकृति और जीवन की किसी तात्विक एकता का संकेत देती है।

कुशल संगीतज्ञ, कवि, दार्शनिक और महायान के प्रवर्तकों में महत्वपूर्ण स्थिति रखने वाला अश्वघोष संस्कृत महाकाव्यकारों में प्रथम भक्त कवि है, जिसके निकट उसकी कथा का नायक लोकोत्तर ही नहीं उसका एकमात्र उपास्य भी है। आदि कवि को राम के लोकोत्तर गुणों ने आकर्षित अवश्य किया, किन्तु वे राम के अनन्य भक्त नहीं हैं। कालिदास की विस्तृत काव्य-चित्रशाला में भी ऐसा कोई पात्र नहीं मिलता जिसे कवि का एकमात्र इष्ट कहा जा सके।

इस प्रकार अश्वघोष की श्रद्धा की तुलना मध्ययुगीन भक्त कवियों की भक्ति-भावना से ही की जा सकती है।

अश्वघोष के सौन्दरनन्द महाकाव्य की पुष्पिका से ज्ञात होता है कि वे साकेत निवासी और सुवर्णाक्षी के पुत्र थे और उन्हें आर्य, भदन्त, आचार्य, महाकवि आदि उपाधियाँ प्राप्त थीं–

*आर्य सुवर्णाक्षी पुत्रस्य साकेतकस्य भिक्षोराचार्य*
*भदन्ताश्वघोषस्य महाकवेर्वादिनः कृतिरियम्॥*

(सौन्दरनन्द)

बुद्ध-चरित के अनुपलब्ध मूल के तिब्बती अनुवाद से भी यही प्रमाणित होता है।

उनका वेद और कर्मकांड सम्बन्धी ज्ञान, शास्त्र की विविध शाखाओं से सम्बन्ध रखने वाली बहुज्ञता, काव्यांगों का विस्तृत परिचय आदि सिद्ध करते हैं कि वे बौद्ध होने के पहले ब्राह्मण रहे होंगे, क्योंकि ब्राह्मणेतर वर्णों में शास्त्र-ज्ञान की ऐसी व्यापक परम्परा न सुलभ थी न आवश्यक।

बौद्ध ग्रन्थों में अश्वघोष विषयक ज्ञातव्य प्रचुर परिमाण में प्राप्त है। उनके ग्रन्थों के चीनी, तिब्बती आदि अनुवादों में भी उनके जीवन और रचना काल सम्बन्धी संकेत सुलभ हैं। परन्तु इतनी सामग्री की उपस्थिति में भी हम अश्वघोष के जीवनवृत्त को, अन्य प्राचीन महाकवियों के जीवनवृत्त सम्बन्धी नियम का अपवाद नहीं बना सके। अन्य कवियों के समान ही अश्वघोष के जीवन और रचना काल के दोनों ओर शताब्दियों की सीमाएँ ही निश्चित करना सम्भव हो सका है।

ईसा से 483 वर्ष पूर्व बुद्ध का परिनिर्वाण हुआ और उसी वर्ष बौद्ध भिक्षुओं की प्रथम संगीति (सम्मेलन) हुई। दूसरी संगीति ई.पू. 383वें वर्ष में और तीसरी अशोक द्वारा ई.पू. 248 वें वर्ष में आयोजित की गई। अश्वघोष के बुद्ध चरित के अन्तिम सर्ग में, जो तिब्बती अनुवाद में प्राप्त है अशोक और बौद्ध-संगीति का जैसा

उल्लेख है उससे कवि का अशोक के पश्चात होना सिद्ध होता है।

अश्वघोष के बुद्ध चरित का चीनी भाषा में अनुवाद ईसा की पाँचवीं शती से पूर्व हो चुका था। ग्रन्थ को, विदेशों में प्रख्यात होने के लिए भी दो शती का अवकाश चाहिए।

चीनी परम्परा में अश्वघोष, कनिष्क के समसामयिक और गुरु के रूप में ग्रहीत हैं।

इस प्रकार तर्क-सरणि और चीनी परम्परा के आधार पर हम अनुमान कर सकते हैं कि अश्वघोष ई.पू. पहली शती में कनिष्क के समसामयिक या उससे कुछ ही पूर्व रहे होंगे, किन्तु कनिष्क के ब्राह्मण विरोधी दृष्टिकोण से, अश्वघोष की उस उदार दृष्टि की संगति नहीं बैठती जो ब्राह्मण-परम्परा के प्रति आदरमयी है।

भाषा की दृष्टि से अश्वघोष कालिदास के पूर्वगामी कहे जाएँगे, क्योंकि उनकी भाषा में आर्ष प्रयोगों की स्थिति के अतिरिक्त उस प्रांजल प्रवाह का अभाव है, जो कालिदास की भाषा की विशेषता है। अश्वघोष की शब्दावली की, कौटिल्य के अर्थशास्त्र में प्रयुक्त शब्दावली से निकटता, यह सिद्ध करती है कि उनमें समय का अधिक अन्तर नहीं रहा होगा।

किंवदन्तियाँ अश्वघोष को, महायान श्रद्धोत्पाद-संग्रह, वज्रसूची, गण्डी-स्तोत्र-गाथा तथा सूत्रालंकार का रचयिता स्वीकार करती हैं, परन्तु इस विषय में मतभेद ही नहीं विरोधी प्रमाण भी उपलब्ध हैं। वज्रसूची में ब्राह्मण धर्म और उसके द्वारा स्थापित वर्णव्यवस्था पर जैसा प्रहार है, वह न अश्वघोष की शैली से मेल खाता है न उनकी उदार वृत्ति से। इसके अतिरिक्त वज्रसूची का चीनी भाषा में ईसा की दशवीं शती में प्राप्त अनुवाद, उसे छठी शती के बौद्ध दार्शनिक धर्मकीर्ति की कृति मानता है। गण्डी-स्तोत्र-गाथा जिसमें 29 स्रग्धरा छन्दों में पिंगल, संगीत आदि का वर्णन है, शैली की दृष्टि से अश्वघोष का नहीं माना जाता। अंशतः प्राप्त सूत्रालंकार को भी, बौद्ध विद्वान कुमारलात की रचना सिद्ध किया जाता है। महायान श्रद्धोत्पाद-संग्रह भी, जो महायान का महत्वपूर्ण दार्शनिक ग्रंथ और नागार्जुन की शून्य विवर्तवादी माध्यमिक शाखा का आधार कहा जा सकता है, मतभेदों से बचा नहीं है। यह ग्रंथ केवल चीनी अनुवाद में प्राप्त है और चीनी परम्परा इसे अश्वघोषकृत मानती है।

दार्शनिक तथा अन्य शास्त्रीय ग्रन्थों के कृतित्व के विषय में जैसे भ्रम सहज हैं, वैसे साहित्यिक कृतियों के सम्बन्ध में प्रायः सम्भव नहीं होते। उनमें रचयिता का व्यक्तित्व उसकी शैली में इस प्रकार व्यक्त होता है कि उसे एक से दूसरे में स्थानान्तरित करना दुष्कर हो जाता है। महाकवि कालिदास के नाम से न जाने कितनी तुच्छ कृतियाँ जोड़ी गईं, किन्तु वे उनकी भाषा, शैली, विषयचयन आदि की

कसौटी पर ठहर नहीं सकीं। महायान श्रद्धोत्पाद-संग्रह को किसी अन्य विद्वान की रचना सिद्ध करना कठिन नहीं है, किन्तु जिसने बुद्धचरित की रचना की है, उसी ने सौन्दरनन्द नहीं लिखा है, यह सिद्ध करना सम्भव नहीं होगा, क्योंकि एक ही भावना और अभिव्यक्ति की विशेष पद्धति दोनों को आकार देती है। इसी कारण युग व्यतीत हो जाने पर भी किसी महान साहित्यिक कृति में प्रक्षिप्तांश पहचानने में कोई बाधा नहीं पड़ती।

अश्वघोष की साहित्यिक कृतियों के रूप में बुद्धचरित, सौन्दरनन्द दो महाकाव्य और सारिपुत्र प्रकरण के कुछ अंश उपलब्ध हैं।

बुद्धचरित महाकाव्य में 28 सर्गों में बुद्ध की कथा वर्णित है, परन्तु उनमें से 2 से 13 सर्ग तक ही संस्कृत में सम्पूर्णतः सुरक्षित मिल सके हैं। पहले सर्ग का एक चतुर्थांश अप्राप्य है और सर्ग 12 के दो तृतीयांश। इस महाकाव्य का अनुवाद चीनी भाषा में ई. 414 वें वर्ष में हुआ और तिब्बती भाषा में ई. 700-800 के भीतर और इन अनुवादों में 28 सर्ग प्राप्त हैं। इन्हीं अनुवादों से संस्कृत पाठ की शुद्धि में भी सहायता मिल सकी है।

बुद्धचरित में बुद्ध के जन्म से लेकर उनके परिनिर्वाण तक सम्पूर्ण जीवनवृत्त है, जिसके उपरान्त उनके अवशेषों के लिए संघर्ष, प्रथम बौद्ध संगीति और अशोक के राज्य का उल्लेख करके कवि कथा का उपसंहार करता है। सौन्दरनन्द में बुद्ध के विमातृज भाई नन्द की प्रव्रज्या की कथा 18 सर्गों में वर्णित है। सारिपुत्र प्रकरण जिसके कुछ अंश प्रो. ल्यूडर्स को, तुर्फान-मध्य-एशिया में प्राप्त हुए, नौ अंकों में एक प्रकरण रूपक है, जिसका विषय बुद्ध के पट्ट शिष्य सारिपुत्र और मौद्गल्यायन की प्रव्रज्या है।

सौन्दरनन्द में कथा की गठन और भाषा की अधिक माधुर्यमय प्रवाहशीलता को देख कर अनेक विद्वानों का मत है कि उक्त महाकाव्य की रचना बुद्धचरित के उपरान्त हुई होगी। वस्तुतः 14 सर्ग के उपरान्त बुद्धचरित में कथा की शिथिलता और बौद्ध धर्म और दर्शन की व्याख्या ऐसा रूप ग्रहण कर लेती है कि काव्य की कसौटी पर उसका मूल्य घट जाता है।

अश्वघोष के पास कवि का संवेदनशील हृदय भी है और संसार को दुःखात्मक और त्याज्य माननेवाला दर्शन भी। सौन्दरनन्द में कवि ने स्वीकार किया है कि सत्य के प्रति लोक का आकर्षण न होने के कारण उसकी सहज संप्रेषणीयता के लिए ही काव्यशैली का प्रयोग किया गया है। अतः यह स्पष्ट है उनके निकट काव्य साध्य न होकर सत्य के वाहक के रूप में साधन मात्र है।

काव्य के मूल में धार्मिक उत्साह प्रेरक शक्ति का कार्य कर सकता है, किन्तु किसी धार्मिक उत्साह से काव्य की उत्कृष्टता सम्भव नहीं होती। इसके विपरीत

कभी-कभी ऐसे उत्साह के कारण काव्य अपने सर्वमान्य उन्नत लक्ष्य से च्युत हो जाता है।

अश्वघोष के समक्ष आन्तरिक और बाह्य जो सीमाएँ हैं, उन पर विचार करके जब हम उनके काव्य की परीक्षा करते हैं तो विस्मित हुए बिना नहीं रहते। वे विश्वास से बौद्ध हैं, अतः बौद्धेतर धर्म में विश्वास रखने वालों के प्रति उनकी उपेक्षा ही नहीं कटुता भी स्वाभाविक कही जाएगी। उनकी बुद्धि लोक और जीवन को दुःखात्मक तथा अज्ञान-सम्भव मानती है, अतः उसके किसी सौन्दर्य को दृष्टि का विषय बनाना, असंगत ही नहीं बोध तथा निर्वाण के मार्ग में बाधक भी है। बुद्ध की जीवन-कथा बोध-प्राप्ति की साधना, उपलब्धि और संसार को आलोकदान की अमर गाथा है, अतः उनके परिवेश में जो अनेक मोहान्ध व्यक्तित्व दृष्टिगत होते हैं, उनका स्नेह और स्नेह-जनित व्यथा, भ्रान्ति के अतिरिक्त कुछ नहीं।

पर धार्मिक रूढ़ियों और दार्शनिक मान्यताओं के साथ भी बौद्ध अश्वघोष कवि अश्वघोष से परास्त हो जाता है, अन्यथा संस्कृत महाकाव्यों की परम्परा में एक मूल्यवान कड़ी खो जाती।

महाकाव्य का अभिप्रेत, समग्र परिवेश के साथ जीवन की कथा होने के कारण विविध आकर्षण-विकर्षण, कर्तव्य-प्रमाद, स्नेह-घृणा, जय-पराजय आदि, कवि की सूक्ष्म दृष्टि और हृदय की निर्विकल्प संवेदनशीलता की अपेक्षा रखते हैं। कवि का सौन्दर्य-बोध भी उसकी जीवन और जगत के प्रति आस्था से सम्बद्ध रहता है। यदि वह जीवन और जगत को दुःखात्मक भ्रम-मात्र मानता है तो उसके निकट, उनमें न सौन्दर्य या सामंजस्य की अनुभूति सुलभ रहती है, न सौन्दर्य या सामंजस्य की स्थिति उत्पन्न करने के प्रयास की आवश्यकता।

विशेष वीतराग दृष्टिकोण के कारण अश्वघोष का चित्र-फलक इतना सीमित हो गया है कि मानव की विविध मनोवृत्तियों के अंकन के लिए उसमें अवकाश नहीं रहा। परन्तु उनके अंकन की शैली अपनी करुण मधुर रेखाओं में विशेष और दार्शनिक रंगों में मर्मस्पर्शी है।

प्रकृति के कोमल कठोर चित्र जो विरक्त सिद्धार्थ को आकर्षित करने और साधक सिद्धार्थ को तप से विरत करने की दृष्टि से अंकित किए गए हैं, अपनी सरल स्पष्टता में रामायण का अनायास स्मरण करा देते हैं। कथा के अनेक स्थल भी इस अनुमान को आधार देते हैं कि अश्वघोष आदिकवि और रामकथा से विशेष प्रभावित थे।

छन्दक और कन्थक को बिना कुमार सिद्धार्थ के लौटते देख कर पुरजन उसी प्रकार रुदन करते हैं जैसे सुमन्त को राम, लक्ष्मण और सीता से शून्य रथ लेकर लौटते देख अयोध्यावासियों ने किया था।

*निशाम्य च स्रस्त शरीर गामिनौ*
*विनागतौ शाक्य कुलर्षभेण तौ।*
*मुमोच वाष्पं पथि नागरो जनः*
*पुरा रथे दाशरथेरिवागते॥*

मार्ग में जब नगरवासियों ने उन दोनों को (छन्दक सारथी और कन्थक अश्व को) झुके हुए शरीर के साथ, बिना शाक्य श्रेष्ठ के आते देखा, तब वे उसी प्रकार अश्रु गिराने लगे जैसे प्राचीन काल में दशरथ-पुत्र राम के रथ के लौटने पर पुरजनों ने गिराए थे।

गौतमी के विलाप से कौशल्या के विलाप का स्मरण अनायास हो जाता है, क्योंकि दोनों की विकलता के मूल में पुत्रों की सुकुमारता और वनवास के कष्टों की कल्पना है। वैसे मार्मिकता की दृष्टि से, विमाता के कारण यौवराज्याभिषेक के प्रातःकाल अचानक वनवास के लिए प्रस्थान करने वाले राम और रात्रि की निस्तब्धता में गृहत्याग करने वाले कुमार सिद्धार्थ, जिनकी सांसारिक विरक्ति से उनके माता, पिता, पत्नी आदि आरम्भ से परिचित और आशंकित हैं, में अन्तर है।

बुद्ध के जीवन को स्नेह के तन्तुओं से घेरने वाले व्यक्तित्वों में यशोधरा के व्यक्तित्व को, किसी भी कवि की करुणा का सजल कोमल स्पर्श, सहज प्राप्य रहेगा। पर अश्वघोष की बुद्धानुसारिणी दृष्टि चरम विषाद के क्षण में भी उस पर कम ठहरती है।

*ततस्तु रोषप्रविरक्तलोचना विषादसम्बन्धि कषायगद्गद्।*
*उवाच निश्वासचलत्पयोधरा विगाढशोकाश्रुधरा यशोधरा॥*

तब, जिसके नेत्र रोष से रक्तवर्ण हो गए थे, विषादजनित कटुता से कंठ रुद्ध था, निःश्वासों से वक्ष उद्वेलित हो रहा था और प्रगाढ़ शोक से उत्पन्न अश्रु बह रहे थे, वह यशोधरा छन्दक से बोली।

*अनार्यमस्निग्धममित्रकर्म मे नृशंस कृत्वा किमिहाद्य रोदिषि।*
*नियच्छ वाष्पं भव तुष्टमानसो न संवदत्यश्रु च तच्च कर्म ते॥*

(बुद्धचरित)

हे नृशंस मेरे प्रति अनार्य, निष्ठुर तथा अमित्र कर्म करके तू आज यहाँ क्यों रोता है? अश्रु रोक कर मन में तुष्ट हो। तेरे कर्म के साथ ये अश्रु मेल नहीं खाते।

आश्चर्य नहीं कि इन पंक्तियों के पाठक का हृदय विवश और स्वामि-विरह-कातर छन्दक के प्रति अधिक द्रवित हो जाए।

कथा की दृष्टि से सौन्दरनन्द अधिक मर्मस्पर्शी है। नन्द और उसकी पत्नी चक्रवाक चक्रवाकी के समान एक-दूसरे में आसक्त हैं। जिस समय मुखमंडन करती हुई वधू को नन्द दर्पण दिखा रहा है, उसी समय दासी, द्वार पर आकर भिक्षा बिना लौट जाने वाले तथागत का समाचार देती है। वधू गुरु-अवज्ञा के भय से पति

को तथागत से क्षमा माँगने के लिए जाने देती है, किन्तु विशेषक सूखने के पहले लौट आने का अनुरोध करती है। तथागत के भीड़ से घिरे रहने के कारण नन्द विलम्ब में उनके निकट पहुँच पाता है और प्रणाम के उपरान्त उनसे घर चलने की प्रार्थना करता है। किन्तु वे लौटना अस्वीकार कर उसके हाथ में अपना भिक्षा-पात्र थमा देते हैं और वह उनके पीछे चलता-चलता विहार में पहुँच जाता है, जहाँ विवशतावश उसे प्रव्रज्या ग्रहण करनी पड़ती है।

इधर प्रत्येक पगचाप में नन्द के लौटने का अनुमान करती हुई प्रतीक्षा-विकल वधू के कान में जब, 'तथागत ने नन्द को प्रव्रजित कर दिया' पड़ता है, तब वह शोक से मूर्च्छित हो जाती है।

क्रौंच-मिथुन के वियोग से द्रवित हो जाने वाले आदिकवि की, इस मानव-युग्म के वियोग पर कैसी अनुभूति होती, यह कहना कठिन है, किन्तु संसार के समस्त स्नेह-बन्धनों को भ्रान्ति मानने वाले कवि का हृदय भी इस वियोग के प्रति कठोर नहीं है।

तथागत तथा विहार के समस्त भिक्षु-समुदाय को मानो इस एकाकी मोह से संघर्ष के लिए बद्धपरिकर होना पड़ता है और अनेक अतिमानवीय उपायों से वे उस मोह पर विजय भी पा लेते हैं। किन्तु पाठक की करुणा पराजय नहीं मानती और वह मोहान्ध द्वन्द्व, ही उसकी सहानुभूति का अधिकारी बना रहता है।

वियोग को श्रेय मानने वाले अश्वघोष की नन्द और सुन्दरी के सम्बन्ध में उक्ति-

*तां सुन्दरीं चेन्न लभेत नन्दः*
*सा वा निषेवेत न तं नतभ्रूः।*
*द्वंद्वं ध्रुवं तद्विकलं न शोभे-*
*तान्योन्य हीनाविवरात्रिचन्द्रौ॥*

(सौन्दरनन्द)

यदि नन्द सुन्दरी को न प्राप्त कर सकता और यदि सुन्दरी उसे पति रूप में न पाती तो वह विकल द्वन्द्व, उसी प्रकार शोभा न पाता जैसे रात्रि के बिना चन्द्र और चन्द्र के बिना रात्रि।

और संयोग को श्रेय मानने वाले कालिदास की अज और इन्दुमती के सम्बन्ध में उक्ति-

*परस्परेण स्पृहणीय शोभं*
*न चेदिदं द्वन्द्वमयोजयिष्यत्।*
*अस्मिन् द्वये रूपविधानयत्नः*
*उपत्युः प्रजानां वितथोऽभविष्यत्॥*

(रघुवंश)

परस्पर स्पृहणीय शोभा वाले इन दोनों का संयोग यदि विधाता न कराता तो इन दोनों को सुन्दर बनाने का उसका श्रम व्यर्थ हो जाता।

तत्वत: एक ही बात कही जाएगी। इतना ही नहीं पूर्वापर सम्बन्ध में अश्वघोष की उक्ति प्रथम और अधिक सुन्दर है।

जीवन की प्रकृत्या दु:खमय और सौन्दर्य को भ्रान्ति मानने वाले अश्वघोष के सौन्दर्य-चित्र, जीवन को आनन्दमय और सौन्दर्य को सत्य मानने वाले कालिदास के सौन्दर्य-चित्रों से न रेखाओं में अपूर्ण हैं न रंगों में अस्तव्यस्त।

बोधप्राप्त सिद्धार्थ अपनी प्रशान्त आभा से आकर्षित करते हैं और मोहग्रस्त नन्द अपने सजल विषाद से हृदय को करुणास्नात कर देता है-

*युगपज्ज्वलन् ज्वलनवच्च जलमवसृजंश्च मेघवत्।*
*तप्तकनकसदृश प्रभया स वभौ प्रदीप्त इव सन्ध्यया घन:॥*

एक साथ अग्नि के समान प्रज्ज्वलित और मेघ के समान जल बरसाते हुए, तप्त स्वर्ण जैसी कान्ति वाले सिद्धार्थ सान्ध्यकालीन बादल जैसे उदभासित हुए।

*अथो रुतं तस्य मुखं सवाष्पं प्रवास्यमानेषु शिरोरुहेषु।*
*वक्राग्रनालं नलिनं तडागे वर्षोदकक्लिन्नमिवावभासे॥*

केशों के काट दिए जाने पर नन्द का रुदित और अश्रु जल से भीगा मुख, सरोवर के उस कमल जैसा लग रहा था जो वर्षा-जल से आर्द्र हो और जिसकी नाल का अग्र भाग वक्र हो।

कुमार सिद्धार्थ के मनोरंजनार्थ एकत्र और निद्राभिभूत सुन्दरियों के, उन्हें देखने की उत्कंठा से गवाक्षों पर उपस्थित पौर अंगनाओं के तथा उनके गृहत्याग से करुण क्रन्दन करने वाली अन्त: पुरिकाओं के चित्रों की रेखाएँ सधे हाथ और सूक्ष्म निरीक्षण का परिचय देती हैं।

*विवभौ करलग्नवेणुरन्या स्तनविस्रस्त सितांशुका शयाना।*
*ऋजु षट्पदपंक्तिजुष्टपद्मा जलफेनप्रहसत्तटा नदीव॥*

एक अन्य नारी जो हाथों में वेणु लिए हुए सो गई थी और जिसका श्वेत अंशुक वक्ष से खिसक गया था, ऐसी लगती थी, मानो वह भ्रमरों की सीधी पंक्ति से युक्त कमलों वाली और फेन में विहसित तटों वाली नदी हो।

*प्रासादसोपानतलप्रणादै: काञ्चीरवैर्नूपुरनिस्वनैश्च।*
*वित्रासयन्त्यो गृहपक्षिसंघानन्योन्यवेगांश्च समाक्षिपन्त्य:॥*

वे पुर नारियाँ अपनी मेखलाओं के रव से, नूपुरों की झनकार से और प्रासाद-सोपानों पर पगों की चाप से गृह में निवास करने वाले पक्षी-समूह को सभीत करती हुई, एक-दूसरी को, वेग से टकराने के लिए दोष देने लगीं।

*मुखैश्च तासां नयनाम्बुताडितैरराज तद्राजनिवेशनं तदा।*
*नवाम्बुकालेऽम्बुदवृष्टिताडितैः स्रवज्जलैस्तामरसैर्यथा सरः॥*

स्त्रियों के, आँसुओं की झड़ी से ताड़ित मुखों के कारण वह राजभवन ऐसे सरोवर के समान जान पड़ता था, जिसमें वर्षाकाल के प्रारम्भ में मेघ-वृष्टि से ताड़ित होकर जल की बूँदें बरसाते हुए कमल हों।

कम रेखाओं में अधिक व्यक्त करने की क्षमता के कारण ही अश्वघोष प्रकृति के कोमल और उग्र रूपों को ही नहीं, दर्शन की गहनता को भी सहज भाव से वाणी दे सके हैं।

*मृगा गजाश्चार्तरवान् सृजन्तो*
*विदुद्रुवुश्चैव निलिल्यिरे च।*
*रात्रौ च तस्यामहनीव दिग्भ्यः*
*खगा रुवन्तः परिपेतुरार्ताः॥*

मृग और हाथी आर्त शब्द करते हुए इधर-उधर दौड़ने और अपने आपको छिपाने लगे। उस रात्रि में, दिन के समान, पक्षी-समूह आर्त्त स्वर में बोलता हुआ सब दिशाओं में उड़ने लगा।

*दीपो यथा निर्वृत्तिमभ्युपेतो*
*नैवावनिं गच्छति नान्तरिक्षम्।*
*दिशं न काञ्चित् विदिशं न काञ्चित्*
*स्नेहक्षयात् केवलमेति शान्तिम्॥*
*तथा कृती निर्वृतिमभ्युपेतो*
*नैवावर्निं गच्छति नान्तरिक्षम्।*
*दिशं न काञ्चिद् विदिशं न काञ्चित्*
*क्लेशक्षयात् केवलमेति शान्तिम्॥*

जिस प्रकार दीपक बुझने पर, न पृथ्वी को जाता है न अन्तरिक्ष को, न किसी दिशा को न विदिशा को, स्नेह समाप्त हो जाने के कारण केवल शान्ति को प्राप्त होता है।

उसी प्रकार, कृति मनुष्य निर्वाण प्राप्त होने पर न पृथ्वी को जाता है न आकाश को, न किसी दिशा को न विदिशा को; क्लेश का क्षय हो जाने के कारण केवल शान्ति को प्राप्त हो जाता है।

जिस भारतीय मनीषा के कारण अश्वघोष विरोधी ब्राह्मण-धर्म और संस्कृत भाषा के प्रति आदर दृष्टि रख सके और रामकथा तथा अनेक पौराणिक आख्यानों उपाख्यानों से विरक्त नहीं हो सके हैं, उसी के कारण उनकी काव्यरचना वीतराग बौद्ध का शुष्क बौद्धिक ज्ञान-विज्ञान कोष न बनकर सहृदय कवि की रागात्मक

जीवन-अभिव्यक्ति बन सकी है और इस प्रकार वे पूर्ववर्ती और परवर्ती कवियों की ऐसी सन्धि हैं जो दोनों ओर की विशेषताओं को जोड़ती है।

सञ्चारिणी दीपशिखा के समान भारत की वाग्देवता जिसको उद्‌भासित करके फिर अतीत के अन्धकार में नहीं छोड़ जा सकी ऐसा ही व्यक्तित्व कालिदास का है। वह न किसी सम्प्रदाय की अग्निरेखाओं से घिरा हुआ है न आचार्य, महाकवि आदि पदवियों से अलंकृत।

'मालविकाग्निमित्र' में अनेक प्रतिष्ठित नाटककारों के उल्लेख से ज्ञात होता है कि वह नवागत है–

*'प्रथितयशसां भाससौमिल्लककविपुत्रादीनां प्रबन्धानतिक्रम्य वर्तमानकवेः कालिदासस्य क्रियायां कथं बहुमानः।'*

भास, सौमिल्लक, कविपुत्र आदि प्रख्यात कवियों के नाटकों को छोड़कर वर्तमान (नवीन) कवि कालिदास की रचना को क्यों इतना सम्मान दिया जा रहा है?

इसके उत्तर में नाटककार ने अपने सूत्रधार से कहलाया है–

*अयि! विवेकविश्रान्तमभिहितम्। पश्य।*
*पुराणमित्येव न साधु सर्वं न चापि काव्यं नवमित्यवद्यम्।*
*सन्तः परिक्ष्यान्यतरद्‌भजन्ते मूढः परप्रत्ययनेयबुद्धिः॥*

अरे! यह तो तुम अपने विवेक को विश्राम देकर कह रहे हो। देखो–

न पुराना होने ही से सब कुछ अच्छा हो जाता है और न नवीन होने से निन्दनीय। बुद्धिमान दोनों की परीक्षा करके जो अच्छा होता है उसे ग्रहण करते हैं और मूर्ख दूसरों के कथन में ही विश्वास करते हैं।

कालिदास ने जिन्हें प्रथितयशः कहकर स्मरण किया है उनमें भास के अतिरिक्त अन्य समय के प्रवाह में बह गए हैं। भास भी संयोग से ही कोई तट पा सके हैं।

संस्कृत कवियों में, अपने जीवन-वृत्त के सम्बन्ध में कुछ न लिखने की परम्परा अविच्छिन्न चली आई है, किन्तु कालिदास ने उस परम्परा का ऐसी कठोरता से पालन किया कि उनके नाम के साथ अनेक सम्भव-असम्भव किंवदन्तियाँ जुड़ गईं। अन्य कवि अपने वंश, माता, पिता आदि का जो यत्किंचित् संकेत देते रहे हैं, कालिदास की कृतियों में उसका भी अभाव है, अतः भावुक भक्तों की कल्पना को अपनी उड़ान के लिए अनन्त अवकाश मिल जाना स्वाभाविक था।

उनके काव्यों की चमत्कारिक असाधारणता पर मुग्ध लोक, मानो अपने विस्मय को व्यक्त करने के लिए ही उन पर चरम मूर्खता का आरोप करने में भी कुंठित नहीं हुआ। चमत्कारिक रचना का वरदान, मूर्ख में जितनी सार्थकता पाता है,

उतनी असामान्य या सामान्य बुद्धिवाले में नहीं। कारण स्पष्ट है। असाधारण प्रतिभा को चमत्कारिक वरदान की आवश्यकता नहीं होती और साधारण को अपनी त्रुटियों की इतनी पहचान नहीं होती कि वह किसी पूर्णता के वरदान के लिए साधना करे। पर ऐसी किंवदन्तियाँ लोकोत्तर प्रतिभा की स्वीकृति-मात्र रहती हैं।

कालिदास के जीवन और रचनाकाल के सम्बन्ध में भी अनुमान ही प्रमाण का अभाव भर देते हैं।

ईसा पूर्व दूसरी शती से ईसवी 11 तक अनेक आरोह-अवरोहों के उपरान्त भी तत्वान्वेषिनी मेघा अभी किसी निश्चित बिन्दु पर स्थिर नहीं हो सकी, केवल, साहित्यगत प्रमाणों के आधार पर दोनों ओर की सीमाएँ कुछ सिमट सकी हैं।

भास का समय उनकी संस्कृत में प्राप्त आर्ष प्रयोगों और प्राकृत की विशेषताओं के आधार पर ईसवी दूसरी शती का उत्तरार्द्ध माना जाता है और कालिदास ने अपने मालविकाग्निमित्र नाटक में अपने से पूर्व प्रतिष्ठित नाटककारों में भास का उल्लेख किया है।

अश्वघोष और कालिदास की भाषा-शैली तथा धर्म, समाज, जीवन आदि की दृष्टि से उनके काव्य, एक-दूसरे से इतने भिन्न हैं कि उनमें कई शताब्दियों का अन्तर स्वाभाविक कहा जाएगा।

ईसवी 8 में क्षीरस्वामी ने अमरकोष की टीका में और कुमारिल भट्ट ने तन्त्रवार्तिक में कालिदास का उल्लेख किया है। उसी शती में वाक्पतिराज ने अपने प्राकृत काव्य गउड़वहो में रघुवंशकार के रूप में उन्हें स्मरण किया है।

ईसवी 650 में वाण और दंडी ने कालिदास की प्रशंसा की है। इसी शती में (633-34) ऐहोल के शिलालेख में कालिदास और भारवि का उल्लेख मिलता है। वातासभट्टि के ई. 473 के मन्दसौर शिलालेख की शैली पर भी कालिदास का प्रभाव स्पष्ट है। इस प्रकार कालिदास का समय ई. 4 के आसपास सिमट आता है जो चन्द्रगुप्त द्वितीय के राज्यकाल ई. 375-414 के निकट है।

कालिदास के समय तक भारतीय जीवन और समाज में एक स्थिर सौन्दर्य आ चुका था। महाभारत काल की चरम स्वच्छन्दता और उसकी चरम ध्वंस में परिणति, बौद्ध युग का चरम बन्धन और वज्रयान में उसकी चरम मुक्ति के शिखर और गर्त पार कर के जीवन-प्रवाह समतल भूमि पर आ गया था। समतल पर मन्थर जल का एक प्रशान्त उदार सौन्दर्य होता है। उसके तट पर विशाल वृक्ष आकाश छूने को सिर उठाए खड़े रहते हैं और छोटे तृण सजल धूलि को भेंटने के लिए झुक-झुक जाते हैं। कमल-कुमुद भी मिलते हैं और शैवाल-काई भी स्थान पा लेते हैं। मधुर लय-संगीत वाले विहग-भ्रमरों का ही स्वागत नहीं होता, कर्कश स्वर वाले भेक और अपनी शून्यता में मूक घोंघे भी निराश नहीं लौटते। सुनहली रुपहली मछलियाँ ही

किरणों से खेलने का अवकाश नहीं पातीं, विशालकाय नक्र को भी अँधेरे तल में कोई कोना सुलभ रहता है। तट पर घाट भी बाँधे जाते हैं और कगारों को गिरने की स्वतन्त्रता भी रहती है।

पवन के पंखों पर उड़ती हुई धूलि के कितने ही स्तर नदी को मैला नहीं कर सकते, पर वह मैली तब होती है जब स्वयं उसका जल ही धूलि को साथ ले आता है, क्योंकि तब उसकी स्वच्छ उज्ज्वलता का कारण ही मटमैला हो जाता है।

इसी प्रकार तट के अरण्य, उपवन, घाट, कगार आदि से उसकी गति नहीं रुकती, परन्तु सम्मुख उसके तल से उठे हुए बाँध ही उसकी चिर प्रवाहशीलता में अवरोध उत्पन्न करते हैं।

कालिदास ने जीवन की गतिशीलता के मर्म और उसके विविध सौन्दर्य की अनुभूति ही नहीं प्राप्त की, उस अनुभूति के सत्य को, राग-रास-रंगमयी वाणी भी दी।

*'क्षणं क्षणं यन्नवतामुपैति तदेव रूपं रमणीयतायाः।'*

वही रमणीय है जो क्षण-क्षण में नवीन जान पड़ता है : में कालिदास के काव्य की मानो अव्यर्थ परिभाषा है। उसमें अपरिचित कुछ नहीं है, किन्तु चिर-परिचित ही प्रतिक्षण नवीनता की अनुभूति देता रहता है।

कालिदास की कृतियों में मालविकाग्निमित्र, विक्रमोर्वशीय और अभिज्ञान शाकुन्तल तीन नाटक तथा ऋतुसंहार, मेघदूत, कुमारसम्भव और रघुवंश चार काव्य उपलब्ध हैं।

ऋतुसंहार में 6 सर्गों में ग्रीष्म, वर्षा, शरद, हेमन्त, शिशिर और वसन्त का वर्णन है, जो कवि की विशेषताओं का संकेत देता हुआ भी उसके कृतित्व के शैशव ही को व्यक्त करता है।

मेघदूत में कुबेर द्वारा निर्वासित विरही यक्ष का, अलका निवासिनी प्रेयसी पत्नी को मेघ द्वारा भेजा हुआ सन्देश है। कृति मानो दीर्घ प्रकृति-गीत है, जिसमें चेतनाशील जीवन से जड़ जगत इस प्रकार मिल गया है कि एक की रेखाओं में दूसरा साकार हो जाता है। मेघदूत अनेक दूतकाव्यों को प्रेरणा देकर भी अभी तक अकेला ही है, क्योंकि प्रेरणा कविदृष्टि देने की क्षमता नहीं रखती।

कुमार-सम्भव में पार्वती की तपस्या, शिव से परिणय और तारक का वध करनेवाले कुमार कार्तिकेय के जन्म की कथा है और रघुवंश में उसके नाम के अनुसार दिलीप से लेकर अग्निवर्ण तक रघुवंशियों के शौर्य, कर्तव्य और त्याग की गाथा है।

नाटकों में 'मालविकाग्निमित्र' का आधार अग्निमित्र और मालविका की प्रेमकथा और विक्रमोर्वशीय का, पुरुरवा और उर्वशी अप्सरा का पौराणिक वृत्त है।

अभिज्ञान शाकुन्तल की प्रेरणा महाभारत में वर्णित शकुन्तला उपाख्यान से मिली होगी, किन्तु कवि-प्रतिभा ने उस पर सौन्दर्य का ऐसा सजल मर्मस्पर्शी रंग फेर दिया है, जिससे मूल कथा और अभिज्ञान-शाकुन्तल में मिट्टी और उससे जन्म पाने वाले फूल जैसा अन्तर उत्पन्न हो गया।

कालिदास की कृतियों में यदि केवल अभिज्ञान शाकुन्तल और रघुवंश ही रह जाते तो भी उनकी ख्याति में कोई अन्तर न पड़ता, क्योंकि उन दोनों कृतियों में कवि का जीवन-दर्शन, सौन्दर्य-बोध, अनुभूति की अतल गम्भीरता और अभिव्यक्ति का भाषा-शैलीगत वैभव विकास की चरम रेखा छू लेता है।

कालिदास में विद्रोह का स्वर नहीं है, वे केवल सौन्दर्य और विलास के कवि हैं, आदि आदि मन्तव्य भी आधुनिक युग के अनुकूल कहे जाएँगे।

कवि का समय ब्राह्मण धर्म के पुनरुत्थान का मध्याह्न है और वह स्वयं उसी धर्म के प्रति आस्थावान है। उसके पूर्ववर्तियों की कृतियों में मिलने वाली, भाषा की स्वच्छन्दता और तज्जनित शिथिलता सिद्ध करती है कि उस समय तक काव्य सम्बन्धी मान्यताएँ रूढ़ियों की कठिन रेखाओं में सीमित नहीं हुई थीं। तत्कालीन सामाजिक जीवन अनेक आंधी तूफानों से उत्पन्न अस्त-व्यस्तता के उपरान्त स्थिरता चाहता था।

चिन्तन के क्षेत्र में, अनात्मवादी दर्शन के स्थान में पारलौकिक सत्ता और अवतारवाद के समर्थक आस्तिक दर्शन की प्रतिष्ठा हो चुकी थी।

बौद्ध हीनयान की प्रतिक्रिया में उत्पन्न महायान द्वारा जिन अनेक वास्तु, मूर्ति आदि कलाओं को प्रेरणा मिल चुकी थी, वे विकास के पथ पर थीं।

सारांश यह कि कालिदास का समय निर्माण का युग था। विद्रोह के स्वर की न कवि को आवश्यकता थी न समाज को।

जीवन को गतिशील बनाए रखने वाली व्यवस्थाएँ जब विषम और कठिन होकर उसे गतिरुद्ध कर देती हैं तब उनमें परिवर्तन अनिवार्य हो जाता है और यह अनिवार्यता विद्रोह के स्वर में बोलती है। पर जब किसी ध्वंस के उपरान्त नूतन निर्माण की वेला आती है, तब यह स्वाभाविक हो जाता है कि मनुष्य की कल्पना, बनने वाले समाज, संस्कृति आदि की सामंजस्यमयी रेखाएँ प्रस्तुत करे और उसका विश्वास, उन रेखाओं में जीवन के रंग भरे। इस स्थिति से, विद्रोही स्वरों की संगति नहीं बैठती।

कालिदास ब्राह्मण धर्म के उद्गाता हैं, किन्तु उनकी कृतियों में संकीर्ण साम्प्रदायिक रेखाओं का इतना अभाव है कि पाठक उनकी कृतियों के मंगलाचरणों के आधार पर ही उनके शैव होने का अनुमान कर सकता है। वस्तुत: धर्म के अन्तर्गत जो कुछ आता है, उसमें से केवल उन्हीं तत्वों को उन्होंने दृष्टि का विषय

बनाया, जो जीवन को व्यवस्थित गति देने की क्षमता रखते थे और इस दृष्टि से वे तत्व सम्प्रदायविशेष में सीमित न होकर सामान्य हो जाते हैं। रघुवंश में रघुवंशियों के जीवन और आचार-क्रम का जो वर्णन है, वह सम्प्रदाय विशेष का न होकर सब का है।

वर्णाश्रम धर्म की कठिन रेखाओं ने उनके पात्रों के हृदय को कठिन न बनाकर उनके कर्तव्य को कठिन बनाया है। कवि के निकट मनुष्य का मूल्य जीवन की रसात्मक मंगलमयता को सुरक्षित रखने में है, अतः उनके विशिष्ट चरित्रों की कठोरता भी कोमलता का लक्ष्य रखती है।

मुक्ति और बन्धन के बीच में उनकी जीवन-दृष्टि का सन्तुलन अपूर्व ही कहा जाएगा। वे जानते हैं कि चरम अव्यवस्था चाहे मुक्ति न हो, किन्तु चरम व्यवस्था ऐसा बन्धन ही रहेगी, जिसे तोड़ने में मनुष्य अपनी सारी सृजन-शक्ति लगा कर श्रान्त हो जाएगा। अतः उनका मानव बिगड़ कर बनता है, मुक्ति से स्वयं बन्धन की ओर लौटता है और इस प्रत्यावर्तन के पथ पर उसकी प्रत्येक पगचाप में जीवन के मंगल के स्वर गूँजते हैं।

आश्रमवासिनी सरला शकुन्तला के रूप पर मुग्ध दुष्यन्त आश्रम के विरुद्ध आचरण करने के लिए मुक्त है और उसे भूल जाने के लिए स्वतन्त्र; परन्तु इस चरम मुक्ति के उपरान्त वही स्वयं पश्चात्ताप की ज्वाला में तपकर और आँसुओं से धुलकर, पुत्रवती शकुन्तला को खोजता और उससे पति तथा पिता के बन्धनों की याचना करता है।

कालिदास सौन्दर्य और प्रेम के अमर गायक हैं, किन्तु उनकी कृतियों में व्यक्त सौन्दर्य और प्रेम का द्वन्द्व, किसी प्रचलित रूढ़ परिभाषा में नहीं बाँधा जा सकता। केवल बाह्य रंग-रेखाओं में न वह समा पाता है न अपना यथार्थ परिचय देता है। शकुन्तला के अभिज्ञान के समान ही उसका प्रत्यभिज्ञान, परिचय, अपरिचय और पुनः परिचय के क्रम पार करता है।

चमत्कारिक बाह्य रंग-रेखाओं में व्यक्त सौन्दर्य, जिसका परिचय मोहमुग्ध कर देता है, कवि का लक्ष्य नहीं, क्योंकि वह असाधारण सौन्दर्य तब तक बार-बार असफल होता रहता है जब तक उसकी असाधारण तथा अपरिचित रेखाएँ साधारण और परिचित नहीं हो जातीं और उनमें जीवन के तरल-करुण रंग नहीं छलकने लगते।

एकान्त तपोवन में आश्रमवासिनी शकुन्तला का अति मानवीय सौन्दर्य अपनी शक्ति में अपराजेय जान पड़ता है-

*मानुषीसु कथं वा स्यादस्य रूपस्य सम्भवः।*
*न प्रभातरलं ज्योतिरुपेति वसुधातलात्॥*

मानवी में ऐसा रूप कहाँ सम्भव है? तरल प्रभावाली विद्युत् पृथ्वी तल से नहीं उदित होती।

*चित्रे निवेश्य परिकल्पित सत्त्वयोगात्रूपो-*
*च्चयेन मनसा विधिना कृता नु।*
*स्त्री रत्न सृष्टिरपरा प्रतिभाति सा मे*
*धातुर्विभुत्वमनुचिन्त्य वपुश्च तस्याः॥*

विधाता ने पहले चित्र बनाकर या अपने मानस में सभी रूपों को संश्लिष्ट करके उसमें प्राण प्रतिष्ठा की होगी। विधाता के विभुत्व और शकुन्तला के कमनीय कलेवर पर विचार कर यही जान पड़ता है कि इसकी रचना अलौकिक नारी-रत्न के रूप में हुई है।

*अनाघ्रातं पुष्पं किसलयमलूनं कररुहै-*
*रनाविद्धं रत्नं मधुनवमनास्वादितरसम्।*
*अखंड पुण्यानां फलमिव च तद्रूपमनघं*
*न भोक्तारं कमिह समुपस्थास्यति विधिः॥*

वह अनघ पवित्र रूप, अनसूंघे सुनम, नखाघात से अछूते किसलय, अनविंधे रत्न, अनास्वादित नव मधु और अखंड पुण्यों के फल के समान है। विधाता न जाने किसे इस सौन्दर्य के उपभोग की पात्रता देगा!

प्रकृति के क्षण-क्षण नूतन लगने वाले असीम वैभव के बीच प्रतिष्ठित यह असाधारण सौन्दर्य दुष्यन्त को इतना बेसुध कर देता है कि वह आश्रम के नियम और राजा के कर्तव्य तक भूल जाता है। परन्तु यह अपूर्व रूप न उसे निरन्तर बेसुध रखने में समर्थ है और न भिन्न परिवेश में आकर्षण की शक्ति रखता है। परिणामतः लोक के समक्ष वह अनादृत और असफल होता है।

जब इस सौन्दर्य को सार्थकता प्राप्त होती है तब शकुन्तला के अन्तर्जगत की प्रशान्त दीप्ति, उसके अलौकिक रूप की रेखाओं को धूमिल कर चुकती है। तब वह अतिमानवी के रूप में अपना परिचय नहीं देती, वरन् ऐसी लोकसामान्य माता और पत्नी के रूप में उपस्थित होती है, जिसे सबसे अयाचित आत्मीयता प्राप्त होना स्वाभाविक है। कभी उसके सौन्दर्य पर मुग्ध होने वाले और कभी उसका तिरस्कार करनेवाले दुष्यन्त की, अन्त में जिस शकुन्तला से भेंट होती है वह-

*वसने परिधूसरे वसाना नियम क्षाममुखी धृतैकवेणिः।*

मलिन वस्त्रों से आवृत, व्रतनियम आदि के पालन से शुष्क मुखवाली और प्रसाधनरहित केशकलाप की एक वेणी धारण किए हुए है।

राजसभा में राजा के अस्वीकार करने पर भी जो शकुन्तला हठपूर्वक बार-बार अपना परिचय देने का प्रयत्न करती है, वही अब पुत्र के प्रश्न, अज्जुए को एसो :

माँ ये कौन हैं, के उत्तर में करुण वात्सल्य से कह देती है, वच्छ दे भाअहेआइं पुच्छेहि : वत्स अपने भाग्य से पूछ।

शकुन्तला के इस सामान्य रूप में, मोती की आभा के समान अन्तःकरण के सौन्दर्य की आभा, आनन्द और विषाद के छायालोक से खेलती है और इसी के समक्ष दुष्यन्त अपने समग्र जीवन को निवेदित कर देता है।

इसी प्रकार हिमालयकुमारिका का सौन्दर्य अपूर्व है। जब वह वसन्त के वैभव से रंगरसलासमयी प्रकृति के बीच उपस्थित होती है, तब क्षण भर के लिए पुष्पधन्वा को अपने सम्मोहनवाण की सफलता का निश्चय होने लगता है। परन्तु परिणाम में काम दग्ध हो जाता है और वह अनिन्द्य सौन्दर्य उपेक्षित।

*शैलात्मजापि पितुरुच्छिरसोऽभिलाषं–*
*व्यर्थं समर्थ्य ललितं वपुरात्मनश्च।*
*सख्योः समक्षमिति चाधिकजातलज्जा*
*शून्या जगाम भवनाभिमुखी कथंचित्॥*

शैलात्मजा भी सखियों के समक्ष अपने उन्नत मस्तक वाले पिता के मनोरथ और अपने सुन्दर शरीर को व्यर्थ होते देख अधिक लज्जित होकर शून्य मन से किसी प्रकार भवन की ओर चली।

*इयेष सा कर्तुमवन्ध्यरूपतां समाधिमास्थाय तपोभिरात्मनः।*
*अवाप्यते वा कथमन्यथा द्वयं तथाविधं प्रेम पतिश्च तादृशः॥*

उसने समाधि में बैठकर तप द्वारा अपने रूप को सफल करने की इच्छा की, अन्यथा उस प्रकार का प्रेम और वैसा पति कैसे प्राप्त किया जा सकता था।

कठिन तप के चरम बिन्दु पर जब किशोरी पार्वती के सौन्दर्य की कोमल रेखाएँ दिव्य आभा में निमज्जित हो जाती हैं तब काम को भस्मशेष कर देनेवाले शिव को स्वयं सकाम उपस्थित होना पड़ता है।

जैसे जलधाराओं को, आसमुद्र गतिशीलता के लिए और बालुकाराशि में खोने से बचने के लिए हिमालय की अखंड तरलता से जुड़ा रहना पड़ता है, वैसे ही बाह्य सौन्दर्य को, जीवन में मंगलमयी स्थिति के लिए अन्तर्जगत के अखंड सामंजस्य से जुड़े रहने की अपेक्षा रहती है। और यह सन्धि तप या साधना पर निर्भर है।

कालिदास के निकट आकृति की रमणीयता मात्र मानो तूल है, जिसका हल्कापन, जीवन की ज्वाला को सम्भालने की क्षमता से रहित है। पर जब यही कोमल तूल स्नेह में भीग कर भारी हो जाती है तब वह ज्वाला को सिर पर धारण ही नहीं कर लेती, उसे स्निग्ध आलोक भी बना देती है। इस अपूर्व आलोक-दान के लिए तपना तो अनिवार्य ही रहेगा।

भारतीय काव्य में प्रकृति के उपासकों की परम्परा अविच्छिन्न और दीर्घ है।

किन्तु उस परम्परा में कालिदास की, अर्चना ही नहीं, देवता-विग्रह की भावना भी विशिष्ट है। जिस तीव्र संवेदन से वे अपने मानव पात्रों की अनुभूतियों को आत्मसात करते हैं, उसी से वे प्रकृति की विविध रूपात्मकता से तादात्म्य करते हैं, अत: उनके प्रकृतिचित्र केवल रंगरेखाओं का संघात न होकर, स्पन्दित व्यक्तित्व बन जाते हैं। मानव, पशु, पक्षी, नदी, निर्झर, पर्वत, शाद्वल आदि में ऐसा कुछ नहीं है, जिसकी उपस्थिति उपेक्षणीय हो।

प्रकृति मानो ऐसा रचनागार है, जिसमें जीवन को, विराट पर चिरनवीन मूर्तिमत्ता दी जा रही है, अत: उसके मस्तक से पदनख तक प्रत्येक हल्की गहरी रेखा और भंगिमा पूर्णता का अंशभूत है।

शकुन्तला की विदावेला की मार्मिकता के लिए कण्व का वाष्परुद्ध कंठ, सखियों की चिन्ता, मृगछौने की मूक मनुहार, वृक्षों का पल्लवपात और कोकिल का कुहू सभी अनिवार्य हैं।

प्रकृति मानव के सौन्दर्य और प्रेम के महागीत की सजग श्रोता ही नहीं, उसकी निरन्तर संगिनी अनुगायिका भी है, इसी से उसके अभाव में संगीत के स्वर अकेले और प्रतिध्वनिशून्य हो जाते हैं।

पार्वती ही कठोर तपश्चरण में एकाग्र नहीं हैं, प्रकृति भी सजग प्रहरी के समान एकाग्र है।

*शिलाशयां तामनिकेतनवासिनीं*<br>
*निरन्तरास्वन्तरवातवृष्टिषु।*<br>
*व्यलोकयन्नुन्मिषितैस्तडिन्मयै*<br>
*महातप: साक्ष्य इव स्थिता: क्षपा:॥*

निरन्तर चलनेवाली आंधी और वृष्टि में, खुले में शिला पर लेटी हुई पार्वती को, रातें विद्युत के नेत्र खोल-खोल कर इस प्रकार देखतीं थीं मानों वे उसके महातप की साक्षी हों।

विरही यक्ष भी एकाकी नहीं है, क्योंकि उसे मेघ के रूप में ऐसा आत्मीय मित्र मिल गया है, जिसकी उपस्थिति मात्र उसकी निरुपायता को दूर करने में समर्थ है।

कालिदास की उपमाओं की विशेषता प्रख्यात है, किन्तु इस विशेषता के मूल में कोई चमत्कार न होकर जीवन और प्रकृति के विविध रूपों में व्याप्त एकता की अनुभूति है।

वस्तुत: चमत्कार का अभाव ही कालिदास की कृतियों का चमत्कार है। वर्षा में न जल की बूँदें असामान्य होती हैं और न सूर्य की किरणें, परन्तु उनका एक विशेष बिन्दु पर संगम ही इन्द्रधनुष के सप्तरंगों में व्यक्त चमत्कार बन जाता है। कालिदास की कृतियों में भी न जीवन असामान्य है न प्रकृति, परन्तु कवि के जिस

दृष्टि बिन्दु पर इनका सम्मिलन होता है, वही चमत्कारिक रंगों में प्रतिफलित हो उठता है।

कवि का निरीक्षण उसके संवेदन का पूरक है, अतः प्रत्येक शब्दचित्र में आकृति की रेखाएँ यथातथ्य और अन्तःस्पन्दन सत्य रहता है। इसी से अनेक गतागत युगों की भिन्न और विपरीत कसौटियों पर परीक्षित होकर भी वह मिथ्या नहीं ठहराया जा सका।

कालिदास ने जीवन–सरिता के पुलिनों पर यत्र–तत्र स्फटिक–मरकत के घाट–सोपान बनाकर भी उसके प्रवाह और गहराई में कोई व्यवधान नहीं उपस्थित किया। किन्तु उनके परवर्ती संस्कृत कवियों ने चमत्कार की स्पर्धा में नदी के तल में सोने–चाँदी की रेत बिछाना आरम्भ किया। परिणामतः ज्यों–ज्यों जल की गहराई घटने और तल की कठिनता बढ़ने लगी त्यों–त्यों कमल सूखने और हरीतिमा तिरोहित होने लगी और अन्त में चमत्कार की चकाचौंध में घाट–सोपान और सुनहली रुपहली बालुका का विस्तार दृष्टि के लिए मृगमरीचिका बन गया।

समय के अनेक आयाम पार कर भाव की जिस अन्तःसलिला का प्रकट और सजल स्पर्श हम पाते हैं उसके भगीरथ भवभूति हैं।

ईसा की सातवीं शती से चौदहवीं शती तक का समय ब्राह्मण धर्म के पुनरुत्थान की दृष्टि से विशेष उर्वर माना जाएगा।

एक ओर उद्योतकर, कुमारिल भट्ट, शंकराचार्य, वाचस्पति, उदयनाचार्य, रामानुज, सायणाचार्य आदि दार्शनिकों ने अनेक तर्क–सरणियों की उद्भावना की और दूसरी ओर भवभूति, माघ, श्रीहर्ष आदि कवियों ने विस्मृत मान्यताओं को वाणी दी।

इनमें भवभूति का व्यक्तित्व सबसे विशिष्ट है। उनके समय के सम्बन्ध में भी हमें साहित्यगत अन्तः और बाह्य साक्ष्यों का ही आधार लेना पड़ता है।

राजतरंगिणी के चतुर्थ अंक में मिलता है–

*कवि वाक्पतिराज श्री भवभूत्यादि सेवितः।*
*जितो ययौ यशोवर्म्मा तद्गुणस्तुतिवन्दिताम्॥*

वाक्पतिराज और भवभूति आदि कवियों से सेवित यशोवर्मा ने पराजित होकर उसकी (ललितादित्य की) स्तुति की।

इसके अनुसार भवभूति का कान्यकुब्जाधिप यशोवर्मा की सभा में होना सिद्ध होता है। जनरल कनिंघम के मत से ललितादित्य, जिसने यशोवर्मा को परास्त किया, का राज्यकाल 693 ई. से 729 ई. तक रहा।

भवभूति के समसामयिक वाक्पतिराज ने अपनी प्राकृत रचना 'गौड़वहो' में उसकी विशेषता का परिचय देने के लिए लिखा है–

*भवभूइ जलहि निग्गय कव्वामय रसकणा इव फुरन्ति।*
*जस्स विसेसा अज्जवि विअडेसु कहाणिवेसेसु॥*

भवभूति–समुद्र से जो काव्यामृत निकाला गया है उसके कुछ बिन्दु 'गौड़ वहो' काव्य में स्पष्ट दृष्टिगत होंगे।

राजशेखर ने, जो माधवाचार्य के अनुसार शंकर के समसामयिक थे, अपने बाल रामायण नाटक में पुरातन कवियों के साथ भवभूति का उल्लेख किया है–

*बभूव वल्मीकिभव: कवि: पुरा*
*तत: प्रपेदे भुवि भर्तृमेण्ठताम्।*
*स्थित: पुनर्यो भवभूतिरेखया*
*स वर्त्तते सम्प्रति राजशेखर:॥*

पहले वाल्मीकि, फिर भर्तृहरि पृथ्वी पर उत्पन्न हुए; फिर भवभूति नाम से जिस कवि का जन्म हुआ, वही अब राजशेखर के रूप में विद्यमान है।

राजशेखर का समय आठवीं शती के अन्त और नवीं के प्रारम्भ में माना जाता है, अत: आठवीं शती के अन्त तक भवभूति की जीवन यात्रा समाप्त हो चुकी होगी; अन्यथा राजशेखर अपने आपको उनका अवतार कैसे कह सकते थे!

सातवीं शती के पूर्वार्द्ध में हर्ष चरित, कादम्बरी और चंडिकाशतक के रचयिता बाणभट्ट, दशकुमार, काव्यादर्श के प्रणेता दंडी जैसे, दीर्घ समास–युक्त, क्लिष्ट भाषा के प्रेमी विद्वान ग्रन्थकार हो चुके थे। इनके आसन्न परवर्ती होने और स्वयं विद्वान होने के कारण भवभूति की भाषा में दीर्घ समास बाहुल्य स्वाभाविक हो गया, परन्तु अपने कथ्य की दृष्टि से न वे किसी के अनुवर्ती हैं और न किसी को अपने अनुगमन का अवकाश देते हैं।

महावीरचरित और मालतीमाधव नाटकों की प्रस्तावना में भवभूति ने सूत्रधार के माध्यम से अपना जो परिचय दिया है, उससे ज्ञात होता है कि वे दक्षिणापथ के विदर्भ देशस्थित पद्मपुर नगर निवासी वाजपेय यज्ञ करने वाले काश्यप गोत्रीय महाकवि गोपाल भट्ट के पौत्र नीलकंठ के पुत्र थे और उनका दूसरा नाम श्रीकंठ था। प्रस्तावना के अनुसार उनकी माता जातुकर्णी और गुरु ज्ञाननिधि थे।

भवभूति की रचनाओं में उनके किसी आश्रयदाता का उल्लेख नहीं मिलता, अत: यह अनुमान स्वाभाविक है कि उन्हें जीवन की सन्ध्या में कान्यकुब्जनरेश यशोवर्मा का आश्रय प्राप्त हुआ। यशोवर्मा स्वयं विद्वान और कवि था और भवभूति अपनी कृतियों के प्रख्यात होने पर उससे सम्मान पाने के अधिकारी हो गए हों तो आश्चर्य नहीं।

इस विद्रोही कवि का अधिकांश जीवन संघर्ष में व्यतीत हुआ, इसके पर्याप्त प्रमाण उपलब्ध हैं, परन्तु उनके कटु अनुभवों ने उन्हें हताश और कटु न बनाकर,

उनके प्रखर विद्रोह में अमर आशावाद की प्रतिष्ठा भी की और उनकी करुणा को अधिक विस्तार और गहराई भी दी।

उत्तररामचरित में कवि ने सूत्रधार से कहलाया है–

*सर्वथा व्यवहर्त्तव्यं कुतो ह्यवचनीयता।*
*यथा स्त्रीणां तथा वाचां साधुत्वे दुर्जनो जनः॥*

अपना कर्तव्य पूर्णतः करना चाहिए। निन्दा से मुक्ति कहाँ सम्भव है? स्त्री के सतीत्व और वाणी (रचना) के साधुत्व के विषय में मनुष्य दुर्जन ही रहता है। मालतीमाधव के नवे अंक में उन्होंने अपने काव्य की अवज्ञा करनेवाले आलोचकों को जो उत्तर दिया है, वह युगयुगान्तर तक प्रत्येक नवागत कवि के हृदय में प्रतिध्वनित होता रहेगा–

*ये नाम केचिदिह नः प्रथयन्त्यवज्ञां*
*जानन्ति ते किमपि तान्प्रति नैष यत्नः।*
*उत्पत्स्यतेऽस्ति मम कोऽपि समानधर्मा*
*कालो ह्ययं निरवधि विपुला च पृथ्वी॥*

जो मेरे काव्य का अनादर करते हैं उन्हें ही इसका कारण ज्ञात होगा। उनके लिए मैंने यह प्रयत्न नहीं किया है। मेरे काव्य को समझने वाला (मेरा समानधर्मा) कोई व्यक्ति कभी उत्पन्न होगा ही, अथवा इसी समय कहीं होगा, क्योंकि समय असीम है और पृथ्वी विपुल विस्तारमयी है।

उपर्युक्त कथन कवि की अहंकारोक्ति मात्र नहीं है, वरन यह उसकी अपनी कृति में व्यक्त सत्य के प्रति अडिग आस्था है। सत्य अज्ञात या उपेक्षित रहने पर असत्य नहीं हो जाता।

भवभूति के तीन नाटक उपलब्ध हैं–महावीरचरित, मालतीमाधव और उत्तररामचरित।

महावीरचरित में राम की कथा उनके शैशव से चलकर रावणयुद्ध और अयोध्याप्रत्यावर्तन में समाप्त होती है।

मालतीमाधव प्रकरण रूपक है, जिसके 10 अंकों में उज्जयिनी के राजमन्त्री की कन्या मालती का माधव नामक विद्वान से प्रेम और विवाह वर्णित है। तीसरे नाटक उत्तररामचरित के 7 अंकों में राम द्वारा सीतापरित्याग और उनके पुनर्मिलन की कथा सर्वथा नवीन पृष्ठभूमि पर प्रस्तुत की गई है।

बौद्धधर्म के अस्त और ब्राह्मणधर्म के पुनः उदय की द्वाभा में भवभूति ने अपने नाटकों की रचना की है। वे स्वयं वैदिक धर्मानुयायी ब्राह्मण हैं, किन्तु उनकी रचनाओं में पक्षपातजनित निन्दा-स्तुति का अभाव है।

बौद्धधर्म की अस्ताचलगामिनी आभा तन्त्र-मन्त्र के मेघाडम्बर में बिखर कर

एक कुहकभरे छायालोक का सृजन कर रही थी। भवभूति ने इस अन्धकार-आलोक के विषम सम चित्र बड़ी सहृदयता से अंकित किए हैं।

समष्टिगत विषमता और विकृतियों के बीच भी व्यक्तिगत विशेषताओं के लिए कवि की करुणा का अभिषेक दुर्लभ नहीं रहता।

मालतीमाधव में अघोरघंट, कपालकुंडला आदि के तान्त्रिक समाज में कवि की दृष्टि परिव्राजिका कामन्दकी के वात्सल्य को खोज लेती है–

*दया वा स्नेहो वा भगवति निजेऽस्मिन् शिशु जने*
*भवत्या संसाराद्विरतमपि चित्तं द्रवयति।*
*अतश्च प्रव्रज्या-समयसुलभाचारविमुखः*
*प्रसक्तस्ते यत्नः प्रभवति पुनर्देवमपरम्॥*

हे भगवति शिशुमालती के प्रति आपकी जो दया अथवा स्नेह है, उसने आपके संसार से विरक्त चित्त को भी द्रवित कर दिया है। इसीसे आप प्रव्रजित जीवन के आचार से विमुख होकर उसके लिए यत्नशील हैं।

ब्रह्मा के कमंडलु में बन्द गंगा के समान भवभूति की करुणा, जो उनकी अन्य कृतियों की सीमा में अभिव्यक्ति का मार्ग खोजकर थकती रहती है, उत्तररामचरित में आकश से पाताल तक अनन्त विस्तार पा लेती है। अतः उसका दुर्वार वेग युगों से दर्शकों को विस्मयमुग्ध करता आ रहा है।

अतिपरिचय से धूमिल लगने वाली राम-सीता की कथा भवभूति की करुणा का स्पर्श पाकर नूतन परिचय की दीप्ति से उद्‌भासित हो उठती है। राम और सीता के व्यक्तित्व मानो करुणा की वीणा के दो तूम्बे हैं, जो जीवन के सम-विषम तारों को जोड़ने के लिए ही एक-दूसरे से दूर हैं और इन तारों पर स्नेह की रागिनी अनन्त आरोह-अवरोहों में मँडराती रहती है।

उत्तररामचरित में कवि की कल्पना नाटककार की करुणा की अनुगामिनी है, अतः कथा के अन्त में रामसीता का मिलन सम्भव हो जाता है।

ग्लानि से पृथ्वी में समा जाने वाली सीता की करुण स्थिति, करुणा के उपासक भवभूति को आकर्षित नहीं करती, क्योंकि वे करुणा को चिरसृजनशीला मानते हैं। इसी से उन्होंने अपने नाटक में कथा की रेखा-रेखा का संयोजन इस प्रकार किया है कि राम-सीता का संयोग अनिवार्य हो जाता है। यदि यह संयोग सम्भव नहीं है तो एकनिष्ठ प्रेम असत्य है और यह असत्य मृत्यु का पर्याय है।

उनके नाटक में अलौकिक तत्वों का बाहुल्य है। नदियाँ वार्तालाप करती हैं, वनदेवियाँ साथ चलती हैं, भागीरथी सीता को अदृष्ट रहने की शक्ति देती है आदि आदि; परन्तु जिस महा लय के साथ यह सब घटित होता है उससे मनुष्य का हृदय इतना परिचित है कि वह किसी को मिथ्या नहीं मानता। दाम्पत्य सम्बन्ध की रेखा

के भीतर या बाहर संयोग-वियोग की विविध स्थितियों में प्रतिफलित प्रेम के जिन रूपों से हमारा परिचय है, वे भवभूति के चित्रपट को नहीं भर पाते।

संयोग में भी राम, सीता के प्रति अपने प्रेम का जैसा परिचय देते हैं वह किसी अतीन्द्रिय मानसिक स्थिति और जीवनव्यापी तादात्म्य का संकेत है–

*विनिश्चेतुं शक्यो न सुखमिति वा दुःखमिति वा*
*प्रमोहो निद्रा वा किमु विषविसर्पः किमु मदः।*
*तव स्पर्शे स्पर्शे मम हि परिमूढेन्द्रियगणो*
*विकारश्चैतन्यं भ्रमयति च संमीलयति च॥*

मैं निश्चित नहीं कर पाता हूँ कि यह सुख है अथवा दुःख, निद्रा है अथवा अतिशय मूर्च्छा, विष का प्रसरण है अथवा मादकता।

तुम्हारे स्पर्श-स्पर्श से एक मनोविकार मेरी इन्द्रियों को स्तब्ध करके मेरी चेतना को भ्रमित और प्रसुप्त कर देता है।

दीर्घ साहचर्यजनित प्रेम की सात्विक गम्भीरता स्पष्ट करने के लिए ही मानो भवभूति राम से सीता के शशव-रूप का स्मरण कराते हैं–

*प्रतनुविरलैः प्रान्तोन्मीलन्मनोहरकुन्तलै*
*दर्शनमुकुलैर्मुग्धालोकं शिशुर्दधती मुखम्।*
*ललितललितै ज्योत्स्ना प्रायैरकृत्रिमविभमै-*
*रकृत मधुरैरम्बानां मे कुतूहलमंगकैः॥*

विरल और मुकुलों जैसी दन्तपंक्ति और कपोलों के दोनों ओर हिलती हुई सुन्दर अलकों से युक्त मुग्धकर शिशु जैसे मुखवाली सीता तब अपने अतिशय ललित, ज्योत्स्ना के समान स्निग्ध और अकृत्रिम चेष्टाओं वाले अंगों से मेरी माताओं के हृदय में कुतूहल उत्पन्न करती थी।

पत्नी के शैशव का ऐसा स्मरण अन्यत्र दुर्लभ है। चित्र की रेखाएँ मानो किरण को गंगाजल में डुबो कर अंकित की गई हैं।

प्रेम के विषय में राम के कथन में भवभूति की अपनी मान्यता है, परन्तु उस मान्यता से किसी का विरोध सम्भव नहीं–

*अद्वैतं सुखदुःखयोरनुगतं सर्वास्ववस्थासुय-*
*द्विश्रामो हृदयस्य यत्र जरसा यस्मिन्नहार्यो रसः।*
*कालेनावरणात्ययात्परिणते यत्स्नेहसारे स्थितं*
*भद्रं तस्य सुमानुषस्य कथमप्येकं हि तत्प्राप्यते॥*

सुख-दुःख में जो एक रहता है, सब अवस्थाओं में जो एकरस है, हृदय जहाँ विश्राम पाता है, जरावस्था जिसका माधुर्य नष्ट नहीं कर पाती और दीर्घ साहचर्य से द्वैत का आवरण हट जाने पर जो स्नेहसार के रूप में स्थिर रहता है, उस दुष्प्राप्य

अद्वैत प्रेम को जो मनुष्य प्राप्त कर लेता है वह भाग्यशाली है।

करुणा भवभूति के चिन्तन का केन्द्रबिन्दु भी है और जीवन का सम भी, अत: किसी भी दु:खार्त्त के प्रति उनकी समवेदना सहज है।

उनके युग के समाज की नारी, शूद्र आदि के प्रति जो हीन भावना और अन्ध रूढ़ियों के प्रति जो निष्ठा रही होगी, उससे कवि प्रभावित नहीं जान पड़ता।

सीता यदि करुणा की मूर्तिमती पयस्विनी है तो वशिष्ठ पत्नी अरुन्धती ज्ञान का दीप्त उन्नत शिखर। विदेह जनक अरुन्धती की वन्दना करते हुए कहते हैं–

*यया पूतं मन्यो निधिरपि पवित्रस्य महस:*
*पतिस्ते पूर्वेषामपि खलु गुरुणां गुरुतम:।*
*त्रिलोकी मंगल्यामवनि तल लीनेन शिरसा*
*जागद्वन्द्यां देवीं उषसमिव वन्दे भगवतीम्॥*

पूर्व काल के गुरुओं में भी श्रेष्ठतम और पवित्र तेज की निधि होकर भी, जिसके पति वशिष्ठ जिसके कारण अपने आपको पवित्र मानते हैं, जो त्रिलोक की मंगलविधायक और देवी उषा के समान वन्दनीया है, उस भगवती अरुन्धती को मैं पृथ्वी पर मस्तक रखकर प्रणाम करता हूँ।

वेद-साहित्य के अतिरिक्त अन्यत्र ऐसी दिव्य गरिमा-भूषित नारी-मूर्ति दुर्लभ रहेगी।

वाल्मीकि के आश्रम में विद्याध्ययन के लिए अकेली यात्रा करनेवाली आत्रेयी, नारी रूप में उपस्थित तमसा, मुरला, भागीरथी आदि नदियाँ, पृथ्वी और वनदेवियाँ सब अपनी समवेदना में गरिमामयी हैं।

राम द्वारा शूद्रतापस शम्बूक के वध की कथा में कवि परिवर्तन नहीं कर सका, किन्तु उसकी करुणा ने उस क्रूर कर्म पर औचित्य का रंग नहीं फेरा।

शम्बूक के वध के लिए प्रस्तुत राम कहते हैं–

*हे हस्त दक्षिण मृतस्य शिशोर्द्विजस्य*
*जीवातवे विसृज शूद्रमुनौ कृपाणम्।*
*रामस्य गात्रमसि निर्भरगर्भखिन्ना-*
*सीताविवासनपटो: करुणा कुतस्ते॥*

हे मेरे दक्षिण हस्त! ब्राह्मणपुत्र को जीवित करने के लिए शूद्रमुनि पर असि का वार कर। तू उस राम का अंग है जो गर्भभार से श्रान्त सीता को निर्वासन देने में पटु है। तुझमें करुणा कैसी!

किसी प्रकार प्रहार करके भी वे अपने क्रूर कर्म के परिणाम के प्रति आश्वस्त नहीं हैं–

*कृतं राम सदृशं कर्म। अपि जीवेत्स ब्राह्मणपुत्र:।*

यह राम के अनुरूप (क्रूर) कर्म हुआ। कदाचित वह ब्राह्मणपुत्र जीवित हो जाए।

उपर्युक्त मानसिक स्थिति यही प्रमाणित करती है कि राम, सीता के परित्याग और निर्वासन के समान ही शूद्र तापस के वध को क्रूर कर्म मानते हैं; किन्तु जिस लोकमत ने एक कृत्य करा लिया, उसी के कारण दूसरा भी अनिवार्य हो उठा।

भाव की जिस निगूढ़ और गम्भीर मर्यादा के लिए भवभूति प्रकृति के हल्के लघु चित्र नहीं आँकते, उसी को अक्षुण्ण रखने के लिए उन्होंने अपने नाटकों से, विदूषक के हल्के मनोरंजन को निर्वासन दे डाला है।

परन्तु तीव्र मनोविकारजनित तनाव को शिथिल करने के लिए उन्होंने ऐसे दृश्य और कथन उपकथनों की उद्‌भावना की है, जो तत्कालीन जीवन और सामाजिक आचार का परिचय भी देते हैं, और शिष्ट हास्य भी सहज कर देते हैं। उत्तररामचरित के चतुर्थ अंक में वाल्मीकि-आश्रम के अन्तेवासी सौधातकि और दाण्डायन के वार्तालाप में ऐसे ही हास्य की कोमल दीप्ति है।

कालिदास की रचना मानो सान पर चढ़ा कर खरादा हुआ हीरा है, जो किसी भी कोण से आने वाली किरण को सहस्र रूपों में प्रतिफलित कर लौटा देता है। किन्तु भवभूति की कृतियों की तुलना खान से सद्य निकले हुए हीरक-खंड से की जा सकेगी, जिस पर आलोक का प्रतिफलन कोण विशेष पर निर्भर है। पर इससे दोनों की महार्घता में अन्तर नहीं पड़ता।

दीर्घ समाससंकुल भाषा और जटिल मनोविकारों के तटों को जोड़ कर प्रवाहित भवभूति की करुणा ने ऐसा कुछ दिया है जिसके स्पर्श से–

*अपि ग्रावा रोदिति दलति वज्रस्य हृदयम्।*

पाषाण भी रोते हैं और वज्र का हृदय भी विदीर्ण हो जाता है।

भवभूति की 'उत्पत्स्यतेऽस्ति मम कोऽपि समानधर्मा' में व्यक्त भविष्य वाणी को सत्य करने के लिए प्रत्येक युग में उसकी समानधर्माओं की परम्परा अविच्छिन्न चलती आ रही है।

संस्कृत साहित्य की निम्नगामी प्रवृत्ति, जिसीक यात्रा भवभूति के रचनाकाल से पहले ही आरम्भ हो चुकी थी, अपने वेग में दुर्वार होती जा रही थी। पर जिसकी वंशी की टेर ने उस निम्नगा को मरु में खोने से बचा कर प्रेम की ओर मोड़ दिया उस गोपालक तक इतिहास की किरणें नहीं पहुँच पाती हैं।

कृष्ण आभीर थे या आर्य, भागवत के कृष्ण और महाभारत के कृष्ण एक हैं या नहीं, राधा का व्यक्तित्व कल्पित है या सत्य आदि-आदि जिज्ञासाओं का समाधान अब तक नहीं हो सका। परन्तु कवि जयदेव के हृदय के तार उसी वंशी रव से झंकृत हो उठे थे, इनका प्रमाण गीतगोविन्द है।

प्रसन्नराघव नाटक के रचयिता का नाम भी जयदेव है और चन्द्रलोक के प्रणेता

का भी। परन्तु गीतगोविन्द के गायक जयदेव तीसरे और दोनों समान–नामाओं से भिन्न हैं।

कहा जाता है कि वे वंगनरेश लक्ष्मणसेन के सभाकवि थे जिनका समय 12वीं शती का पूर्वार्द्ध है।

गीतगोविन्द में उन्होंने अपना जो परिचय दिया है उसके अनुसार उनके पिता का नाम भोज और माता का नाम राधा देवी था–

*श्री भोजदेव प्रभवस्य राधादेवी सुत श्री जयदेवकस्य।*
*पराशरादि प्रियवर्गकंठे श्री गीतगोविन्द कवित्वमस्तु॥*

उनकी पत्नी पद्मावती का उल्लेख भी गीतगोविन्द के आरम्भ में मिलता है–

*वाग्देवता चरित चित्रित चित्तसद्मा*
*पद्मावती चरण चारण चक्रवर्ती।*
*श्री वासुदेवरतिकेलिकथासमेतमेतं*
*करोति जयदेवकविः प्रबन्धम्।*

कवि के जीवनवृत्त के लिए हमें किंवदंतियों पर ही निर्भर रहना पड़ता है।

जयदेव का जब आविर्भाव हुआ तब संस्कृत के शृंगारी काव्य के नायक–नायिका के रूप में राधाकृष्ण की प्रतिष्ठा हो चुकी थी।

शृंगार–भाव जीवन की मूलप्रवृत्तियों में स्थिति रखता है, अतः अन्य मूल–प्रवृत्तियों के समान उसका भी संस्कार और उदात्तीकरण स्वाभाविक है। जिस नियम से प्रत्येक अंकुर और वृक्ष धरती के कर्दम और अन्धकार में स्थिति रखते हुए भी आकाश की ओर उठता है और अपनी तत्वतः अभिव्यक्ति सीमित कर्दम में न देकर मुक्त सौरभ में देता है, उसी नियम से, पाशविक कर्दम में जड़ें रखने वाली मानव–प्रवृत्तियों का क्रमशः उदात्तीकरण होना अनिवार्य है।

'एकोऽहम बहुस्याम' में काम का जो तत्व छिपा हुआ है उससे वैदिक ऋषि भी परिचित हैं और उपनिषद् का दार्शनिक भी। परन्तु जीवन में जब उक्त मूल–प्रवृत्ति का उदात्तीकरण सम्भव नहीं रहता तब उसका निम्नगा हो जाना अनिवार्य हो जाता है। भय, क्रोध, घृणा जैसी मूलप्रवृत्तियों के लिए भी यही सत्य है। या तो मनुष्य उनका परिष्कार कर लेता है या वे अपने मौलिक रूप में मनुष्य की नियामक बनकर उसे पशु के स्तर पर उतार लाती हैं।

शृंगारी उपासना के बीज, बौद्ध धर्म के ह्रास से उत्पन्न तान्त्रिक और वज्रयानी सम्प्रदायों में खोजे जा सकते हैं, जिनकी उपासना में स्त्री पूजोपकरण के समान है।

ईसा की सातवीं शती में ही वंग वज्रयानी और तान्त्रिक उपासना–पद्धति से प्रभावित था।

विकासशील वैष्णव धर्म ने शृंगार को अस्वीकार न करके राधाकृष्ण को उसका

केन्द्रबिन्दु बना दिया और इस प्रकार मधुर भाव की उपासना ने मनुष्य के मन को तन्त्र-मन्त्रादि कठिन साधना से विमुख कर दिया।

राधाकृष्ण युग्म का विकास भी कम रोचक नहीं है। सांख्य के पुरुष और प्रकृति ने निर्गुणवादियों के ब्रह्म और आत्मा तथा सगुणोपासकों के कृष्णराधा, शिवशक्ति आदि युग्मों के विकास में कोई योग दिया है या नहीं, यह भी विशेष शोध की अपेक्षा रखता है। राधा के व्यक्तित्व की रेखाएँ ई. शती 7 से ही बनने लगी थीं, किन्तु उस व्यक्तित्व में प्राण प्रतिष्ठा का श्रेय भागवत सम्प्रदाय को ही दिया जा सकता है। ई. शती 10 के लगभग श्रीमद्भागवत का रचना काल माना जाता है और उसके दशम स्कन्ध में कृष्ण और गोपिकाओं की रास-क्रीड़ाओं का सजीव और रसप्लावित चित्रण मिलता है।

गीतगोविन्द के कवि ने इन शृंगार चित्रों को तान लय में बाँध कर ऐसी गेयता दी है, जिसका माधुर्य चिर नूतन और झंकार सनातन है।

भारतीय गीत साहित्य अन्तरंग और बहिरंग दोनों में विविध है। ऊषा की दिव्य सुषमा से लेकर दादुर की ध्वनि तक को अपनी सीमा में सुरक्षित रखनेवाले वेदगीत हैं। भिक्षु-भिक्षुणियों के साधनामय जीवन की कथा सुनाने वाले गीति-वृत्त हैं। दैनन्दिन जीवन के अतिपरिचित और क्षणिक सुख-दुःख, मिलन-विरह, पर्व-उत्सव आदि को लय के तार में गूँथ कर अक्षय माधुर्य देने वाले लोगकीत हर साँस में मुखरित हैं। सिद्धों के गूढ़ और गुरु ज्ञान को संगीत के पंख देनेवाले हृदय की सरल संप्रेषणीयता तक जो कुछ भारतीय प्रतिभा संचित कर सकी, उसे उसने जीवन का छन्द बना कर कंठों में सुरक्षित रखने का अथक प्रयास भी किया है। गीतगोविन्द, इस अविच्छिन्न गीतपरम्परा की मूल्यवान कड़ी है।

राधाकृष्ण को केन्द्र बनाकर चलनेवाली शृंगार-उपासना और उन्हें आध्यात्मिक प्रेम का प्रतीक मान कर विकास करने वाली भक्ति-भावना की सन्धि में जयदेव का आविर्भाव होने के कारण उन्हें दोनों का दायभाग अनायास प्राप्त हो गया। पर इस सम्मिलित दाय से उत्पन्न द्वाभा आनेवाले युगों में अनेक मतभेदों का कारण बनती रही है।

जयदेव के गीत विच्छिन्न न होकर एक गेय प्रबन्धात्मकता में बंधे हुए हैं, अत: द्वादश सर्गों में विभाजित इस गीतिकाव्य में राधाकृष्ण के मान रास, विरह, मिलन आदि की ललित कथा कही गई है। किन्तु जयदेव का चित्रपट न तो निर्गण गीतकारों के चित्र फलक के समान विराट है, जिसमें सम्पूर्ण जगत एक ब्रह्म की अभिव्यक्ति बनकर समा जाता है और न वह सगुणोपासक कथाकारों के चित्र-फलक के समान सीमित और विविध है, जिसमें मानव-रूप में अवतरित इष्ट को जीवन के कठिन संघर्ष और उससे उत्पन्न असंख्य परिस्थितियों में रहना पड़ता है।

कवि जयदेव की विशेषता उनकी भाषा में जितनी प्रत्यक्ष है उतनी कथ्य में नहीं। संस्कृत भाषा को उन्होंने जैसा प्रांजल और स्निग्ध-मधुर लचीलापन दिया है, उसकी तुलना में स्वभावमधुर व्रजभाषा ही ठहर सकती है।

गीतगोविन्द अस्ताचलगामी संस्कृत काव्य का सन्ध्या-गीत है, अतः उसके सुनहले रुपहले क्षितिज के ऊपर इन्द्रधनुषी किरणें ही नहीं मंडरा रही हैं, नीचे अतल से उठते हुए अन्धकार की लहरें भी उसे टकरा रही हैं।

भारतीय वाङ्मय की रूपमयता विविध और चेतना सर्वात्मिका है। उसमें से कुछ पंक्तियाँ लेकर उसका परिचय देना, कुछ बूँद जल लेकर समुद्र का परिचय देने के समान हो जाता है।

पर यह सत्य है कि हम अपनी छोटी गंगाजली में जितना जल भर लेते हैं, उतना ही तो गंगा में नहीं होता और जितनी वर्षा से हमारा बोया बीज अंकुरित हो जाता है, उतनी ही तो मेघ के जलदान की सीमा नहीं होती। हम अपनी परिमित प्राप्ति से ही अपरिमित प्राप्य की ओर संकेत करते हैं।

स्वाध्याय से अधिक प्रयाससाध्य होने पर भी अनुवाद अन्ततः अपूर्णता की अनुभूति ही देता है। कारण स्पष्ट है।

भाषा विचारों और मनोभावों का परिधान है और इस दृष्टि से एक विचारक या कवि की उपलब्धियाँ जिस भाषा में व्यक्त हुईं हैं, उससे उन्हें दूसरी वेश-भूषा में लाना, असम्भव नहीं तो दुष्कर अवश्य रहता है।

अपरिचित परिधान कभी-कभी उनके व्यक्तित्व की विशेषता को आच्छादित कर उसे अपरिचित या कौतुकमात्र बना देता है।

इसके अतिरिक्त युग विशेष के कृती सृष्टा की अनुभूतियों की पुनरावृत्ति सहज नहीं होती। कवि जब अपनी अनुभूतियों की भी यथातथ्य आवृत्तियाँ करने में असमर्थ रहता है, तब युगान्तर के किसी कवि की अनुभूतियों की आवृत्ति के सम्बन्ध में कुछ कहना व्यर्थ है। परन्तु अनुवादक के लिए ऐसी तादात्म्य मूलक आवृत्ति आवश्यक ही रहेगी, जिसमें वह देशकाल के व्यवधान पार करके किसी कवि की अनुभूति को नवीन वाणी दे सके।

किसी कवि की कृति के अध्ययन के समय उसकी अनुभूतियों के साथ पाठक का जो तादात्म्य होता है वह कभी पूर्ण, कभी अंशतः पूर्ण और कभी अपूर्ण हो सकता है। इस तादात्म्य की मात्रा के न्यूनाधिक्य पर केवल उसके अपने आनन्द की मात्रा का न्यूनाधिक्य निर्भर है; किन्तु जब वह किसी की अनुभूति को मर्मतः दूसरों तक संप्रेषणीय बनाने का कर्तव्य अंगीकार कर लेता है, तब उसका तादात्म्य या उसका अभाव दो पक्षों के प्रति उत्तरदायी है। प्रस्तुत अनुवाद की अपूर्णताओं के प्रति मैं सजग हूँ, किन्तु समुद्र की अतल गहराई से निकाला हुआ मोती काष्ट की छोटी

मंजूषा में भी रखा जा सकता है।

अनुवाद के साथ मूल देने की औपचारिकता का निर्वाह नहीं किया गया। जिनका संस्कृत मूल से परिचय है, उनके निकट अनुवाद पढ़ने का आयास, चले हुए राजमार्ग की ओर पगडंडियों से लौटने के समान है। और जो संस्कृत से अपरिचित और उसकी दुरूहता सम्बन्धी किंवदन्तियों से अति परिचित हैं, वे संस्कृत के साथ मुद्रित हिन्दी की पुस्तक से भी सभीत रहते हैं।

भविष्य में स्थिति-परिवर्तन के लिए 'कालो ह्यं निरवधि विपुला च पृथ्वी' ही मानना चाहिए।

# प्राकृतिक परिवेश और संस्कृति (हिमालय)

जड़ जगत अपने आदिम रूप में चाहे जल का अनन्त विस्तार रहा हो, चाहे अग्नि की ज्वलित विराट पिंड, उसमें जैवी प्रकृति को उत्पन्न करने की क्षमता रहना निश्चित है।

अणु परमाणुओं ने किस अज्ञात ऋत से आकर्षित विकर्षित होकर जीवसृष्टि में अपने आपको आविष्कृत होने दिया, यह तो अनुमान का विषय है, परन्तु प्रत्यक्ष यही है कि प्रकृति की किसी ऊर्जा से उत्पन्न जीवन फिर उसी से संघर्षरत रहता हुआ, स्वयं परिष्कृत होता चला आ रहा है।

यह परिष्कार-क्रम मानव जीवन के समान ही वनस्पति और शेष जीव-जगत में भी व्यक्त होता रहता है। मरुभूमि में उत्पन्न होने वाली वनस्पति, अपनी रक्षा के लिए, विशेष प्रकार के काँटे-फूल और रंग-रेखा में अपनी जीवन-ऊष्मा को व्यक्त करती है और पर्वत, जल आदि की वनस्पतियाँ भी अपने-अपने प्राकृतिक परिवेश की अनुरूपता ग्रहण करके ही विकास कर पाती हैं।

प्राणि-जगत में भी यह परिष्कार-क्रम विविध और रहस्यमय हैं। इस प्रकार इस विकास-पद्धति को ऐसा जैवी धर्म कहा जा सकता है, जिसके द्वारा सृष्टि अपने प्राकृतिक परिवेश से कुछ संघर्ष, कुछ समझौते करके कभी उसके अनुकूल बनती, कभी उसे अपने अनुकूल बनाती विकास की स्थिति उत्पन्न करती रहती है।

प्राकृतिक परिवेश से जीवप्रकृति का सम्बन्ध केवल ऐसा ही नहीं है, जैसा सीप के सम्पुट और मोती में होता है। मोती सीप के भीतर उसके द्रव से बनता अवश्य है, परन्तु उसके बनने का क्रम किसी विजातीय सिकताकण से आरम्भ होता है, जो किसी प्रकार सम्पुट के भीतर प्रवेश पा लेने पर उसकी कोमलता में चुभ-चुभ कर उसे द्रवित करता रहता है।

वस्तुत: प्राकृतिक परिवेश के साथ जैवी प्रकृति की स्थिति धरती और बीज की स्थिति है, जो एक का, दूसरे में रूप परिवर्तन है और जिसमें आदि से अन्त तक बीज को अपने नित्य के पोषण-परिवर्द्धन के लिए ही नहीं, अपनी स्थिति के लिए भी

धरती की आवश्यकता रहती है।

मोती सीप में ढलकर बनकर भी उससे भिन्न हो जाता है और यह पृथकता ही उसकी महार्घता का कारण है। शुक्ति-सम्पुट में बन्द रहकर अतल समुद्र में न उसे संज्ञा मिलती है, न मूल्य। इसके विपरीत बीज की, धरती के अन्धकार से बाहर आकर और वृक्ष के रूप में परिणत होकर भी, धरती के अतिरिक्त कोई स्थिति नहीं है। वह तो जिससे जन्म और पोषण पाता है, उसी से संघर्ष-रत रहकर बढ़ता है। शुक्ति से बाहर आकर मोती का महार्घ जीवन आरम्भ होता है और धरती छोड़कर वृक्ष की निश्चित मृत्यु आरम्भ होती है।

यह नियम मानव-जीवन और उसके प्राकृतिक परिवेश के सम्बन्ध में और भी अधिक स्पष्ट हो जाता है, क्योंकि वह भूतप्रकृति में जैवी प्रकृति का श्रेष्ठतम रूप है। विकास की दृष्टि से महाकायता की गति लघुता की ओर और स्थूलता की सूक्ष्मता की ओर रही है। इसी नियम से किसी युग के विशालकाय जीव आज चिह्नशेष भी नहीं रह गए हैं।

मानव-जीवन जड़ और चेतना का ऐसा स्थायी सन्धिपत्र है, जिसमें पार्थिवता से वलयित चेतना ही को विशेषाधिकार प्राप्त है। शरीर से रहित चेतना चाहे आत्मभाव हो चाहे परमभाव, परन्तु उसमें प्राण-स्पन्दन का अभाव ही रहेगा और चेतना से रहित शरीर चाहे वज्र हो चाहे मिट्टी, परन्तु उसमें विकासोन्मुख गति सम्भव नहीं रहेगी।

बौद्धिक होने के कारण मनुष्य ने कभी महाकायता को जीवन का गन्तव्य नहीं बनाया। अतः प्रकृति को कभी छेनी-हथौड़ी लेकर उसे छोटा करने के लिए तराशना नहीं पड़ा, अन्यथा महाकाय जीवों के समान वह भी खंड-खंड होकर बिखर जाता।

हृदयवान होने के कारण उसने अपने आदिम जीवन में ही जीवन से अधिक प्रिय मूल्यों का आविष्कार कर लिया और इस प्रकार अपने प्राप्त ही नहीं, सम्भाव्य मूल्यों के लिए भी वह बार-बार जीवन देने लगा। परिणामतः अपने अनन्त सृजन का निरन्तर संहार करने वाली प्रकृति ने यदि उसे मिटाने का श्रम व्यर्थ समझा, तो आश्चर्य नहीं।

प्रकृति ने मानव के निर्माण के लिए यदि अपनी जैवी सृष्टि में असंख्य प्रयोग किए हैं तो मानव भी, उसे देवता बनाने के लिए अपनी मनोभूमि में भावसृष्टि द्वारा अनन्त प्रयोग करता आ रहा है। आज, 'पुत्रो अहं पृथिव्या' कहने वाले पुत्र के सम्बन्ध में धरती की स्थिति 'पुत्रात् इच्छेत् पराजयम्' द्वारा ही व्यक्त की जा सकती है।

मानव जाति कब उत्पन्न हुई, वह एक केन्द्र में उत्पन्न होकर पृथ्वी के भिन्न-भिन्न खंडों में फैल गई या भिन्न-भिन्न भू-भागों में उत्पन्न होकर सामान्य

विशेषताओं के कारण जाति की संज्ञा में बंध गई, आदि प्रश्न जीवन के समान ही रहस्यमय हैं और नृतत्वशास्त्री कभी इनका समाधान पा सकेंगे, यह संदिग्ध है।

संस्कृत भाषा में जाति शब्द का, इतना व्यापक और गहरा अर्थ है, जिसका पर्याय किसी अन्य भाषा में खोजना कठिन होगा। जाति न किसी देश-विशेष से सम्बद्ध है और न किसी कुल वंश की संज्ञा है।

सामान्यतः वह उन जन्मगत विशेषताओं का संश्लिष्ट बोध है, जो बाह्य गठन से अन्तर्जगत तक फैली रहती हैं। मानव यदि जीव-जगत में, कुछ निश्चित शारीरिक और मानसिक विशेषताओं का संघात है, तो जाति शब्द शरीर और मानसिक दृष्टि से, उसी स्तर, श्रेणी या कक्षा के जीवों की समष्टि का संकेत देता है।

जहाँ तक बाह्य विशेषताओं का प्रश्न है, प्रकृति कभी आवृत्तिप्रिय नहीं रही है। व्यक्ति तो क्या, दो तृण तक बाह्य रूप में एक-दूसरे से भिन्न मिलेंगे। परन्तु जैसे दो तरंगे अपने-अपने उद्वेलन में भिन्न जान पड़ने पर भी, अपनी मूल जलीयता में एक रहती हैं, वैसे ही पुष्पों में पुष्पत्व और तृणों में तृण्त्व एक रहेगा। मनुष्य जाति भी भिन्न-भिन्न प्राकृतिक परिवेश से प्रभाव ग्रहण कर वर्ण, गठन आदि में विशेष होकर भी मानवीयता में सामान्य रहेगी। एक उष्ण भू-भाग का कृष्णवर्ण मनुष्य, एक शीत भू-भाग के गौर वर्ण वाले से, भिन्न जान पड़ने पर भी, मानव-सामान्य विशेषताओं में उसी जाति का सदस्य माना जाएगा।

परिष्कार-क्रम तो जीवन की शपथ है, अतः प्रत्येक भूमिखंड के निवासी मानवों ने ज्ञात-अज्ञात रूप से अपने विकास की ओर यात्रा आरम्भ की होगी, यह तो निश्चित है; परन्तु सबकी यात्रा के परिणामों का एक बिन्दु पर मिलना सन्दिग्ध रहेगा। नदियों का उद्‌गम एक हो सकता है, उनकी गतिशीलता भी निश्चित हो सकती है, परन्तु गन्तव्य और दिशा का, तटों से सीमित रहना अनिवार्य है। इसी कारण सभी भू-खंडों की मानव-जाति एक साथ, बुद्धि और हृदय के संस्कार के एक ही स्तर पर नहीं पहुँच सकी।

संस्कृति शब्द से हमें जिसका बोध होता है, वह वस्तुतः ऐसी जीवन-पद्धति है, जो एक विशेष प्राकृतिक परिवेश में मानव निर्मित परिवेश सम्भव कर देती है और फिर दोनों परिवेशों की संगति में निरन्तर स्वयं आविष्कृत होती रहती है। यह जीवनपद्धति न केवल बाह्य, स्थूल और पार्थिव है और न मात्र आन्तरिक, सूक्ष्म और अपार्थिव। वस्तुतः उसकी ऐसी दोहरी स्थिति है, जिसमें मनुष्य के सूक्ष्म विचार, कल्पना, भावना आदि का संस्कार उसकी चेष्टा, आचरण, कर्म आदि के परिष्कार में व्यक्त होता है और फिर चेष्टा, आचरण आदि बाह्याचार की परिष्कृति उसके अन्तर्जगत पर प्रभाव डालती है।

सभ्यता, संस्कृति का पर्याय नहीं है, क्योंकि वह किसी मनुष्य के मात्र भद्राचार या सभा के उपयुक्त आचार ही को व्यक्त करती है। प्रकारान्तर से यह विशेषता मनुष्य के अन्तर्जगत को स्पर्श कर सकती है, परन्तु प्रधानतः इसका क्षेत्र, मनुष्य का बाह्य आचरण है। प्रायः ऐसे उदाहरण मिल जाते हैं, जिनमें बाह्य रूप से शिष्ट व्यक्ति, हृदय और बुद्धि के संस्कार की दृष्टि से, असंस्कृत माना जा सकता है। कारण स्पष्ट है। संस्कृति मनुष्य की सहज प्रकृति के परिमार्जन से सम्बन्ध रखने के कारण मात्र बाह्याचार में सीमित नहीं हो पाती। अनेक बार जिसे हम ग्रामीण और सभ्य समाज के अनुपयुक्त समझते हैं, वह अपने अन्तर्जगत के परिष्कार की दृष्टि से संस्कृत मानवों की कोटि में आ जाता है।

मनुष्य की सहज प्रकृति और उसकी स्वार्जित संस्कृति में ऐसा अविच्छिन्न सम्बन्ध है, जिसमें एक की स्थिति में दूसरे की गति निहित है। दृष्टि के लिए जैसे वस्तु से रहित रंग की स्थिति नहीं होती, वैसे ही मूल प्रकृति के अभाव में, न विकृति में उसका अपकर्ष सम्भव है न संस्कृति में उसका सामंजस्यपूर्ण उत्कर्ष। इस प्रकार प्रकृति यदि गति का उन्मेष है, तो संस्कृति उस गति की दिशानिबद्ध संयमित मर्यादा का पर्याय।

मानव-समूह शून्य से किसी शून्य में अवतरित नहीं होता, वरन यह विशेष भू-खंड के विशेष प्राकृतिक परिवेश में जन्म और विकास पाता है। पृथ्वी एक होने पर भी अनेक आकर्षण-विकर्षण से प्रभावित और विविध है, अतः तत्वतः एक होने पर भी मानव जाति को अपने पृथक परिवेशों के कारण भिन्न-भिन्न समस्याओं का सामना करना और भिन्न समाधानों को स्वीकार करना पड़ता है।

यही विशिष्ट जीवन-पद्धति एक मानव-समूह को अन्य मानव-समूहों से भिन्न संज्ञा दे देती है। कालान्तर में एक विशेष प्राकृतिक परिवेश में विकसित मानव-समूह, अपने सम्पूर्ण परिवेशवलयित जीवन को, एक देश या राष्ट्र का व्यक्तित्व देकर, सामान्य मानव-जाति के भीतर एक उपजाति बन जाता है। व्यक्ति के व्यक्तित्व के समान ही उसका देश भी व्यक्तित्व सम्पन्न हो जाता है।

भौगोलिक परिवेश का मानव-जीवन के साथ ऐसा आत्मीय सम्बन्ध रहा है कि विरल जातियाँ ही धर्म या कुल के नाम से जानी जाती है। अधिकांशतः मानव-जाति और उसकी संस्कृति प्राकृतिक परिवेश से ही संज्ञा प्राप्त करती रही है। रूसी, चीनी, ईरानी, मिश्री आदि नामों से हम उक्त देशों के निवासियों को पहचानते हैं। किसी भी महादेश या लघु देश में निवास करने वाली मानव उपजाति से उसकी धरती का सम्बन्ध इतना सार्वभौम समर्थन और पवित्रता पा गया है कि एक जाति के द्वारा दूसरी के देश को छीनने का प्रयत्न गर्हित और अनैतिक माना जाता है और ऐसा करने वाली मानव-जाति को, आक्रामक, अत्याचारी की संज्ञा दी जाती है। अनेक

बार सबल मानव-समूह ने इस नैतिक नियम को भंग किया है, परन्तु, वह कभी समग्र मानव-जाति के स्नेह और आदर का अधिकारी नहीं हो सका। शक्ति-संघर्ष की सफलता के उपरान्त भी विजेता और विजित की संस्कृतियों में संघर्ष होता रहा और इस गम्भीर संघर्ष में वही संस्कृति विजयिनी रही, जिसके पास जीवन के व्यापक मूल्य और उपलब्धियाँ थीं।

मानवजीवन की एकता में आस्थावान जाति के पास मानो सम्पूर्ण आकाश का विस्तार रहता है, जिस पर उसे विभाजित करने वाले, रंगीन बादलों के समान बनते-मिटते रहते हैं।

मनुष्य और उसके परिवेश को विशेष व्यक्तित्व देने की दिशा में, उसकी जिज्ञासा अन्य वृत्तियों से अधिक क्रियाशील रही है। साधारण आहार की खोज से लेकर सूक्ष्म धर्म, दर्शन, साहित्य आदि की सभी उपलब्धियों के मूल में वही जिज्ञासा अथक रूप से सक्रिय रहती आई है। वह मूल्यों की खोज ही नहीं, उनकी निर्मात्री भी है; वह प्रकृतिदत्त अतृप्ति का समाधान ही नहीं देती, अतृप्ति की परम्परा भी बनाती चलती है। जैसे काठ में अग्नि की स्थिति पहले से है, घर्षण केवल उसे प्रत्यक्ष कर देता है, उसी प्रकार मानव की जिज्ञासा में चिर अतृप्ति का अंकुर अलक्ष्य रूप से विद्यमान रहता है, जो एक समाधान के सम्पर्क से अनेक की दिशा में क्रियाशील हो उठता है।

जिन पूर्वजों से हमें धर्म, दर्शन, साहित्य, नीति आदि के रूप में महत्वपूर्ण दायभाग प्राप्त हुआ है, उनके प्राकृतिक परिवेश के भी हम उत्तराधिकारी हैं। उनके पर्वत, वन, मरु, समुद्र, ऋतुएँ आदि प्राकृतिक नियम से कुछ परिवर्तित अवश्य हो गए हैं, परन्तु तत्वतः उनकी स्थिति पूर्ववत् है और उनसे हमारे रागात्मक सम्बन्ध संस्कारजन्य ही नहीं स्वार्जित भी रहते हैं।

काल-समुद्र की असंख्य तरंग-भंगिमाओं को पार करता और सहस्त्रों झंझाओं के आघात को झेलता हुआ, जो साहित्य हम तक पहुँच सका है, वह हमारे अपराजेय पूर्वजों की संघर्ष-कथा ही नहीं, उनकी उग्र-प्रशान्त, कठिन-कोमल प्रकृति का उद्गीथ भी है। मेघ, आकाश, समुद्र, नदी, उषा आदि के जो छन्दमय चित्र उनकी तूलिका ने आँके हैं, उनके इन्द्रधनुषी रंग अम्लान और उज्ज्वल रेखाएँ अमिट हैं। इतना ही नहीं उस चित्रशाला की हर रेखा, हर रंग में भारत की धरती की छवि उसी प्रकार पहचानी जाती है, जिस प्रकार अनेक दर्पण-खंडों में प्रतिफलित एक मुखाकृति के अनेक प्रतिबिम्ब।

भारत ऐसा व्यक्तित्व-सम्पन्न राष्ट्र है, जिसके प्राकृतिक परिवेश में मानव-जीवन की विशिष्ट संस्कार-पद्धति रही है। जीवन के परिष्कार-क्रम में मनुष्य को जो महत्वपूर्ण उपलब्धियाँ मिली हैं, उन्हें स्थूल रूप से धर्म, दर्शन, साहित्य, कला,

शासननीति, आचार शास्त्र के शीर्षकों में विभाजित कर सकते हैं। परन्तु ये भिन्न जान पड़ने वाली उपलब्धियाँ एक ही संस्कृति-शरीर के अवयव होने के कारण मूलतः एक ही कही जाएगी। इसी कारण इन सबकी समग्रता भारतीय संस्कृति की संज्ञा में अन्तर्निहित है।

ये उपलब्धियाँ सम्पूर्ण भारत का दायभाग ही नहीं, मानवजाति का भी उत्तराधिकार हैं। अतः जिस प्राकृतिक परिवेश में ये प्राप्त हो सकी हैं, उसके प्रति तीव्र जिज्ञासा स्वाभाविक है।

पृथ्वी, पर्वत, नदी, वन, समुद्र आदि का संघात है और इस संघात के प्रत्येक रूप को वेदकालीन मनीषा ने इतनी सजीव चित्रमयता दी है कि हमें वे परिचित ही नहीं आत्मीय जान पड़ते हैं।

हमारे और हमारे वेदकालीन पूर्वजों के बीच में समय का पाट कितना विस्तृत है, यह विभिन्न अनुमानों का विषय रहा है। विदेशी शोधकर्ता अपने पूर्वग्रह के कारण इसे 3500 वर्ष से दूर नहीं ले जा सके, क्योंकि बाइबिल के अनुसार सृष्टि-रचना की अवधि ही 7500 वर्ष के लगभग है।

अपने देश में अपौरुषेय कहकर वेदवाङ्मय सम्बन्धी जिज्ञासा ही कुंठित कर दी गई। इतना ही नहीं उसे ऐसी अद्‌भुत् पवित्रता से आच्छादित कर दिया, जो दूसरों को पवित्र करने के स्थान में स्वयं अपवित्र हो सकती थी। अतः हर क्षण उसकी पवित्रता की रक्षा में सन्नद्ध प्रहरियों ने उसे असूर्यंपश्य बना डाला। जब विदेशियों ने इस लक्ष्मण-रेखा को पार कर लिया, तब कुछ भारतीय विद्वानों ने भी साहस किया।

जिन्होंने विदेशियों का अन्धानुकरण मात्र न करके वेदवाङ्मय के सम्बन्ध में अपने स्वतन्त्र मत की, तर्कसरणि द्वारा स्थापना की है, उनमें लोकमान्य तिलक प्रमुख हैं। वे खगोल, ज्योतिष के सिद्धान्तों के आधार पर वेदवाङ्मय, ब्राह्मण-ग्रन्थ आदि के रचना काल के विषय में किन्हीं निष्कर्षों तक पहुँचे हैं।

ब्राह्मण ग्रन्थों के निर्माण-काल में कृत्तिका नक्षत्र प्रथम माना जाता था और उसी में दिन-रात बराबर होते थे। आजकल सूर्य के अश्विनी नक्षत्र में रहने पर यह स्थिति होती है। इस परिवर्तन के लिए 4500 वर्षों का दीर्घ समय लगा होगा।

वेदों के रचना काल में मृगशिरा नक्षत्र ही प्राथमिकता पाता था और सूर्य के इसी नक्षत्र में रहने पर दिन-रात बराबर होते थे। मृगशिरा ही में वसन्त-सम्पात होता था, परन्तु यह स्थिति 6500 वर्ष पूर्व ही सम्भव थी। इसी प्रकार के अन्तःसाक्ष्य के आधार पर कुछ मन्त्रों का समय 19000 वर्ष पूर्व तक पहुँच गया है।

भूगर्भ शास्त्र के अनुसार पृथ्वी, पर्वत, समुद्र आदि के परिवर्तन के आधार पर भी कुछ महत्वपूर्ण निष्कर्ष प्राप्त हो सके हैं।

ऋग्वेद में पूर्व पश्चिम समुद्रों का भी उल्लेख मिलता है और चार समुद्रों का भी।

*उभौ समुद्रावा क्षेति यश्च पूर्व उतापरः।*

ऋक्. 10-136-5

(मुनि) दोनों समुद्रों के पास जाते हैं-एक वह जो पूर्व में है और दूसरा वह जो पश्चिम में है।

*रायः समुद्रां श्चतुरोऽस्मभ्यं सोम विश्वतः।*
*आ पवस्य सहस्त्रिणः।*

ऋक्. 9-33-6

हे सोम! समृद्धि से पूर्ण चारों समुद्र और सहस्त्रों कामनाएँ हमें प्रदान करो।

केवल समुद्र का उल्लेख भी अनेक सूक्तों में अनेक बार आया है। सौ अरित्र (डाँड) वाली नावों के वर्णन भी कम नहीं।

*य ईङ्खयन्ति पर्वतात् तिरः समुद्रमर्णवम्।*
*मरुद्भिरग्न आ गहि।*
*आ ये तन्वन्तिरश्मिभिस्तिरः समुद्रमोजसा।*
*मरुद्भिरग्न आ गहि।*

ऋक्. 1-19-7, 8

हे अग्ने! बादलों का संचालन करनेवाले और जल को समुद्र में गिराने वाले मरुतों के साथ आइए। हे अग्ने! सूर्यकिरणों के साथ सर्वत्र व्याप्त और समुद्र को अपने बल से आन्दोलित करने वाले मरुतों के साथ आइए।

*अनारम्भणे तदवीरयेथामनास्थाने अग्रभणे समुद्रे।*
*यदश्विना ऊहथुर्भुज्युमस्तं शतारित्रा नावमातस्थिवांसम्।*

ऋक्. 1-116-5

हे अश्विद्धय! निराधार समुद्र में पड़े हुए भुज्यु को तुमने सौ डाँड़ों वाली नाव सहित गृह पहुँचा दिया। यह तुम्हारा पराक्रम है।

ऋग्वेदिक काल के चार समुद्रों में से, उत्तरी समुद्र की स्थिति, हिमालय के उपरान्त वाह्लीक और फारस के उत्तरी भाग से तुर्किस्तान के उत्तर-पश्चिम तक रही होगी, जिसके अवशेष रूप में कृष्णसागर, कश्यपह्द, अराल और वल्काशह्द् आदि की स्थिति है। समुद्र के उत्तर की भूमि ध्रुव प्रदेश तक फैली होगी।

दक्षिण समुद्र के अवशेष राजपूताना की सांभर झील और मरुप्रदेश में मिलते हैं। पश्चिमीय समुद्र अरब सागर से मिला होगा और पूर्वीय समुद्र की स्थिति हिमालय की तलहटी से लेकर आसाम तक रही होगी।

जिस प्राकृतिक कारण से हिमालय का जन्म हुआ, उसी से समुद्र भी हटे होंगे। फिर उसी क्रम से अधिक जल लाने वाली नदियों की यात्रा दीर्घ हो गई होगी, और

कम जल वाली सिकता में खो गई होंगी।

भूगर्भवेत्ताओं के अनुसार इस प्रकार के परिवर्तन में 25,000 वर्ष से लेकर 75,000 वर्ष तक लग सकते हैं। ऐसी स्थिति में वैदिक साहित्य के निर्माण काल के सम्बन्ध में 'न इति न इति' कहना ही उचित होगा। समय-सागर का यह अमाप विस्तार तब हमें विस्मय के चरम बिन्दु तक पहुँचा देता है, जब हम अनुभव करते हैं कि इसकी हर लहर हमारी चिर परिचित है।

भौगोलिक रूपान्तरों ने भारत भूमि की तात्विक एकता को खंडित नहीं किया है, इसी से वर्तमान प्राकृतिक रूप अतीत रूपों से उसी प्रकार सम्बद्ध है, जिस प्रकार हम अपने पूर्वजों से।

हिमालय के लिए हिमवत नाम ऋग्वेद और अथर्व में अनेक बार आया है। भूजवत पर्वत का जो उल्लेख ऋग्वेद, अथर्व, शतपथ ब्राह्मण आदि में मिलता है, उससे ज्ञात होता है कि वह गन्धार प्रदेश में स्थिति रखता था और उसके उत्तर रुद्र का स्थान था। महाभारतकार ने-

*गिरे र्हिमवन्तः पृष्ठे मुंजवान नाम पर्वतः।*
*तप्यते तत्र भगवान तपो नित्यमुमापतिः।*

कहकर इसे स्मरण किया है।

तैत्तरीय आरण्यक में तीन पर्वतों का उल्लेख है-

*सुदर्शने क्रौचे मैनागे महागिरौ।*

पुराणों तथा महाभारत के अनुसार मैनाक कैलाश से उत्तर है और इसके निकट बिन्दुसार सरोवर गंगा का उद्‌गम स्थल है।

वृहत्संहिता के अनुसार क्रौच पर्वत मानसरोवर और कैलाश से दक्षिण है और इसी के रन्ध्र या दर्रे से हंस मानसरोवर पहुँचते हैं।

हिमालय की तीन श्रेणियाँ बाहुओं के समान पूर्व और पश्चिम छोरों तक फैली हुई हैं। बाहरी श्रृंखला में शिवालिक की श्रेणियाँ हैं, दूसरों में कश्मीर, कांगड़ा, कूर्मांचल आदि हैं और फिर महा हिमवन्त की श्रेणी में नन्दा देवी, त्रिशूली, गौरीशंकर आदि उन्नत शिखर हैं। इसी श्रेणी में तुंगनाथ, बदरी, केदार आदि की स्थिति है। वहीं कुबेर की अलकापुरी बसी है। वदरिकाश्रम के पास ही गन्धमादन पर्वत है, जिसे महाभारतकार ने अतिपरिचित बना दिया है।

इस श्रेणी में 18,000 से लेकर 30,000 फुट तक ऊँचे हिमावृत शिखर हैं। पूर्व की श्रेणियों में लोहित क्षेत्र और ब्रह्मपुत्र की घाटी है। पश्चिमी सीमान्त के कृष्णगिरि (सुलेमान) और शर्यणावत क्षेत्र का ज्ञान भी ऋग्वेद के ऋषि को था।

संसार के किसी पर्वत की जीवन-कथा इतनी रहस्यमयी न होगी जितनी हिमालय की है। उसकी हर चोटी, हर घाटी हमारे धर्म, दर्शन, काव्य से ही नहीं,

हमारे जीवन के सम्पूर्ण निश्रेयस् से जुड़ी हुई है।

जिस प्रकार गंगा-यमुना और अन्तःसलिला सरस्वती के बिना हमारे महादेश के सजल पर रहस्यमय हृदय की कल्पना नहीं की जा सकती, उसी प्रकार अभ्रंकष हिमालय के बिना देश के उन्नत मस्तक की कल्पना सम्भव नहीं है।

संसार के किसी अन्य पर्वत को मानव की संस्कृति, काव्य, दर्शन, धर्म आदि के निर्माण में ऐसा महत्व नहीं मिला है, जैसा हमारे हिमालय को प्राप्त है। वह मानो भारत की संश्लिष्ट विशेषताओं का ऐसा अखंड विग्रह है, जिस पर काल कोई खरोंच नहीं लगा सका।

वस्तुतः हिमालय भारतीय संस्कृति के हर नए चरण का पुरातन साथी रहा है। भारतीय जीवन उसकी उजली छाया में पलकर सुन्दर हुआ है, उसकी शुभ्र ऊँचाई छूने के लिए उन्नत बना है और उसके हृदय से प्रवाहित नदियों में घुलकर निखरा है।

प्राकृतिक परिवेश में परिवर्तन स्वाभाविक ही रहते हैं। जहाँ अतीत काल में गम्भीर वेगवती नदियाँ थीं, वहाँ जतले ताम्रपत्र जैसा दृष्टि को झुलसा देने वाला मरु का विस्तार है। जहाँ अतल समुद्र था, वहाँ समविषम समतल गर्त्त निकल आए हैं। ऋतुएँ बदल गईं, वनस्पतियों में परिवर्तन हो गया है और ग्रह-नक्षत्रों की गति में अन्तर आ गया है। परन्तु वैदिक युग के अधुनातन युग तक हिमालय से भारतीय जीवन का रागात्मक सम्बन्ध उत्तरोत्तर गहरा ही होता आ रहा है। यह गहराई इस सीमा तक पहुँच गई है कि हिमालय को कभी न देख पाने वाला भी उससे दूरी का अनुभव नहीं करता।

जीवन के अतल समुद्र से अपनी विशिष्ट मेधा के साथ उठने वाले वैदिक मानव के समान ही, पृथ्वी के किसी कम्पन के कारण जल राशि से हिमालय भी ऊपर उठा होगा। पृथ्वी और पर्वत दोनों में वह विस्फोट-जनित कम्पन कुछ समय शेष रही होगी, इसी से ऋषि कहता है-

*यः पृथिवीं व्यथमानामदृंदद्यः पर्वतान्प्रकुपितां अरम्णात।*
*यो अन्तरिक्षं विममेवंरीयो यो द्यामस्तभ्नात्स जनास इन्द्र॥*

ऋक्. 2-12-2

जिसमें व्यथित (हिलती हुई) पृथ्वी को दृढ़ किया, जिसने क्षुब्ध पर्वतों को शान्त किया, जिसने विस्तृत अन्तरिक्ष को फैलाया और जिसने आकाश को स्थिर किया, हे जनो! वह इन्द्र है।

पर्वतों के पंखों की पौराणिक कथा के मूल में भी यही कम्पन रही होगी।

किसी भी देश के मानव समूह के पास वैदिक वाङ्मय के समान प्राचीन और समृद्ध वाङ्मय नहीं है। इतना ही नहीं किसी भी भू-खंड का मानव गर्व के साथ

यह घोषणा नहीं कर सका है–

*माता भूमिः पुत्रो अहं पृथिव्याः*

–अथर्व

भूमि माता है। मैं पृथिवी का पुत्र हूँ।

आश्चर्य नहीं कि इस प्रकार कहने वाले को पर्वत, वन, नदी आदि सहोदर सहोदराएँ जान पड़ें।

*गिरयस्ते पर्वतः हिमवन्तोऽरण्यं ते पृथिवि स्योनमस्तु।*

–अथर्व

हे पृथ्वी! तेरे पर्वत, तेरे हिमावृत शैल, तेरे अरण्य सुखदायक हों।

धरती का सौन्दर्य उन्हें इतना प्रिय था कि वे उसे अनन्त काल तक देखते रहने की कामना करते थे–

*यावत् तेभि पश्यामि भूमे सूर्येण मेदिना।*
*तावन्मे चक्षुर्मामेष्टोत्तरामुत्तरां समाम्।*

–अथर्व

हे भूमि! प्रकाशित सूर्य के साथ जब तक तेरी ओर देखता रहूँ, तब तक वर्षवर्षान्तर तक मेरी दृष्टि क्षीण न हो।

आज के वैज्ञानिक युग में, जब मनुष्य पृथ्वी से सब कुछ लेकर भी उसे नष्ट करने के साधन खोजता रहता है, वैदिक मानव की यह भावना विस्मय-जनक है–

*उदीराणा उतासीनास्तिष्ठन्तः प्रक्रामन्तः।*
*पदभ्यां दक्षिणसव्याभ्यां मा व्यथिष्महि भूम्याम्।*
*मा ते मर्म विभ्रग्वरि मा ते हृदयमर्पिपम्।*

–अथर्व

उठते हुए, बैठते हुए, खड़े हुए और दक्षिण वाम पैरों से बढ़ते हुए हम भूमि को व्यथा (पीड़ा) न पहुँचाएँ।

हे पवित्र करने वाली! मैं तेरे मर्म को, तेरे हृदय को आघात न पहुँचाऊँ।

परन्तु इतनी भावुकता उन्हें बल से विरक्त नहीं बना देती–

*अजीतोऽहतो अक्षतोऽध्यव्ठां पृथिवीमहम्।*

मैं अपराजित, अक्षत अमर होकर पृथ्वी पर अधिष्ठित रहूँ।

*सानो भूमिस्त्विषिं बलं राष्ट्र दधातूत्तमे।*

यह पृथ्वी हमारे सर्वोत्कृष्ट राष्ट्र में ओज और शक्ति उत्पन्न करे।

हिमवन्त और भारत भूमि के प्रति इसी गम्भीर अनुराग का संस्कार लेकर युगयुगान्तर तक नवीन पीढ़ियाँ आती रही हैं। ऋग्वेद के ऋषि का हिमवन्त, आदि-कवि वाल्मीकि के युग तक पहुँचते-पहुँचते शैलेन्द्र का विशेष व्यक्तित्व पा लेता

है। महाभारतकार उसे स्मरण ही नहीं करता, प्रत्युत्, हिंसाजनित विजय से क्षुब्ध पांडवों को उसके हिमशीतल अंक में समाधिस्थ कर देता है।

कविगुरु कालिदास के काव्यों में तो हिमालय सुख-दु:ख के अनन्त उच्छ्वासों में स्पन्दित हो उठता है। उससे जन्म पानेवाली पार्वती धरती तपश्चरण द्वारा ही शिव को वरण करके अपराजेय कुमार को जन्म देती है।

तब से आज तक यह 'शिव के पुँजीभूत अट्टहास' सा उज्ज्वल पर्वत भारतीय साहित्य, कला आदि का सहचर रहा है। इस पर दृष्टि पड़ते ही कवि के हृदय में अनन्त भावनाओं की घटाएँ उमड़ आती हैं और चित्रकार की आँखों से विविध रंगमय स्वप्न बरस पड़ते हैं। मूर्तिकार को इसमें जीवन की विराटता प्रत्यक्ष हो जाती है, स्वरकार के आरोह-अवरोह इसकी परिक्रमा करने लगते हैं और नृत्यकार इसमें महाकाल के तांडव और लास्य की चाप सुन लेता है।

आकाश के इन्द्रनील वितान के नीचे चाँदनी को जमा कर बनाए गए से शिखर भारत का ऐसा मुकुट जान पड़ते हैं, जिन पर किरणें केशर के फूलों के समान बरसती रहती हैं।

भारतीय कल्पना ने इस विराट सौन्दर्य में शिवत्व की भावना की और इसकी सहचारिणी की खोज करते-करते ही मानो तीन अतल समुद्रों के मिलन-सीमान्त पर खड़ी कन्याकुमारी को चिरन्तन स्वयम्बरा बना दिया है।

यह स्वाभाविक भी था, क्योंकि विराट अचलता का साथ असीम चंचलता ही दे सकती है, और अनन्त कोलाहल का उत्तर अनादि स्तब्धता में ही मिल सकता है।

हिमालय को हमने दुर्लंघ्य माना है, अलंघ्य नहीं। अनेक बार स्नेह-तरल हृदय से हौले पग रखते हुए जिज्ञासु इसे पार कर आए हैं, अनेक बार अस्त्रशस्त्रों की झंकार से इसकी समाधि तोड़ते हुए दर्पस्फीत अहंकारी शत्रु भी इसे लाँघ आए हैं। जो जिस प्रकार का अतिथि बनकर आया, इस भूमि के निवासियों ने उसकी अभ्यर्थना भी उसी प्रकार के उपकरणों से की। युद्ध में, प्रणम्य शत्रु को, हमारे प्रणाम भी वाण की नोक पर गए हैं।

मानसरोवर तथा कैलाश को भारतवासी अपने महादेश का पवित्रतम भाग मानता रहा है और प्रत्येक युग में कवियों ने उसके स्मरण से अपने काव्य को पवित्र बनाया है। वह शिव का आवास ही नहीं जीवन की शिवता का भी प्रतीक है। जैसे-जैसे स्पतसिन्धव: की संस्कृतिवाहिनी आगे बढ़ती गई, अन्य गर्वत भी उसकी आत्मीयता की सीमा में आते गए।

अनेक पौराणिक कथाओं का केन्द्र पुरातन विंध्य, राजस्थान का अर्बुद, विन्ध्य के दक्षिण का ऋक्ष (सतपुड़ा को श्रेणियाँ) शुक्तिमान की पहाड़ियाँ, दक्षिणापथ के सह्याद्रि, मलय आदि से मानो एक विशाल पर्वत-परिवार ही स्थापित हो गया,

जिसमें सब मिलकर ही भू-भृत् का कर्त्तव्य सम्भालते हैं।

भारत नदियों की दृष्टि से भी बहुत समृद्ध रहा है। उसकी संस्कृति का आरम्भ और विकास नदियों के तटों पर ही हुआ है, अतः उनके प्रति भक्ति भाव उसकी संस्कृति की विशेषता बन गया है।

वैदिक वाङ्मय में अनेक नदियों के नाम आए हैं, जिनमें कुछ के नामों में परिवर्तन हो गया है और कुछ अब अफगानिस्तान के सीमाक्षेत्र में हैं। परन्तु अधिकांश नदियाँ हमारी जानी पहचानी ही नहीं, शरीर के रक्तवाहिनी शिराओं के समान, जीवन और संस्कृति की वाहिनी भी हैं।

पुराण तो कई सौ नदियों की सूची देते हैं, परन्तु ऋग्वेद में उल्लिखित नदियों की संख्या भी कम नहीं है। अष्टक ऋषि (विश्वामित्र के पुत्र) सप्त आप के अतिरिक्त अन्य 99 नदियों की चर्चा करते हैं–

*नवति नव च स्रोत्या स्रवन्ती।*

ऋक्. 10-104-8

(निन्यानवे बहती हुई नदियाँ)

सप्त सिन्धु का उल्लेख अनेक बार हुआ है। तत्कालीन प्रमुख नदियों में गंगा, यमुना, सरस्वती, शुतुद्री (सतलज), परुष्णी (रावी), अक्सिनी (चिनाब), वितस्ता (झेलम), आर्जिकाया (व्यास), सिन्धु, सुषोमा (सोहान), मरुद्‌वृधा, तृष्टामा रसा, श्वेत्या (शोण), कुभा (काबुल), गोमती (गोमल), क्रमु (कुर्रम), मेहत्नु दृषद्‌वती की चर्चा बार-बार होती रही है।

जलवायु के परिवर्तन से उत्पन्न वर्षण अवर्षण का प्रभाव नदियों पर विशेष रूप से पड़ता है। पृथ्वी के कम्पन से भी इनकी गति और स्थिति में परिवर्तन स्वाभाविक हो जाता है। आज अराल सागर में गिरनेवाली वक्षु नदी पहले कश्यप ह्रद में गिरती थी।

जिस सरस्वती की स्मृति में वैदिक ऋषि की कल्पना सुन्दर छन्द-रचना में व्यक्त हुई है, वह पहले राजपूताना में स्थित समुद्र में गिरती थी। जब समुद्र पीछे हटा और पर्याप्त मिट्टी न पड़ सकने के कारण वहाँ मरु का विस्तार मात्र रह गया, तब वह महानदी तन्वी होते-होते सिकता में खो गई। दृषद्‌वती सरस्वती के समानान्तर बहते हुए उसी में मिल जाती थी। ये दोनों ही सरिताएँ जो यज्ञ का प्रमुख स्थान थीं, कालान्तर में प्राकृतिक कारणों से लुप्त हो गईं। परन्तु संस्कारजन्य स्नेह और श्रद्धा के कारण भारतीय मानस सरस्वती को अन्तःसलिला कहकर और त्रिवेणी में उसकी स्थिति मानकर आज भी प्रसन्न होता है।

क्रमशः प्रसार के कारण जब दक्षिण की नदियाँ परिचय की सीमा में आ गईं, तब से भारतीय जन-मानस प्रत्येक संकल्प के अवसर पर सम्पूर्ण भारतवर्ष का ही

स्मरण नहीं करता, वह

*गंगे च यमुने चैव गोदावरि सरस्वति।*
*नर्मदे, सिन्धु, कावेरि जलेऽस्मिन सन्निधिं कुरु॥*

कहकर पवित्र होता है।

प्राकृतिक परिवेश की विविध रंग-रूप-रसमय सजीवता ने एक ओर वैदिक वाङ्मय को स्थूल से सूक्ष्मतर होने वाला अक्षय सौन्दर्य-बोध दिया और दूसरी ओर मानव जिज्ञासा को प्रत्यक्ष समाधान से गूढ़तम दार्शनिक सरणियों तक अनन्त विस्तार दे डाला।

प्रकृति के सौन्दर्य की निश्चित रेखाओं ने यदि उन पर चेतना का आरोप सहज कर दिया, तो आश्चर्य नहीं। यह आरोप स्थूल सादृश्य से चलकर सूक्ष्मता की उस सीमा तक पहुँच गया, जहाँ वह सर्ववाद के रूप में विश्वात्मा का प्रतीक बन गया।

नदी, वन, पर्वत आदि के यथातथ्य चित्रों की पृष्ठभूमि में ऋषि का जो सूक्ष्म निरीक्षण है, वही उसे बाह्र रूपरेखा में अन्तर्निहित सामंजस्य को देखने की क्षमता देता है।

जो वेगवती सिन्धु की स्पष्ट रेखाएँ आँकता है, अरण्यानी को चिर-परिचित रूप में छन्दायित करता है, वही उषा, वरुण आदि के अतीन्द्रिय सौन्दर्य का भावन करता है, जीवन और सृष्टि के विषय में गूढ़ जिज्ञासाओं को वाणी देता है।

सिन्धु के लिए ऋषि कहता है-

*ऋजीत्येनी रूशती महित्वा परिज्रयांसि भरते रजांसि।*
*अदब्धा सिन्धुरपसामपस्तमाश्वा च चित्रा वपुषीव दर्शता।*

ऋक्. 10-75-7

सिन्धु की गति सरल है। वह श्वेतवर्णा और दीप्तिमती है। वह अहिंसित वेग युक्त जल को सर्वत्र पहुँचाती है। सिन्धु (वेग में) अश्विनी के समान अद्भुत और (तरंग-भंगिमा में) रूपवती स्त्री के समान दर्शनीया है।

इसी प्रकार सरल स्पष्टता से वह अरण्यानी का चित्र आँकता है-

*वृषारवाय वदते यदुपावति चिच्चिक:।*
*आघाटिभिरिव धावन्नरण्यानि महीयते॥*

ऋक्. 10-146-2

इस घने वन में कोई जन्तु बैल के समान शब्द करता है। कोई चीं-चीं करके मानो उसका उत्तर देता है। ऐसा जान पड़ता है मानो वीणा के भिन्न स्वरों में बोलकर अरण्यानी की महिमा गाते हैं।

दार्शनिक सूक्ष्मता के व्यापक आकाश के नीचे भारतीय जीवन अरण्य-संस्कृति अथवा हलधर पृथ्वीपुत्र की संस्कृति का विकास करता रहा है। यह संस्कृति अपने

कर्म-जगत की धरती से बंधी रहे, यह अनिवार्य हो जाता है।

गहन हरित कान्तार, सरिताओं का नील-रजत शिराजाल, विस्तृत बहुरंगी समतल, विविध वृक्ष-पशु-पक्षियों की संसृति आदि भारतीय मानव के साथ-साथ समय की तरंगों पर झूलते, तिरते, निखरते चले आ रहे हैं।

वैदिक काल के अश्वत्थ (पीपल), शमी (छेंकुर), शिंशपा (शीशम, अशोक) शाल्मलि (सेंमर), पलाश (टेसू) आदि अनबोए, अनसींचे, आज भी ग्रामों की सीमा और नगर भागों के प्रहरी बने हुए हैं।

इक्षु मधु आज भी सुलभ हैं। यव, ब्रीहि, गोधूम आदि धान्यों की हरीतिमा में आज भी धरती का अंचल लहराता है।

पशुओं में गो, अश्व, मेष, महिष, कुक्कुर आदि नित्य परिचित ग्राम-पशुओं से लेकर विजनवासी हस्ति, गौरमृग, कृष्णसार, कस्तूरीमृग आदि तक सब इस धरती के पूर्ववत संगी हैं।

इसी प्रकार अनदेखे हंस, क्रौंच, चक्रवाक से लेकर प्रत्यक्ष शुक, शकुनि (काक) आदि विविध पक्षी-जगत से और वृश्चिक, सर्प जैसे दर्शनप्रिय जन्तुओं से हमारे जीवन का चिर परिचय है।

दादुर वैदिक ऋषि को ही वेदपाठियों का स्मरण नहीं कराता था, आज भी नदी-पोखरों में उसकी स्वरलहरी उठती-गिरती रहती है।

गो के प्रति भारतीय की जो संस्कार-जन्य श्रद्धा है, उसका अंकुर ऋग्वेद के प्रसिद्ध गो सूक्त में खोजा जा सकता है।

*आ गावो अग्मन्नुत भद्रमक्रन्त्सीदन्त गोष्ठे रणयन्त्वस्मे।*
*प्रजावतीः पुरुरूपा इह स्युरिन्द्राय पूर्वीरुषसो दुहानाः।*

ऋक्. 6-28-1

गौएँ हमारे गृह आवें, हमारा मंगल साधन करें। वे हमारे गोष्ठ (गोशाला) में विराजें। हमें आनन्द दें। वह प्रजावती हों। विविध सुन्दरवर्णवाली गाएँ उषा काल में इन्द्र के लिए दुग्ध प्रदान करें।

ऋषि के इस उपयोगी पशु की पूजा-अर्चा करके ही कर्त्तव्य समाप्त नहीं कर देता, वरन् उसके सुखपूर्वक जीवन की भी व्यवस्था करता है-

*प्रजावतीः सूर्यवसं रिशन्तीः शुद्धा अपः सुप्रपाणो पिवन्तीः।*
*मा वः स्तेन ईशत माघशंसः परि वो हेती रुद्रस्य वृज्याः।*

ऋक्. 6-28-7

हे प्रजावती गौओं! तुम शोभन जौ (तृण) का भक्षण करो। सुन्दर प्रपानक (जलाशयों) में निर्मल जल पियो। तुम्हें तस्कर कष्ट न पहुँचाए, हिंसक पशु आक्रमण न करे। चोट पहुँचानेवाले आयुध तुम्हें स्पर्श न करें।

गो को अदिति (आदित्यों की माता) स्वरूप मानकर उसे अघन्या (अवध्य) कहा गया है।

गां मा हिंसीरदितिं विराजम्–अदिति रूप गौ की हिंसा मत करो। गोघातक प्राणदंड का भागी होता था।

उपयोगिता, वेग और दर्शनीयता की दृष्टि से अश्व का जो उत्कर्ष हुआ था, वह भी विविध और विस्मयजनक है। वह त्वरा और ओज का ही प्रतीक नहीं है, वरन् प्रकृति के रौद्र–चंचल और शान्त–संयमित दोनों रूपों का वाहक है। पर्वतों को कम्पित करने वाले मरुतों के वाहन भी अश्व हैं और उषा, सूर्य आदि को ऋत्–मार्ग में लाने वाले रथ के वाहक भी अश्व हैं। उनके चित्र वर्ण, उनके ओज, उनके हिरण्यमय साज और विद्युत जैसी दीप्त कशाओं के वर्णन स्पष्ट और काव्यात्मक हैं।

क्रमशः स्पष्ट प्रकृति–चित्रों का स्थान ऐसे भावचित्र ले लेते हैं, जिनमें सूक्ष्म सौन्दर्यबोध के साथ किसी शाश्वत् अलक्ष्य ऋत् का भी संकेत प्राप्त होने लगता है।

*एषा दिवो दुहिता प्रत्यदर्शि*
*ज्योतिर्वसाना समना पुरस्तात्।*
*ऋतस्य पन्थामन्वेति साधुं प्रजानतीव*
*न दिशो मिनाति।*

ऋक्. 1–124–3

यह आकाश की पुत्री, आलोकवसना उषा प्रत्यक्ष उदित हुई। यह ऋत् (नियम) का अनुसरण करती हुई सब दिशाओं का ज्ञान रखती है (उन्हें अन्धकाराच्छन्न नहीं रहने देती)।

व्यक्तिगत रागात्मक सम्बन्ध के परिचायक वरुणसूक्त हैं, जिनमें आगामी युगों में विकास पानेवाले रहस्यवाद के अंकुर स्पष्ट हैं–

*क्वत्यानि नो सख्या बभूवुः सचावहे यदवृकं पुराचित्।*
*वृहन्तं मानं वरुण स्वधावः सहस्रद्वारं जगमा गृहं ते॥*

ऋक्. 7–88–5

हे वरण योग्य! हमारा वह पुरातन सख्य क्या हुआ? पूर्वकाल में जो हमारी मित्रता हुई थी, हम उसी का निर्वाह करें। हे महान् स्वामी! तुम्हारे सहस्रों द्वार वाले गृह में मैं आऊँगा।

प्रकृति की जिस विविधता में उन्हें अनेक देवों का बोध हुआ था, उसी में उन्होंने एकत्व की अनुभूति प्राप्त की–

*पुरुष एवेदं सर्वं यदभूतं यच्च भाव्यम्।*
*उतामृतत्वस्येशानो यदन्नेनातिरोहति॥*

ऋक्. 10–10–2

यह सब कुछ वह पुरुष ही है–ये जो भूत (उत्पन्न हो चुके हैं) और जो होने वाले हैं। वह अमृत का स्वामी और अन्न से सर्वोपरि है।

प्रकृति के उग्र रूपों के प्रति भी उनकी रागात्मिकता वृत्ति केवल भय की नहीं थी, क्योंकि उस स्थिति में मानव केवल अन्धविश्वास के अन्धकार का बन्दी हो जाता है। उग्र रुद्र रूपों में सौन्दर्य और शिवत्व की अनुभूति केवल भीति या आतंक से सम्भव नहीं है।

रुद्र जैसे उग्रता के प्रतीक देवता की कल्पना का शिव और शंकर में पर्यवसान, यही प्रमाणित करता है कि वैदिक मनीषा को प्रलय में भी सौन्दर्य की स्थिति का बोध था।

*दिवो वराहमरुषं कपर्दिनं त्वेषं रूपं नमसानिह्वामहे।*
*हस्ते विभ्रद् भेषजा वार्याण शर्म वर्म छर्दिरस्मभ्यं यंसत॥*

ऋक्. 1–114–5

हम आकाश के घोर रूप वाले, पिंगल जटाधारी महान् तेजोमय रुद्र का नमस्कार पूर्वक आह्वान करते हैं। वे वरणीय भेषज हाथ में लेकर हमें सुखी करें। अपने रक्षा–कवच से हमें निर्भय करें।

इसी प्रकार मरुतों के रौद्र वेग से भी ऋषि परिचित है–

*को वो वर्षिष्ठ आ नरो दिवश्चग्मश्च धूतयः।*
*यत्सीमन्तं न धूनुथ।*
*नि वो यामाय मानुषो दध्र उग्राय मन्यवे।*
*जिहीत पर्वतो गिरिः।*

ऋक्. 1–37–6, 7

आकाश पृथ्वी को कम्पित करनेवाले मरुतों तुम में श्रेष्ठ कौन है? तुम वृक्ष की शाखाओं के समान दिशाओं (पर्वतों) को झकझोर देते हो।

परन्तु इस उग्रता के लिए भी ऋषि की शुभकामना दृष्टव्य है–

*स्थिरा वः सन्त नेमयो रथा अश्वास एषाम् सुसंस्कृता अभीशवः।*

ऋक्. 1–38–12

हे मरुत गण! तुम्हारे रथचक्रों की नेमि और धुरी दृढ़ हो, तुम्हारी वल्गा स्थिर हो। तुम्हारे अश्व संयत रहें।

ये विविध रागात्मक अनुभूतियाँ क्रमशः कवि को उस तत्वगत जिज्ञासा की ओर ले जाती हैं, जिससे उपनिषद् काल की उदात्त चिन्तन–पद्धति ही नहीं, भारतीय दर्शन की विविध दिशाएँ आविष्कृत होती रही हैं–

नासदीय सूक्त उदात्त तत्व–चिन्तन को जन्म देने वाली जिज्ञासा का ऐसा रूप है, जो अपनी चिरन्तनता में भी चिर नवीन लगता रहा है–

*नासदासीन्नो सदासीत्तदानीं नासीद्रजो नो व्योमापरो यत।*
*किमावरीवः कुहकस्यशर्मन्नम्भः किमासीद् गहनं गभीरम्।*

ऋक्. 10-129-1

उस समय (सृष्टि के आरम्भ में) न सत् था न असत् था। पृथ्वी भी नहीं थी, आकाश और आकाश से परे परम व्योम भी नहीं था। आवरण से कौन आच्छन्न था, किसका कहाँ स्थान था? क्या उस समय अगाध गम्भीर जल ही जल था?

*इयं विसृष्टिर्यत आवभूव यदि वा दधे यदि वा न।*
*यो अस्याध्यक्षः परमे व्योमन्त्सो अंग वेद यदि वा न वेद॥*

ऋक्. 10-129-7

यह अनेक प्रकार की सृष्टि कहाँ से उत्पन्न हुई? किसने सृष्टि रचना की और किसने नहीं की, यह सब वही जानते होंगे जो इसके स्वमी और परम व्योम में स्थिति रखते हैं। हो सकता है वे भी न जानते हों।

इन समस्याओं के समाधान की दिशा में जो असंख्य अन्वेषण हुए, उनका अंकुर भी उन्हीं जिज्ञासुओं के मनोजगत में पहले अंकुरित हुआ-

*कामस्तदग्रे समवर्तताधिमनसो रेतः प्रथमं यदासीत्।*
*सतो बन्धुमसति निरविन्दन हृदि प्रतीष्या कवयो मनीषा॥*

ऋक्. 10-129-4

सर्वप्रथम उसके मन में काम (इच्छा) उत्पन्न हुआ। उसी से सर्वप्रथम सृष्टि का उत्पत्ति-कारण (बीज) निकला। कवि मनीषियों ने अपने अन्तःकरण में विचार करके बुद्धि द्वारा जो अविद्यमान वस्तु थी उसे विद्यमान वस्तु का उत्पत्ति-कारण माना।

साहित्य यदि संस्कृति का अक्षय वसन्त है, तो जीवन-दर्शन को, उसका धरती की गहनता में छिपा मूल कहा जा सकता है। ऐसी किसी संस्कृति की कल्पना कठिन है, बिना किसी विशेष जीवन-दर्शन के अविच्छिन्न गति और सनातन आयु का वरदान पा सकी हो।

भारतीय चिन्तन की पद्धतियाँ भारत के प्राकृतिक परिवेश की कितनी ऋणी हैं, यह उनके तत्वतः अध्ययन से स्पष्ट हो जाता है। प्रकृति के भिन्न और कभी-कभी परस्पर विपरीत रूपों ने जिस प्रकार मानव अन्तःकरण में, अनेक देववाद की उद्‌भावना, स्वाभाविक कर दी थी, उसी प्रकार उन विभिन्न रूपों में स्पन्दित जीवन ने, भिन्न अंग-प्रत्यंग वाले शरीर के समान सबमें एकत्व का बोध भी अनिवार्य कर दिया। 'सर्व खल्विदं ब्रह्म'-यह सब कुछ ब्रह्म है और 'एकं सद विप्रा बहुधा वदन्ति'-उस एक को विद्वान् अनेक नामों से पुकारते हैं, मानो एक ही चित्र के दो ओर हैं।

भारत की प्रकृति अजस्र वरदानमयी है, अत: उसके वात्सल्य की छाया में मानव-हृदय को जीवन के ही नहीं, प्रकृति के भी सब रूप आत्मीय और सहजात जान पड़े। ऋग्वेद से गीता तक पहुँच कर, फिर निर्गुण-सगुण भावधाराओं में अनेकता पाने वाले सर्ववाद या सर्वात्मवाद की कथा, जीवन के कितने लक्ष्य अलक्ष्य तटों को छू आई है, यह बताने की आवश्यकता नहीं है।

वेदान्त दर्शन यदि अखंड चेतना के चिर एकाकीपन की एकरस कथा है, तो सांख्य दर्शन निर्विकार पुरुष और चिर परिवर्तनशीला प्रकृति का मधुर द्वन्द्वगीत है।

काव्य में जो तत्व सौन्दर्य की सीमा में बंध गया है, वही दर्शन में सत्य के रूप में मुक्त हो सका है और पुन: वही नैतिक धरातल पर शिव की परिभाषा में अवतरित हुआ है।

भारतीय संस्कृति विविधतामयी है, क्योंकि भारत की प्रकृति अनन्तरूपा है। वह समन्वयवादिनी है, क्योंकि प्रकृति सबको स्वीकृति देती है। किसी एक विचार, एक भावना और एक धारणा की सीमा उसके लिए बन्धन है, क्योंकि वह असंख्य नदियों-स्रोतों को अपने में मुक्ति देने वाला समुद्र है।

अपने विशेष प्राकृतिक परिवेश से किसी मानव-समूह के कालसिद्ध आत्मीय तथा रागात्मक सम्बन्ध की शासन-परक स्वीकृति ही उसकी राष्ट्रीयता की संज्ञा पा लेती है।

राष्ट्र शब्द भी हमें अपने वेदकालीन पूर्वजों से प्राप्त हुआ है और उक्त संज्ञा के साथ जो प्राकृतिक परिवेश और उसमें अंतर्निहित रागात्मक भावना है, वह भी हमारा परम्परागत उत्तराधिकार मानी जाएगी।

राष्ट्र भावना का देश विशेष में वही स्थान रहता है जो भिन्न अवयव वाले शरीर में चेतनाकेन्द्र का होता है। पाँव के नीचे आ जाने वाले अंगारे की जलन या फूल का स्पर्श-पुलक दोनों की अनुभूतियाँ जैसे मस्तिष्क का चेतनाकेन्द्र सारे शरीर में पहुँचा देता है, एक अंग की पीड़ा या पुलक को सम्पूर्ण शरीर की बना देता है, उसी प्रकार राष्ट्रीयता प्रत्येक सुख-दु:खात्मक स्थिति का विशेष भूमिखंड की मानवसमष्टि में व्यापकता दे देती है।

सामान्य विश्वभावना या विश्वमानवता से उसका विरोध सम्भव नहीं है, क्योंकि ये विभिन्नताएँ उसी एकता से उत्पन्न और तत्वत: एक हैं। नदियों का समुद्र से विरोध सम्भव नहीं, क्योंकि उनका सामान्य गन्तव्य वही है। समुद्र में कोई नदी तटों के साथ प्रवेश नहीं करती, परन्तु समुद्र तक पहुँचाने के साधन रूप में वह तटों को साथ लाती है।

भारतराष्ट्र शब्द में भारतभूमि, उसके निवासी और उनकी संस्कृति तो अन्तर्निहित है ही, उक्त संज्ञा से वे विश्व की राष्ट्रसमष्टि में अपनी स्थिति का बोध

भी करते हैं और दूसरों को अपना परिचय भी देते हैं।

राष्ट्र के समान स्वराज्य शब्द भी प्राचीन है। वैदिक मनीषा को स्वराज्य ही नहीं, साम्राज्य, महाराज्य, पारमेष्ठिराज्य आदि आठ शासन-तन्त्रों का बोध था, परन्तु उनकी अपनी प्रिय शासन-पद्धति गण-तान्त्रिक और स्वराज्यमयी थी, जिसमें व्यक्ति समष्टि को समर्पित रहता था। इसी से ऋषि कहता है–

*आ त्वाहार्षमन्तरेधि ध्रुवस्तिष्ठा विचाचलिः।*
*विशस्त्वा सर्वा वांछन्तु मा त्वद्राष्ट्रमधिभ्रशत्॥*

ऋक्. 10-173-1

तुम्हें राष्ट्रपति बनाया। तुम इस देश में अटल, अविचल स्थिर रहो। विश (जन) तुम्हें चाहें। तुम्हारे राष्ट्र का ह्रास न हो।

विश (जन) में भी सबकी एकान्त अभिलाषा थी–

*व्यचिष्ठे बहुपाय्ये यतेमहि स्वराज्ये।*

ऋक्. 5-66-6

बहुमत से रक्षित इस अपने विस्तृत स्वराज्य के हित के लिए हम यत्न करें।

*अहमस्मि सहमान उत्तरोनाम भूम्याम्।*
*अभीषाऽस्मि विश्वाषाडाशामाशां विषासहिः॥*

अथर्ववेद 12-1-54

अपनी भूमि के लिए और उसका दुःख दूर करने के लिए मैं सब प्रकार के कष्टों का वरण करता हूँ–वे कष्ट चाहे जिस दिशा से आएँ और चाहे जिस समय आएँ।

उनके स्वराज्य में समिति (बड़ी सभा) और सभा (छोटी सभा) का विशेष महत्व है। राष्ट्रपति या गणपति का निर्वाचन पुनर्निर्वाचन तो समिति करती ही थी, आवश्यकता होने पर उसे पदच्युत भी करती थी।

ऋग्वेद के दसवें मंडल के भाषा-सूक्त तथा संज्ञान या एकमत्यसूक्त भी विशेषता रखते हैं। एक में सार्थक वाणी और उसके द्वारा प्रेषित ज्ञान की ऐसी व्याख्या है जो चिर नवीन रहेगी।

*अक्षण्वन्तः कर्णवन्तः सखायो मनोजवेष्वसमा बभूवुः।*
*आदध्नास उपकक्षास उत्वे ह्रदा इव स्नात्वा उत्वे ददृश्रे॥*

ऋक्. 10-71

जिनके पास (सत्य परीक्षण के लिए) दृष्टि होती है, (ज्ञान की बात सुनने के लिए) श्रवण होते हैं ऐसे (समान ज्ञानी) सखा मनोभावों को व्यक्त करने में असाधारण होते हैं। ज्ञान की दृष्टि से इनमें कोई मुख तक जल से पूर्ण पुष्कर के समान है, कोई कटि तक जलवाले सरोवर जैसे हैं और कोई स्नान के उपयुक्त

जलयुक्त गम्भीर ह्रद हैं।

*सक्तुमिव तितउना पुनन्तो यत्र धीरा मनसा वाचमक्रत।*

ऋक्. 10-71-2

बुद्धिमान जन भाषा को बुद्धिबल से वैसे ही परिष्कृत करते रहते हैं जैसे सक्तु (सत्तू) चलनी से छान-छान कर परिष्कृत किया जाता है।

संज्ञान सूक्त में मतभेदों को स्वीकृति देते हुए भी एक निर्णय के लिए आवश्यक जिस एकता की कामना की गई है, उस पर किसी भी राष्ट्र की प्रगति निर्भर रहती है।

*समानी व आकूतिः समाना ह्रदयानि वः।*
*समानमस्तु वो मनो यथा वः सुसहासति॥*

ऋक्. 10-191-4

तुम्हारा कर्म (अध्यवसाय) समान हो। तुम्हारे ह्रदय और मन भी समान हों। तुम एक मति वाले होकर सब प्रकार से सुसंगठित होओ।

# प्रस्तुत संग्रह के विषय में

हमारे राष्ट्र के उन्नत शुभ्र मस्तक हिमालय पर जब संघर्ष की नील-लोहित आग्नेय घटाएँ छा गईं, तब देश के चेतनाकेन्द्र ने आसन्न संकट की तीव्रानुभूति देश के कोने-कोने में पहुँचा दी।

धरती की आत्मा के शिल्पी होने के कारण साहित्यकारों और चिन्तकों पर विशेष दायित्व आ जाना स्वाभाविक ही था। इतिहास ने अनेक बार प्रमाणित किया है कि जो मानव समूह अपनी धरती से जिस सीमा तक तादात्म्य कर सका है, वह उसी सीमा तक अपनी धरती पर अपराजेय रहा है।

इस तादात्म्य के अनेक साधनों में विशिष्ट साहित्य हैं। किसी भूमिखंड पर किस मानव-समूह का सहजात अधिकार है, इसे जानने का पूर्णतम प्रमाण उसका साहित्य ही है। विशेषत: धरती से संस्कारगत आत्मीयता बिना हुए कवि उसके वन, नदी, पर्वत आदि के सम्बन्ध में गाता नहीं। वह संसार भर की प्रकृति के सौन्दर्य पर मुग्ध हो सकता है, उसे छन्द का परिधान दे सकता है, किन्तु संस्कारगत साहचर्य के अभाव में उसे अपने व्यक्तित्व का अंग नहीं बना पाता। माता जैसे अन्य के सुन्दर बालक पर मुग्ध हो सकती है, परन्तु जो आत्मीयता वह अपने असुन्दर बालक के लिए अनुभव करती है, उसे वह अन्य के सुन्दर बालक को नहीं दे पाती।

जगमगाते स्वच्छ नगर में रहने वाले भी अपने धूमिल मलिन ग्राम के विरह में खिन्न होते हैं। गुलाब के उद्यान और अंगूर की बेलों के बीच बैठकर भी मनुष्य को अपने ग्रामीण घर के द्वार पर लगे नीम करीलों का स्मरण हो आता है।

आधुनिकयुग के साहित्यकार को भी अपने रागात्मक उत्तराधिकार का बोध था।

इसी से हिमालय के आसन्न संकट ने उसकी लेखनी को, ओज के शंख और आस्था की वंशी के स्वर दे दिए हैं।

मेरे विचार में तात्कालिक समस्याओं के मूल में यदि सनातन मूल्यों की धरती न हो तो वे फूलदान के स्तबक के फूल हो जाती हैं, जिनमें विकास-क्रम की निरन्तरता सम्भव नहीं रहती।

प्रस्तुत संग्रह में मैंने भारतीय मानस के प्रशान्त क्षणों की रागभूमि की ओर संकेत किया है। उसे तात्कालिक सीमा से घेरने का लक्ष्य न होने पर भी, उसमें तात्कालिक मनोरागों की स्थिति भी स्वाभाविक रहेगा। एक पूजा की थाली अनेकों पूजार्थियों के विविध रंग-मधु-गन्ध वाले फूल, अक्षत, चन्दन सँभाल लेती है।

संग्रह को प्रकाश में आने के लिए अनेक असुविधाओं के बीच से मार्ग बनाना पड़ा है, अतः यह स्वाभाविक है कि वह न मेरे स्वप्न के अनुरूप हो न दूसरों की आशा के अनुरूप। परन्तु देवता का महत्व, अर्चना के लघुतम उपकरण को भी महार्घता देने में समर्थ है।

●●●